A BIOGRAPHY OF YAN XISHAN

民国政坛不倒翁

阎锡山

千江月

著

团结出版社

图书在版编目（CIP）数据

　　民国政坛不倒翁阎锡山 / 千江月著. -- 北京 ： 团结出版社, 2021.4
　　ISBN 978-7-5126-6816-4

　　Ⅰ. ①民… Ⅱ. ①千… Ⅲ. ①阎锡山（1883-1960）－生平事迹 Ⅳ. ①K827=7

　　中国版本图书馆 CIP 数据核字(2018)第 269855 号

出　　版：团结出版社
　　　　　（北京市东城区东皇城根南街 84 号　邮编：100006）
电　　话：(010) 65228880　65244790 （出版社）
　　　　　(010) 65238766　85113874　65133603 （发行部）
　　　　　(010) 65133603 （邮购）
网　　址：http://www.tjpress.com
E-mail：zb65244790@vip.163.com
　　　　　fx65133603@163.com （发行部邮购）
经　　销：全国新华书店
印　　装：三河市东方印刷有限公司

开　　本：170mm×240mm　　16 开
印　　张：22
字　　数：364 千字
版　　次：2021 年 4 月　　第 1 版
印　　次：2021 年 4 月　　第 1 次印刷

书　　号：978-7-5126-6816-4
定　　价：58.00 元

当代网络人，喜欢将一个旧时代的贬义词褒用，这个词叫"土豪"。阎锡山就是民国时期真正的土豪。阎锡山统治山西38年之久，将一个偏僻山区的省份，发展成为管理模式先进、人民生活安全、文化教育昌盛的模范省。

阎锡山由地方军阀，升级为势力达四省二市，一度控制华北、平津重要地区，与蒋介石、冯玉祥、李宗仁并肩的大军阀。

起步时，没有资本，唯一拥有的只有一个软实力：在反清的道路上，有激进的革命思想，有与之伴生的革命手段。

捞到人生第一桶金后，与其他地方军阀相同的是，他竭力扩大军队，盯着周边的地盘。与其他地方军阀不同的是，他着力发展山西经济，使山西的工业、农业、交通业、金融业得到大力发展，在全国成为后起之秀。

在民族大敌面前，在民族利益面前，与共产党联合，高举抗战大旗，参与平型关大战、忻口大战、太原保卫战，与日军展开生死较量，将日军完全占领山西的意图彻底粉碎，迫使日军的恐怖战车在山西缓缓停了下来。山西一度成为全国抗战的中心。

蒋介石发动全面内战时，他打响"反共"第一枪，部署军队向共产党领导下的解放区发动进攻，抢到"反共"急先锋的位子。

早在军阀混战时期，他领导大大小小军阀与蒋介石集团展开中原大战，在数百里战线血拼。他与蒋介石长期角斗，最高峰时期，建立"四九朝廷"。他精于算计，善于韬晦，纵横捭阖的手段，让人叹为观止。

在"反共"的道路上，他又是追随蒋介石最为彻底的一位。

民国时期的政治角斗场，造就了这样一个极其复杂的典型人物。

我似乎在欣赏一株巨型的民国岩柏，生长在岩石间，长期遭受山风狂刮，太阳暴晒，我惊叹它的奇形怪状，我更惊叹它不屈不死还做大做强的生命力。

军阀一般有"三只手"，拼命地捞钱，极力地买炮买枪，四处捉人当兵。而阎锡山还有"第四只手"，高度重视社会舆论，重视社会意识形态建设，多方策划设计构建思想战线的机构组织。他一只手笼络人心，一只手文化专制，打造思想统治的基础，打牢文化阵线的阵地。

为什么他要花时间花精力，在思想战线投下巨资？

他没有进过寺庙，没有当过和尚，他明显的意图，是要像方丈那样，把他的下属、朋友圈打造成他的信徒。在他们面前，他就像教父一样高大、伟岸。在他们的心中，他就像神一样光彩、耀眼。让人难以置信的是，他几乎做到了。

阎锡山生长在社会最底层，痛苦的生活经历，让他有机会深度了解民间疾苦。他痛恨清王朝的腐败，愤怒晚清社会的黑暗。

留学日本五年期间，他接受近代资产阶级文化教育，亲眼看到资本主义世界的繁华，极其羡慕资产阶级民主政治与军国主义充分结合的日本社会。思考中，他积极追随孙中山先生，最早加入同盟会，成为同盟会的铁杆粉丝、铁血成员，站到反封建的革命派阵营。正是这样的生活经历，最终把他推到山西起义领导者的地位。

山西起义成功，手中有军队，有枪杆子，他立即谋划钱袋子（收税权）。山西军政大权完全掌握在手之后，他眼睛盯紧山西这块土地，从政治、经济着手，建工厂、开矿山、修火路，苦心经营，要让这个穷山沟长出金娃娃。他几乎做到了，进一步成长为割据山西的地方实力派。

实力增强，手中握着厚重的钱袋，他将投资的战略眼光，投向华北、平津。

他积极参与"逐鹿中原"的混战，晋军西探绥远，东出娘子关。混战中，他成长为与以蒋介石为代表的中央势力相抗衡的重大力量，成长为地方实力派的领袖人物。中原大战中，显赫之时，在地方各实力派、政治派别的拥戴下，他当上"国家元首"。

争霸过程中，在巨大的利益面前，他参加辛亥起义时的革命性渐渐淡化。身为同盟会前辈，身为国民党元老，在山西，他经常与国民党势同水火，甚至将国民党省党部排挤出山西。

随着革命性、国民党党性的退化，他的脑子里，另一种思想疯长起来，这种思想叫实用主义。对眼前的一切，他都主张采取实用主义的态度。

在实用主义者的词典中，最为多见的是"机会主义"这个词。要成大事，寻找机会，抓住机会都是对的。而一旦将机会上升为主义，成为机会主义者，这就走到另一条道路上去了。这样的人，对于别人来说是可怕的。

这个时候，在阎锡山身上，史家们最常用的词有朝秦暮楚、纵横捭阖、左右逢源。这是机会主义者最为突出的特征。

阎锡山对北洋军阀如此，对新军阀如此，对日本侵略者也是如此，对共产党也采取同样的态度。机会主义，成就了他，最终也葬送了他。机会主义让他成为土豪，也让他的处世哲学、政治原则最终彻底破产。

阎锡山的哲学理论，如果用一句他自己的话来讲，就是："存在中求生存"。

存在即他自己职位的存在，他的集团的存在，他的独立王国的存在。

在众多的旧军阀、新军阀中，阎锡山有一个东西是其他人所没有的，这个东西叫主义，俗称有思想。

他的人生中，为什么主义长期霸占他的人生高地呢？

阎锡山有儒家文化的基础，而且深厚；受过近代资产阶级文化的高等教育，非常系统；潜心研究过共产主义学说，十分深入，不是那种浅尝辄止看点皮毛。各种思想观点，在他的脑子里煅烧。终其一生来看，他的思想的核心部分，还是儒家思想。对其他思想，他采取吸收利用的手法。正如近代一句名言所描述的那样："中学为体，西学为用"（阎锡山眼中的西学：资产阶级思想、共产主义学说）。

我们看到他推出保境安民、守土抗战、埋头建设等方针、政策、措施，他的目标就是山西是我的领地，容不得别人插手，国民党也好，共产党也好，日本军也好。这正是他讲求实际的一面。

他过度地讲求实际，把自己推到实用主义者的高地，结果，他的政策、措施越来越保守。

我经常打乒乓球，也喜欢看乒乓球国际赛事，我看到，面对高手，如果自己过于保守，最终必定失败。而阎锡山在那个时代，遭遇到的对手，个个都是高手。他不幸地生活在一个高手如林的时代。正是他的保守手法，最终毫不留情地把他逼出局。

作者能力有限，资料有限，不当之处，请读者谅解。

CONTENTS · 目 录

第一章　身份大变、思想大变、观念大变

第二章　当上大都督

第三章　遇难中掘金，媚袁中戏袁

第十一章　平型关大战、忻口大战、太原保卫战

第十二章　艰难时世与光辉岁月

第十三章　阎王定下杀马计，跑了马儿又折兵

第十四章　超级梦想与三大铁腕手法

第十五章　由借刀杀人到曲线"剿共"的曲折道路

第十六章　进攻上党，大兴特务

第十七章　一败再败，聚巨款逃离太原

后　记

第一章

身份大变、思想大变、观念大变

一笔可观的资本等着他

清光绪九年（1883年）九月，五台山一带历时38天响晴，气温比夏天还要高，地面都要冒火。初八这天，突然乌云密布，狂风大作，暴雨倾盆。大风随后刮向五台县河边村，整整折腾了一天一夜。

世代生活在河边村的阎书堂迎来大喜的日子，儿子顺利出生。第二天赶来贺喜的亲朋好友，个个都说昨夜突然狂风大作、暴雨倾盆，解除38天的酷热，在秋季是从来没有过的稀罕事，这孩子的将来必定不可预测。果然，这孩子长大后，成为晚清至民国军阀混战血雨腥风时期在山西耀武扬威的人物，统治山西38年，而且曾一度问鼎天下。

阎书堂为刚刚出生的儿子做了一件大事，取名万喜。

极平庸极俗气的名字，跟黄毛、狗剩之类差不到哪里。这样看来，青年阎书堂是一个俗人。然而，接下来，阎书堂将要经历人生的大起大落，在漂金滚铜的钱河里掌舵，在波起浪涌的白银盘中把桩。人生的无限风光飘然而至，人生的狂风恶浪，也要跟着张牙舞爪向他扑面而来。

我们来看一看万喜正在生活、即将成长的这个家庭。

得力于祖上留下可观的田产，阎家是个让人羡慕的殷实之家。

得力于亲戚关系，15岁时，阎书堂在一家店铺谋到一个伙计的职业。

店铺老板走南闯北做生意，常常把阎书堂带在身边，让他既当随身保镖又当扛货的脚夫。老板没有想到，这个看上去不怎么起眼的伙计居然极有心计。

对老板为人处世的商家本领，对老板日积月累的生意门道，阎书堂细细观

阎锡山纪念币正面   阎锡山纪念币反面

察，潜心揣摩。从老板那里，阎书堂摸清了生意门路。

翅膀硬了，阎书堂做出重大决定，投下资本，独立门户。

儿子出生的前一年，阎书堂扩展业务，创建钱庄"吉庆昌"，主营放高利贷，兼做土杂货生意。

吉庆昌发展稳健，做到经营"钱帖子"的级别，自主印制、自主发行纸币（那年头，全国货币不统一）。

摊子越铺越大，商场打滚的阎书堂，变得越来越老练，越来越奸诈。与同行相比，阎书堂不只是交际广泛，而且略通文墨，虽然只是"半瓶墨水"，然而在客户眼中，吉庆昌老板是知书达礼的知识分子，是诚实的士大夫，是视信誉为生命的绅士。

借着"文化人"的特殊资本，吉庆昌生意红火，经营兴旺。阎万喜还是小朋友的时候，阎家已经升为当地少有的富庶家庭。

有父亲积攒下来的雄厚资产做底子，比起一般人，万喜手中就有一笔可观的资本。大笔的钱正在那里默默等着他，等着他用这个杠杆，撬动他脚下的那个地球。

人生之大不幸

6岁时，阎万喜的母亲得了一场重病，撇下他朝阴间走了。人生的大不幸就这样残忍地扫荡6岁儿童的心灵。

父亲的生意做得红红火火，整天都在店铺里忙里忙外，除了把儿子关在房间里任其哭闹，哪里有时间专门照看？

后来，父亲续弦，万喜有了年轻漂亮的后妈，吃喝拉撒难题顺势而解。然而，在这个新家庭里，不同时间、不同原因、不同样式的纠葛牵连不断地发生。阎书堂从店里回到家里，耳朵里充满小孩子的哭闹声，新老婆的叫骂声，摔瓶摔罐子的声音。

面对突然而至的家庭新难题，阎书堂没有慌手脚，商人特有的精明头脑让他算出其中的奥妙。

"我这就把儿子送到老丈母娘家寄养。"

这是一个两全齐美的方案。从此，小两口过上幸福甜蜜的新生活；从此，到外祖父家过日子的万喜受到外祖母、外祖父的格外疼爱。

然而，让人意想不到的是，万喜的磨难正是从这里一个劲儿地冒出来。

外祖父家是上等的富户人家，阎万喜在这里吃得好、喝得好、穿得更好。外祖父、外祖母给予这个失去母亲的小外孙的爱特别多，在生活上照顾得无微不至，结果，他们的娇生惯养，就像一根毒藤一样，慢慢伸进万喜的心里。

围着万喜转的，还有一帮子年龄相仿的表兄弟。万喜把他们变成"打手"。溺爱的毒藤上，开出倔强固执、顽皮胆大的花朵。

万喜的小日子无论过得多么惬意，一道阴影始终在心灵深处深深地扎下根。"妈妈，你在哪里？"没有母亲倾诉心声，万喜逐渐变得沉默寡言。

小小的心灵如此扭曲着成长。

上帝的手实在奇妙，正是他，让人的心灵从孩童时代就开始人生的历练。身后有外公外婆强大的靠山，天不怕地不怕的天性一步步渗进万喜的心田。

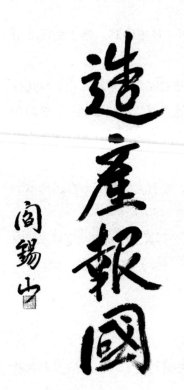

阎锡山手迹

9岁时，万喜入学读书。课堂里的万喜，脑子聪明，读书用功，经常受到老师表扬。

只是万喜时常惹事，经常打架。12岁时，惹出一场大麻烦。

一次，跟一位同学吵架。万喜掏出小刀，将同学刺伤。要是今天，不只是家长赔钱就能了事，这样的学生非得送进少管所不可。

15岁时，"四书""五经"读完了。"我们的体力也不行，思想也落后，管不住他"，外祖父、外祖母做出决定，让阎书堂领儿子回家。

看着个子高高的青年，正入中年的父亲，生出一个想法来："我来做儿子的家庭教师，把这个聪明却不着调的儿子培养成一个商人。"

"让儿子在钱庄里当伙计，直接进入岗前培训。"

万喜在前台做事认真、在台后学习同样认真。无论学做生意，还是处理日常事务，做得都十分用功、上心。站柜台、照料铺面、记账……在钱庄里，没有过多久，就将迎来送往的那套本领学得精熟，将那个复杂的算盘，敲得顺溜。

父子联手屡建奇功

在外人看来，青年万喜手脚勤快、动作麻利，只不过是钱庄里的小伙计。实际上，他是货真价实的少东家。

工作之中，工作之余，万喜不停地做同一件事，努力地结交朋友，醉心于笼络人心。钱庄里上上下下的人，街道左邻右舍，他都打得一片火热。

"是个做生意的料。"阎书堂看在眼里，喜在心上。

第二年，万喜16岁。阎书堂决定做一件大事，为儿子娶门媳妇。

阎书堂选中了徐竹青，不只是儿媳妇漂亮，徐家也是富裕人家。姑娘虽然没有上过学，却是一位恪守封建礼教的美女。

看着儿子成家了，阎书堂立即产生一个想法。儿子的实习期可以结束，应该进入下一个科目，进入真正的生意天地。阎书堂决定，将儿子领进新领域，让儿子参与"虎市"交易。不能只是让儿子在游泳池里玩水，要把他领到真正的江风江浪中锻炼，让他负责其中的操作环节。

"虎市"是当地的流行语,也叫"打虎",即金融投机。

五台县之所以具备金融投机的条件,原因是五台山地区特殊的地理环境。由于是山区,五台县以及周边的县交通都不方便,信息闭塞,在金融领域造成一种现象,不同地方的银子与制钱(流通的铜制小钱)之间的比价有较大的出入,这就是金融投机的空间。而这种比价还经常波动,时高时低,这就是金融投机的风险。

做这种生意的人,就利用白银与制钱之间兑换差价的高低变化而进行买进卖出。

这里的金融投机商们发明了一套特殊的做法,在进行交易时双方不需要交付现金,也没有严密的手续,一旦成功,必定获利丰厚,容易大把地赚钱,同时也就具备极大的风险,成败往往就在一念之间。原因简单,有人大赚,必定有人大赔。有些类似于当代的中国大妈在美国扫黄金,盈利极大、亏损极大,盈亏都有可能。可以理解为清末的投机商人在山西的山区扫白银。

多年来,虎市鏖战的阎书堂积累了丰富的实战经验,随即变成万喜鲜活的教材。父亲口传身教,万喜迅速蹿进倒腾白银的大钱锅、大旋涡。

新杀入虎市,万喜年纪轻轻,然而一招一式深得父亲心传。每一场战斗中,父子俩分工明确,儿子负责四处打探消息,弄清行情变化,进而做出风险预测、时机捕捉、方案谋划,老爸最后拍板下手。儿子的工作类似于今天的股票行情分析师,老爸就是最后拍板、具体操作的庄家。

万喜精力旺盛,腿脚灵活,手法多样,精明头脑加上学到手的那些知识、技巧,相当给力。万喜千方百计打探消息,对行情的变化每每预测准确,几乎没有失手,结果父子俩的联合作战屡屡见效。

从"打虎"的生意中,吉庆昌牟取了可观的利润。

在"打虎"投机实战中,万喜四大才干被老爸阎书堂训练成功:精于计算,敢于冒险,善于投机,巧于窃取情报信息。

这段钱庄生涯的人生历练,这座"白银"大熔炉的煅烧,阎万喜人生哲学的基础就这样坚实地打下了。在市场行情的观察把握方面,在人情冷暖的变换应对方面,在利害盈亏的精打细算方面,在顺逆进退的见风使舵方面,与同龄人相比,万喜已经高出一大截。

晴天霹雳

吉庆昌生意红红火火，阎万喜在钱市如鱼得水。光绪二十六年（1900年），一道晴天霹雳突然在"吉庆昌"头顶的天空炸响。

在一次投机中，阎书堂栽了个大跟斗。

一次又一次投机成功，父子俩太过于得意因而渐渐地忘形，渐渐地丧失警惕性，变得大意因而最终弄出纰漏。

凭着经验，父亲坚定无比地认定，这一次的投机，必定稳赚而不可能赔钱。父亲果断做出决定，倾其所有，并且借下巨额债务，做这票大生意。这票生意，前景超级广阔，无限美好，想不投下巨资都不行。

看到巨大的机会却忽视小小的漏洞，最后，阴沟里翻船。这对金融战场的实干家，将所有的资本全部投了进去，最终全都赔了，没有看到梦想中的超级收成。

一招不慎，满盘皆输。突然之间，吉庆昌破产，阎氏父子掉进债务的万丈深

阎锡山故居一角

渊，真正是债款淹到了脖子。

手中没有资本，想用空手套白狼的手法扳回本钱，或者用卖苦力的方式，赚钱还上巨额债务，根本不可能。现实留给阎氏父子俩的，除了极端贫困就只有一条路可走——赶紧逃跑，跑到债主找不到的地方躲藏起来，当代流行语称"跑路"。

现在可以用这样的文学词语来描述阎家父子目前的处境：背井离乡、胆战心惊。两人跑到了定襄、崞县不同的地方躲藏，每天提心吊胆，过着丧家之犬一般的流浪生活。

两双高贵白嫩的手，现在为了吃饭，不得不从事最低下的劳作。

躲躲藏藏过了两年，阎万喜发现，追债人的脚步慢了下来，接着又有另一个发现，追债者寻找的对象是父亲阎书堂。

阎万喜判定，自己是安全的，没有必要躲藏。他立即做出决定，回老家河边村。

从山顶一头栽进谷底，大起中大落，阎家这一跤跌得头破血流，阎家的未来走进漆黑的深夜，谁也不知道何时才能天亮，谁也不晓得出路在哪里，未来在何方。

回到河边村，吃饱喝足，坐在自己熟悉的床头，阎万喜突然有了个想法。自己既不会种田，又没本钱做生意，那么该做点什么呢？人生美好时光，总不能就这样它在家里荒废吧？

"我应该去做一件事，到村义学去读书。"

眼前看不出这个不起眼的决定对他的未来有什么重大意义。

在塾师曲本明的教导下，阎万喜认真研习《易经》《礼记》《纲鉴》以及《朱子家训》等儒家经典。

这一次的学习跟孩童时代大不相同。不只是年岁已长，不只是阅历增多，人生旅途中大起大落、家庭事业的曲折坎坷、身份变迁中的世态炎凉，让阎万喜对儒家学说中的理论、观点，比起别人，甚至比起曲老师，有了更深层次的理解，更高程度的领悟，更加切身的体会。后来，他能够求学日本，于风云变幻的年代创设用以指导实践的阎氏理论，政治舞台上一招一式饱含儒家风范，正是得益于这段研习生涯扎下的深厚根基。

近代中国的这个时间段上，义和团运动在山东、天津、北京搞得如火如荼，中国最底层的民众以反洋教为突破口，向欧洲殖民者、西方殖民势力发起最为猛烈的冲击。

义和团运动在山西蔓延开来。五台山一带义和团活动越来越频繁，越来越显示出迅速滋长的态势。

如何阻止义和团在山西拓展？

清政府行动迅速，采取断然措施，从甘肃调来大批边防部队（简称边军），到山西清剿义和团。

边军作战给力。没有经过太长的时间，没有经过大的战争，山西刚刚兴起的义和团就被边军彻底剿灭。渐渐地，山西地面上连义和团的影子都找不到了。

理论上，这一地区应该迅速恢复往日的平静。现实的情况却恰恰相反。不是义和团死灰复燃，闹出什么大事来，而是政府调过来的边军大有问题。

如果军队有组织有纪律，军费国家正常供给，这样的军队就不会给当地的百姓惹出大麻烦，更谈不上造成大祸害。相反，军队组织纪律涣散、军费没有保障，这样的军队走过的地方，就一定如蝗虫过境，祸害频生。

滞留山西的边防军就是这样的一支军队。

野战中神出鬼没的军人，来到山西地面，个个想出稀奇古怪的名堂，向驻地富户索要金银，逼当地人供给好吃的好喝的，好玩的好乐的。软的不行，就来硬的。硬的不行，就刀枪说话。

在汉人面前，旗人有特权。八旗军抢你砍你，你跑到衙门里告状，必输无疑。

无论富人穷人，只要是个汉人，面对这道民族歧视的怪题，还能有什么办法？

办法不久被山西人想了出来。以村庄为单位，汉人自己组织，自我保卫。

自卫不只是要人手、枪械、资金，更要有给力的领导。河边村家家派青年男子，组成自卫队。几位年长者出面，推举阎万喜当自卫队队长，称"纠首"。

防御明抢暗偷的乱兵，保护全村人的生命、财产安全，纠首任务重，风险系数大，面对的都是急、难、险、重的特别工作。前哨发现乱兵即将进村，纠首必须根据敌情迅速想出应对方案，拿定主意，关键时刻还得第一个站出去，将风险一肩担起来。

旗兵来村子绝不是来吃素的，他们的脾气是暴躁的，手上的枪法刀法是专业的，何况他们手中还握有特权。

在河边村民众的眼中，阎万喜是一个有胆有识、有文化有知识、见过世面吃过苦的青年。阎万喜也的确不负众望，每当发现清兵，立即安排人手第一时间抢占村边要道，同时带着大队人马，放炮张旗，摆出架势，搞大声势，让对手知难而退。

这段经历不长，万喜的四大才干得到难得的锻炼机会，一是组织能力；二是应对惊险的能耐；三是面对混乱状况时需要的胆略；四是决策时的干练、果敢。

大事难事，对失败者来说是痛苦是折磨，对成功人士来说，却正是锻炼能耐、磨炼心性的好机会。

灾难是思考者的燃烧剂，困难是征服者的磨炼剂。

突破黑障

不论阎书堂如何躲，债务始终摆在那里，一分钱都不会少，只不过还债的时间在延长。父子俩努力地想，始终想不出还债的招数。

即使一时之间还不上如此沉重的巨额债务，难道我们阎家从此就彻底败落，永无出头之日？

五台县是绝不能待了，只要出现在家乡，那些要债的，必定守在家门口，在定襄、崞县这些县城里，父子俩跑了两年了，也没有发现一丝发财的路子，更谈不上咸鱼翻身的机会，那么，属于我们阎家的机会在哪里？

凭着半辈子商海打滚的直觉，阎书堂的心里默默地想着一个地方，多年来一直想去的地方，山西最大的城市——省会太原。

"大城市里机会多"，这话人人都懂。然而，这话是有条件的，是对有手艺或者有资本的人说的。空手套白狼，无论到了哪里，都是万重的困难。

有两点让阎书堂的信心越来越强。1. 五台县有老乡在太原发财；2. 自己并非一无所有，还有儿子。"儿子年纪轻，有知识又能干，为什么不发挥作用呢？"

父子俩下定决心闯荡太原城。

一路上，阎书堂都在想一个问题。太原的五台老乡中，有一个人物叫魏仰微。这人一直在太原发财，有相当大的实力，根基深厚，为人大气，也乐意帮助老乡。

如何去结识那位陌生的牛人？单单的老乡关系太过于轻微，顶破天也就是一块敲门砖而已，而这个人必须靠上。

父子俩敲开魏家的大门。

在魏仰微面前，阎万喜极力表现自己，一个"能说会道、知书懂礼、精明能干"的年轻人形象迅速被展现出来。

对于阎万喜，魏仰微表现出"很是喜欢"的意思。

阎锡山的教育理念

发现这个苗头，阎书堂立即抓住机会，提出一个想法，希望魏仰微收万喜为干儿子。

魏仰微毫无思想准备，但还是立即产生一个感觉。凭空捡个干儿子也不错，何况这个年轻人是个潜在的人才。魏仰微当即十分高兴，收下这份天上掉下来的大礼包。

接下来，阎万喜找工作的事就是走程序。魏仰微亲自出面，将干儿子介绍进太原柳巷的"裕盛店"。在店里，阎万喜当上了伙计。

父子俩漂泊的生活在这个新的陌生的城市这才有了着落。

从吉庆昌破产到太原城打工，阎万喜从社会中高层一下子跌进了社会最底层，毫无思想准备、毫无精神准备，不得不睁大眼睛，清清楚楚看到人生的另一面，切切实实感受卑贱的生活。

为了活命为了糊口，在街头毒辣的日头底下，万喜卖过烤饼，为主人当过跑腿，当过最低级的差役，做过最辛苦的帮工。

在一家店铺当伙计时，碰到过一个恶老板，因为一点小事挨打受辱。

饥寒交迫、丧魂落魄，阎家父子全都实实在在品尝到了。如果当初没有当少掌柜，或许这样的生活万喜品不出辣味。从人上人跌入人下人，巨大的落差，万喜陷入极度痛苦之中，渴望有朝一日能改变自己的命运。

现在到了省会城市，万喜亲眼看到另一番更加惊异的景象，官僚们挥霍无度，富商们奢侈豪华大摆排场。这些不同的阶层，都是以前在小县城当少东家时没有也无意去关注的。现在，想不睁眼看着都不行。

太原城里，另一番新的景象跃入眼帘。在横行霸道的外国列强面前，堂堂的清政府却表现得腐败无能，各种各样的社会危象层出不穷，就如暴风雨来临前突然黑暗下来的乌云密布的天空，国家民族深陷重重灾难之中。

牛人往往是平凡人改变而来，而思想深处脱胎换骨的改变，往往在环境剧烈变幻之中，万重压力之下产生。

万喜是一个青年，一个有头脑的青年，那些在心灵深处激荡已久的儒学教养的热血不断受到刺激，触动敏感的神经。万喜头脑里一个感觉越来越强烈："我不可能这辈子就当个小伙计，一定要改变人生，冲出低谷。"如何改变，万喜的心中还没有谱，是不是日后要干上一番大事业呢？如果有这个可能，如果有这样的机会，万喜决不会放过。

万喜的心中已经开始萌动一些想法。至少，目前，如何找到出路，已经成为避免不了的现实问题。

看出儿子郁闷纠结，老江湖阎书堂决定发力。

"没有黄金白银不可怕，没有人脉就真的永远只能在漆黑的夜晚趟进波浪翻滚的大河。"

"年轻人之间，志趣相投就能成事。用上桃园三结义的办法，为可能新出现的机会早早打下人手准备。"

万喜脑子灵光，一点就通，立即行动。不久，两个年轻人进入视线，黄国梁、张瑜。后来正是这两个人，铁着心帮万喜办成一件又一件政治大事、军事大事。

三人开始频繁地交往，经常凑在一起谈天说地，侃时局，侃周边的事。人与人之间，最需要的是交流，虽然扯的不一定是主旋律或者正能量，在别人看来甚至是毫无作用、乱七八糟、鸡毛蒜皮的事，然而，正是这样的闲扯，人与人之间的感情慢慢就建立起来了，共同语言就一步步产生了。

闲扯中，三人发现，他们之间越来越志趣相投，于是做出决定，学学刘、关、张桃园三结义，交换生辰八字帖子，对月焚香，结拜为把兄弟。

从此之后，三人兄弟相称，张瑜为长，黄国梁为老二，阎万喜为三弟。"有福同享、有难同当"，"干一番大事业，光宗耀祖"。

不能不说，父亲的策划案真是给力。

就在三位年轻人雄心勃勃寻找机会时，一个天大的机会迎面扑来。

好铁不打钉

一天，阎书堂父子俩正在大街上行走，突然看到街边一群人围着墙上一张大字告示不停地议论。两人挤进人群细看，原来是一张招生广告。巡抚衙门创设的武备学堂新学期开始招收新生。

1902年，山西省建起山西大学堂，接着又陆续办起法政、农林、武备等专科类学堂。考进新式学堂，差不多就等于入了仕途，搭上当官这班车。

年轻人要改变命运、中年人想向上攀升，投考新式学堂是重要的途径，这次就可能是阎万喜咸鱼翻身的机会。

看完告示，阎万喜心中一动，突然之间就有一个感觉：平日里那些抱负，绝不只是用来跟黄国梁、张瑜喷口水的，心中不就想着如果有路子……现在，眼前不就是一条可能的路子吗？

想到这一点，另一个问题一下又冒了出来：如果去上学，就必须丢掉工作，那样的话，老爸在太原城的日子怎么过？现在家里这么难，债务一大堆，赚钱要紧。家境处在如此困难如此恶劣的时期，哪有条件去读书？

阎万喜心中在动，嘴里没有动——在老爸面前，开不了这个口。

看着这份告示，阎书堂心中一下子就琢磨起四件事来。第一件事，"好铁不打钉，好男不当兵"，尤其这样随时可能有战争的年代，当兵的风险那就大了。何况自己就这么一个儿子。第二件事，如果自己的钱庄还在的话，自己是钱庄老板的话，无论如何也不可能让万喜去当什么兵的，一定要把他留在自己的身边当少东家，发大财。第三件事，进武备学堂—当兵，那就意味着有个吃饭的地方。今天称吃公家饭。眼下，阎家困难时期，需要给他找一个糊口的地方。第四件事，学堂毕业后，有可能入仕途，那就意味着有一个咸鱼翻身的机会，甚至飞黄腾达也未可知。

当阎爸爸的思想进到第四个层级时，立即做出一个决定。这个决定，阎爸爸用一句极为肯定的话送到儿子的耳朵里，"就是砸锅卖铁，我也要供你上学。不走这条路，咱们怕是这辈子永远抬不起头来。"

阎书堂下定决心如此迅速，做出决策如此果断有力，真不愧是生意场上的老手，犹如商战中收益最大的一搏，看定这一票，就把所有的筹码狠狠地砸进去。

儿子立即同意老爸的决策，当即还拿出一条补充意见，把黄国梁、张瑜两位拜把子兄弟一起弄到军队里去，打造出三人团队，结义兄弟一起打天下。

阎爸爸立即同意儿子的补充建议，而且想到更深层次，对于这件事来说，存在一个潜在的甚至极可能是致命的风险。

现在阎万喜已经去找黄国梁、张瑜商量报考的事去了。我们正好来看看父亲到底发现了什么重大风险。

"儿子的确是读了几年书，而且听私塾老师说，他的书念得还算不错，《四书》《五经》能整本地背诵，老师出些忠孝节义之类的题目，他也能够从容应对，然而，那个洋学堂一定与私塾不一样。"至于怎样的不一样，阎书堂心中没有数，然而，从经商的经验中，他完全看出来了，这里面的风险一定非常大。"洋学堂的考官说不准会出什么怪题，即使不是偏题、难题，念私塾的学生极有可能从来没有见过洋学堂老师出的新鲜题目。"

阎书堂立即做出最坏的猜想：万一儿子进了考场，对于洋学堂老师出的题目边边都摸不着，那该怎么办？

眼前，这一定是改变儿子命运、改变家庭命运的机会，绝不能让这样的机会栽在洋学堂老师出的怪题、偏题、难题上，那么，有没有补丁来补上自己已经发现的可能潜在的漏洞呢？

既然发现"疾病"，那就必须找出治病的处方。父子俩一番商议后，做出一个决定，请高手来代考。儿子告诉老爸一个好消息，他已与黄国梁、张瑜商量过，他们俩也觉得这是一个大好的机会，只能成功，不能错过。他们俩也一起报考。

至于那两位磕过头的把兄弟能不能考过去，现在，阎万喜是自身难保，就顾不到他们俩了。父子俩的方案是集中各方面的资源，先把万喜保住。

精明商人的狡黠，天生在他们的骨子里。

阎书堂迅速在往日积累的人脉库里扫描，很快就有了结果。以前做生意时，曾经交往过一个人，叫赵廉佑，这个人正在山西大学堂里读书。也就是说，赵廉佑是考试场上过五关斩六将的高手，武备学堂的招生考试，对于他来说一定不成问题。

父子俩立即准备礼物，来到山西大学堂，拜访赵廉佑。

临行，两人准备了一大堆好话。见面时，出乎父子俩意料的是，这边才开口，那边赵廉佑就一口应承下来。"小事一桩，这个忙我一定帮。"

回家的路上，父子俩非常高兴。兴奋中，阎书堂保持冷静的头脑。现在，还没有启动正式报名程序，阎书堂心中盘算，在报名前，还有一件非常重要的事必须去做——给儿子起一个响亮的名字。

如何才能起一个响当当的名字呢？阎书堂很有办法，直接跑到算卦先生家里。

"我儿子能否考上武备学堂，请先生算上一卦。"

算卦先生立即启动计算程序，很快拿出结论，"万喜不但能顺利考上武备学堂，还一定能高升。"从后来事情发展过程来看，算得真是太准了。算卦先生一准拿到了一笔可观的赏钱。

阎书堂的心中，这事算是定了。接下来做第二件事，起名字，以图儿子将来前程似锦。

"先生"将万喜的生辰八字细细地推算一番，当即有了结果。再一次肯定万喜这一次一定能金榜得中，但发现他的命中五行缺金。也就是说，名字里必须有带"金"的字。接下来，这样的字一下子就选出五个，金银铜铁锡。算卦先生认为，这一次要发挥创意，这个创意叫"以正出，以奇胜"，沿着以奇谋制胜的思路，决定取用锡字，因为金银铜铁有的俗，有的土，唯独锡用的人极少。接下

15

来，就围绕锡做文章，什么样的锡既能吸引眼球，又极能成大器呢？反复推敲之后，认定用锡堆成的山，即"锡山"有这样形神兼具的极佳效果。

对于"锡山"这个名，阎书堂一听，感觉十分满意。从此，阎万喜这个名称就成为了历史，阎锡山正式闪亮登场。后来，阎锡山掌握山西大权后，时不时玩这种起名字的游戏——从这款游戏里，阎锡山悟出其中有极高的含金量。

多难兴业

惴惴不安中，父子俩陷入缓慢的等待期。

等待是一件熬人的事，不过，有一点让阎书堂多少有些宽慰，就是算卦先生的预言。

当时，武备学堂属于初办，像严格的入学考试这样重大的事，有成文的规章制度，但没有严格地执行。考官查验考生时，不像当代高考运用电子监控手段那样严格。赵廉佑年龄上只比阎锡山大两岁，如果考官不细细地比对准考证，很难发现这其中已经作弊。考场老手赵廉佑经验丰富，面对考官查验，应对自如，几乎不费力就蒙混过关。

赵廉佑的确是考场高手，在山西大学堂算得上高才生，学霸级别，对于武备学堂这样的入学考试，就不是什么大餐，只不过是小菜一碟。

赵廉佑眼中，"韩信点兵多多益善论"这样的考试题目也就稀松平常，平时类似的作文写得多了去了。完成考试试题，赵廉佑的感觉只有两个字：轻松。

从考场下来，对着守在考场外的阎家父子俩，赵廉佑轻轻松松说了一句话："你现在好好准备应对接下来的面试，笔试没有问题。"

听到这句话，千恩万谢中，悬在阎书堂父子俩心头的一块石头落了地。

面试时，阎锡山将经商中学来的那套本领做了充分的发挥，不但回答得头头是道，而且态度谦和，一下子就赢得面试官的好感。在商场上练就的察言观色的本领，加上口齿伶俐的表现，赢得不少加分项。

武备学堂发榜的那一天，阎锡山名列榜首。

这样看来，这次考试的试题，无论笔试还是面试，真的不偏不怪。阎锡山高兴的是，两位把兄弟黄国梁和张瑜，这次也一起考中。

在武备学堂，阎锡山拿出全部的精力投入学习。阎锡山心中清楚，既然老爸舍得本钱那就一定是期望厚利。因此他学习格外用功，优秀的成绩很快就凸显出来。特别是国文课，本来就有相当厚实的功底，现在，120名同学中，他的作文总能名列前茅。

代课老师是清进士，山西浑源人，极少看到有像他这样底子又厚实又肯用功的学生，因而格外器重，决定送他一样宝贵的东西——在他的一生中都能为他出力。

世界上这样贵重的赠品还真不多，这位先生选择的礼品是赠字。他的小名是老爸取的，大名是出钱请算卦的先生策划出来的，这次老师特意为他赠字——"伯川"，取百川归海之意。可以看出，老师对学生的期望不是一般的高。

得到老师赠字，对于任何一个学生来说，都是莫大的荣幸，从此，阎锡山更加用功，无论是文化课，还是出操、训练，都做得十分优秀。以前商场上学来的交朋结友的功夫，在学校里得到了充分发挥，在尊敬师长方面，在搞好同学关系方面，表现得十分突出，不久，他当上班长。

吃得苦中苦，方为人上人。

以前，无论在五台县县城还是在河边村，阎锡山接触得最多的、最为关心的，都是一个东西——钱，那时满脑子都是如何赚钱。现在，在学校里，另一样东西开始占据他的眼球——天下大事，如康有为率领全国到北京参加科举考试的举子发动"公车上书"。

阎锡山是一个青年，做梦都在想着如何改变家庭破败命运、如何迅速致大富发大财。对于外界任何的风吹草动，任何的机会，他都保持着敏感的热心。

北京那边，康有为、梁启超发起"维新变法运动"。为了改变旧法，为了推行新政，戊戌六君子慷慨就义。

"康有为、梁启超为什么要变法？这个国家陷入了怎样的灾难？不变法维新国家就不行吗？"对这些从来不曾接触过的政治课题，阎锡山产生了浓厚的兴趣。

以前只关心经济（钱）的青年，现在90度大拐弯，树起政治的风帆，大角度改变航向。阎青年偷偷看另一种书，四处寻找鼓吹维新变法的著作。

"是否应该改革社会现状？如何改变社会现状？中国应走什么样的路？"本

该政治家思考的问题，在阎锡山脑子里运转起来。

就在他睁开眼睛寻找答案时，一个新的国家、一个全新的国家体制突然空降到阎锡山的眼前。

为组建新式军队，1904年，清政府选派一批青年学生到日本留学，学员从各地武备学堂挑选。山西从中分到20个名额。

经过层层筛选，阎锡山、黄国梁、张瑜三人全部被选中。这年的7月，他们仨来到东京振武学校、日本陆军士官学校，开始新的学业。

此时的阎锡山、黄国梁、张瑜，不单单是到日本学军事技术的青年，三人下定决心团结起来改变命运，心中有超越常人的梦想。

有信仰才有追求，有梦想才有强大的动力。

三人在日本整整待了五年。

五年时间，国内国际形势发生了巨大变化。国内政治舞台上，两大派别摇旗呐喊。以孙中山、黄兴、宋教仁为首的革命派，坚定无比要用革命的手段，武力推翻清政府。以康有为、梁启超为首的保皇派，主张对清政府实施改良。

革命派时不时发起武装起义，革命者的枪声时常在城市的天空响起。

日本的东京，成为革命派最为集中的地方，革命思想激烈活跃，革命组织如火如荼。

阎锡山深刻感受到黄土高原的极端贫穷，现在亲眼看到日本资本主义社会高度发达，富裕繁华。"中国军人手握大刀长矛，日本军人开飞机大炮"，相差十万八千里。先进与落后强烈的反差在脑子里激烈地震荡："中国如此落后，山西如此贫穷，原因到底是什么？出路又在哪里？"

就在阎锡山拼命地思考现实中这道残酷的课题时，一次国际大事变在中国地面突然发生。

同盟会骨干成员

日本大部队与俄国大军，一批接一批开到中国东北，突然之间炮火连天打起来，史称日俄战争。中国的清政府，以置身事外的态度，轻轻松松宣布"局外中立"。

"咱们无比伟大的大清政府，怎么能够如此怯懦无能？"

面对日本同学，任何一个中国留学生，都觉得太丢面子。人人的内心都有一种深深的刺痛。阎锡山在日记里写道：由所听到的话和所看到的书中，感到清政府太腐败，太误国。丧权辱国，割地赔款，所谓宁将国家送给外人亦不给家奴……而决心加入推翻清政府的革命。

清政府无论如何腐败、无能，在普通百姓面前，都强悍无比。革命、造反一定是将脑袋系在裤腰带上干活，绝不只是"痛下决心"这么容易简单的事。

阎锡山下定决心立即行动，着手寻找组织，寻找志同道合的人。

这样的组织，日本一抓一大把。阎同学很快加入"留日同学会"。

在东京弘文学院学习的赵戴文，与阎锡山越走越近，成为志同道合的革命志士。这人后来成为阎锡山的忠诚追随者。

普通人走向巨人的过程，其实就是在前行的路途中力量不断地膨胀增大的过程，主要是外力的加入，即帮手增多，朋友圈子不停地扩大。

阎锡山极力扩大革命圈子，突然，一个庞大的圈子在阎锡山眼前快速形成。

全国形势发展，对革命领导者提出一个急迫的要求，不同派别的团体之间，必须放下成见，联合起来，形成合力。再也不能各人撒网，各自捞鱼。

孙中山眼睛敏锐，第一个发现了形势拐点。1905年7月，孙中山来到东京。

一个派别就是一个山头，组成成分不同，经济基础不同，谋求利益不同，主张有差异。让不同的革命派聚焦在一面旗帜下，不是一般的难。

孙中山走出第一步棋，邀请各派代表、骨干成员、基层领导，召开演讲大会。

演讲大会非常成功，会上群情激奋。

孙中山接着发出第二招，召集兴中会、华兴会、光复会等各革命团体的代表，开联席会议，讨论联合大计。

赵戴文

参会的有70多人，真正是一个超级讨论大会。经过提案、讨论、决议的程序，会议做出四大动作。1．成立中国同盟会，将革命派各派各系，全部集中在同盟会的大旗下，结束革命派林立纷争的局面。2．同盟会提出鲜明的政治纲领："驱除鞑虏，恢复中华，创立民国，平均地权。"3．8月20日召开成立大会。4．选举总理，孙中山当选。

中国同盟会成立大会后，孙中山没有休息，迅速做了两件工作。

1．将同盟会的纲领进行升级换代，升级为易懂易记的三句话：民族主义、民权主义、民生主义，简称为"三民主义"。

通过同盟会机关报《民报》的大力宣传，"三民主义"迅速深入民心，让全天下关心时事、谋划将来的人全都深深地记住了、懂得了，同盟会从一个不名一文的组织，迅速在中国民众中走红。

2．发展同盟会会员，为接下来国内的军事战争做准备。工作重点之一是在留日的军校学员中寻找发展对象。这些人一回到祖国，就是军队的骨干。同盟会必须立即动手，行动起来。

阎锡山当即成为同盟会争取的重点对象。

相信一个与政府主旋律唱反调的理论，或许不难，毕竟那是在脑袋里发生变化；而要参加一个反政府组织，而且自己还是政府花钱派往国外读书的留学生，这就不是一般的难。清政府官员一再严肃地告诫学员，政府严禁学员参加革命活动，老爸阎书堂也一再嘱咐他，凡事要安分守己，意思很清楚，可以思想活跃，但是行动上决不能出格，更不能"反动"。

正反两方在思想中强力斗争，结果不久就出来了，阎锡山不但参加了同盟会，还积极地介绍赵戴文等人加入同盟会。

阎锡山已经变成另一个人，无论思想上，还是组织上，思想十分激进，在同盟会各项活动中非常积极，革命热情一涨再涨。

活动积极的人，往往成为组织中有一定影响力的人。阎锡山正在这条路上狂奔。同盟会里，阎锡山受到上层的高度注意，得到会员的普遍好评。

孙中山眼下正在准备人手，其中最关键的是寻找到大量的军事方面的骨干人才、核心人才。

不久，以黄兴、李书城、阎锡山、温寿泉等28人为骨干，组成一支特别能战斗的团队，取名"铁血丈夫团"。思想激进、活动积极的阎锡山，双脚踏进同盟会核心层。

本来阎锡山只是一门心思赚钱，对于现行政府毫无异议，但几年之间就变成积极反政府的骨干成员。在这条猛烈变化的崎岖道路上，另一种全新的思想——军国主义思想，在阎锡山大脑中，猛烈地渗透了进来。

阎锡山进入日本陆军士官学校第六期学习。这是一所大力宏扬日本军国主义文化的学校，老师们致力于军国主义教育。在不同科目的教科书中，军国主义思想教育全面开花。

当代有一个网络流行语叫"洗脑"。阎锡山的脑子里装载着中华儒家文化的传统观念，大同世界、礼仪之邦，与军国主义格格不入。经过日本陆军士官学校教师的洗脑教程，阎锡山的大脑里迅速发生了一场翻天覆地的变化，变得欣赏尚武精神，崇拜军国主义。中国传统的儒家文化被日本老师用军国主义思想击得粉碎。在阎锡山的头脑里，一个全新的世界观被老师们培育出来——赞同"弱肉强食""强权公理"等军国主义的立世理论。

政府应该是一种什么样的政府？教育应该是一种什么样的教育？社会应该是一种什么样的组织结构？经过日本教师教导、培育，阎锡山的脑子里已经有了一套完整的答案，用他自己的话说，就是"政府之政策则为军国政策，人民之教育则为军国教育，社会之组织则为军国社会"，这些加在一起就是实行军国主义，建设军国主义的国家体制。只有这样的国家，才能在弱肉强食的国际竞争中生存下来，并且才有可能、才有机会走向世界前列。

今天我们看来，日本军国主义的思想多么可怕，然而，这套军国主义的世界观，在阎锡山的头脑里，已经成为普世真理。"中国自立之道，非厉行军国主义不可，才足以图强。"

儒家文化与军国主义思想，本来是两种格格不入的世界观，在阎锡山的头脑里，疯狂地结合，最终犹如大海里的火山喷发，冰冷的海水与火红的岩浆猛烈地碰撞，在烟雾蒸腾中，生成阎氏理论的海岛奇观。后来他终其一生，努力地进行以"军阀割据"为手段的军国主义思想的实践，其中又大量掺杂儒家的观念、手法。

阎锡山紧锣密鼓地着手另一项重大工作：充分运用商人头脑、交友技艺，在日本同学中广交朋友。土肥原贤二、樱井隆治、板垣征四郎等日本青年，成了阎锡山的同窗好友。

人脉就是资源，关键人脉就是重大资源。正是有了这一批日本同窗好友，20年后，阎锡山与日军的合作、勾结，才有机会也才有可能接连不断地发生。

学业完成之际，阎锡山带着三大成果——同盟会骨干、军国主义思想、日本朋友关系网回到正在发生风云变幻的祖国。

一到大清地面，阎锡山立即发现第一个目标，这就要一试身手，努力地纵身一跃。

第二章

当上大都督

盯上标统职位

日本留学归来，这批山西籍革命党人迅速盯上山西武装力量，具体来说，盯上军队两个标统职位。

不怕贼偷，就怕贼惦记。既然山西籍革命党人盯上了这两个目标，就像非洲草原上的狮子群偷偷盯上角马群里两只角马一样，时时刻刻都在谋划方案，不停地寻找下手机会。

苍蝇不叮无缝的蛋，这话放在一标标统齐允身上实在合适。他这个"蛋"，蛋壳上缝实在太多，又太显眼，一下子就被一批"苍蝇"死死地盯上了。旗籍贵族出身的齐允，那些八旗纨绔子弟身上的恶习，该有的都有了。法律，在他这类人眼中早就不叫法，贪赃枉法在他手上那都是稀松平常的事，像吸食鸦片这种清政府早已明令禁止的行为，他已经跟我们当代人抽烟喝酒一样习惯。还有一样，他这人懦弱无能，啥能耐都没有，就连拍马屁的能耐都不咋地。就像一只生病的角马，狮子们真是想不逮住它撕皮吃肉都难。

像他这样的人，没有人惦记他的位子，或许可以继续腐败下去，而一旦被别人盯上，任期很快就到期了。

山西这批同盟会的革命党人用上种种能想得出来的手段，持续不断地揭露齐允的种种劣行。这种本身就有问题的人，哪里吃得住这样的整法？在同盟会会员大造舆论、频频攻击下，不久，他这座"堡垒"就被攻破。齐允丢掉了标统职务，阎锡山的把兄弟黄国梁升任一标标统。

回国后，在陆军学校，阎锡山得到一份职业，担任日文教官。

利用教官的便利条件，阎锡山暗中动手，不停地搞动作，发展同盟会会员。张培梅、周玳等一批军校学生，得到阎老师特别"关爱"。后来，这些人成为他的重要干将。

阎锡山的一双眼睛没有闲着，盯上了二标标统职位。

二标标统夏学津，特别能干，大事难事，放到他的手上都不叫事，能力超强。与一般官员不同的是，他的背后有着强硬的靠山。

要推倒他，谈何容易？山西同盟会这批人，对付这样的牛人，还真的没有找到下手的地方。

就在大家努力地寻找机会时，突然，一个机会扑面而来。

宣统元年（1909年），朝廷下达禁烟令，要求全国禁绝鸦片烟，特别给出6年缓冲期。

朝廷希望利用6年时间，用平稳的方式把禁烟工作做细做稳做扎实。当然，最高层也有积极的想法，比如抓一个典型省份，以此为抓手，大力推进禁烟工作的进程。

丁宝铨，山西巡抚，半辈子都在官场上混。用上官场眼光，看出朝廷的深层用意。如果在禁烟方面迅速取得成效，必定会被朝廷当作典型树立起来，那么，由地方官升任京官都有可能。沿着这个思路，一个方案被丁宝铨想了出来。

丁宝铨

第二年，抢在别人前面，丁宝铨向朝廷奏报："山西全省已完全禁种，吸食者不久也可绝迹。"

最高层看到之后，想不兴奋都难。其实，这是一份假报告。

巡抚敢向朝廷打假报告？

这样的假报告，以前打了也从来没有出过问题，上面极少派专人下来检查。因为下面做出来的是政绩工程，即使是假的，上面也认为是办了大好事，无非就是政绩与实绩大小上有点出入而已。

然而这一次情况有些不一样。丁宝铨急于邀功，而朝廷也急于树立典型，就派钦差到山西实地查勘，目的是形成先进材料，在全国全面推广。

丁宝铨心中清楚，这件事只能在纸质上查一查，哪里能搞实地勘查？山西交城、文水一带，原来鸦片是如何种的，现在还是老样子。

钦差要来了，该如何办？

"活人岂能被尿憋死"，丁宝铨很快想出一个救火的办法，派出军队，强制县、乡、村的官员，要他们立即动员烟民，尽快铲除鸦片烟禾。

如此重大的事件，关键是派谁去执行。丁宝铨一眼看中二标标统，认定只有能人夏学津能以最快的速度办定这件事。

夏标统行动迅速，当即带领军队连夜赶往交城、文水等鸦片种植区。

夏军官是脑子聪明、经验丰富的军官，处理过的这类急难险重的事，扳着指头也数不过来。

这些种烟户中，虽然有的人家后台硬，有的人家有黑社会撑腰，但是在政府高高举起的禁烟正义大旗面前，在军队的铁拳手面前，鸦片种植户很快就能被搞定。即便搞出点事，上面有巡抚顶着，也一定能大事化小，小事化了。而自己得到的，将必定是超级能人的高大形象，夏标统这样想着，决定立即行动。

面对夏军官发出来的"勒令"，面对夏军官带来的大军，地方官员不敢怠慢，层层下令，层层立军令状，纠集一切可能的人手，立即到田间地头动手铲除鸦片烟禾。

做大事难事，一定要看时机，有时这个时机也叫季节。如果在烟苗刚刚下地的季节，这个工作阻力小，因为铲了烟苗还能种其他的作物，损失相对不是太大。现在，正是烟禾开花结实的季节，投下血本的鸦片种植户岂能让官府的人说毁就白白地毁掉？

在铲烟大队面前，种植户男女老幼成群结队跪在田间地头苦苦哀求。

鸦片种植户的这点做法，早在夏学津的预测路线图里。夏学津立即启动方案的第二步，面对苦苦哀求的种烟民众，大发脾气，下令士兵开枪恐吓。

枪声造成人群的混乱。混乱之中，发生踩踏事故，两位烟民种植户被踩死，八位被踩伤。

事情虽然有点出乎意料，丁宝铨仍然稳稳地想出一个弥天大谎招。丁宝铨奏报，"烟民抗拒铲烟，聚众作乱，已经变成一窝土匪，必须镇压、剿灭"。

依照惯例，事情到这里就可以打了结，不会出什么大的乱子。事情也的确是这样，这份报告上去，最高层没有发出任何的声音，算是默认丁宝铨的处置措施。

同盟会会员们早就盯着夏学津，天天都在寻找他的"缝隙"。看到他搞出这么大的事来，岂能不立刻捉他一个正着？

山西同盟会立即亮丽无比地甩出四大招。第一招，向太原《晋阳日报》刊载文章，用小说连载的手法，将丁宝铨、夏学津镇压民众的真相，特别是造成流血惨案的真相，一篇接一篇地揭发出来，引发民间舆论持续发酵。第二招，写了上千幅黑名帖，派出人手到处散发。

第一招是正面出击，第二招是阴招。山西同盟会两招连用，达到爆炸性效果，太原城已经满城风雨。

接下来是第三招，山西同盟会将这一事件向北京、上海扩散。利用同盟会影响的《国风日报》（北京）、《申报》（上海）转载《晋阳日报》的报道。这一招着实给力，在全国的政治中心北京，在全国的商业中心上海，舆论哗然。丁宝铨、夏学津两人变成全国新闻焦点，成为舆论强力指责的负面对象。

第四招，在前面三招铺垫的基础上，在强大舆论准备的基础上，同盟会会员推出撒手锏。仕往北京的同盟会会员，利用私人关系，在北京高层展开活动。这一招发出之后，结出一个果实，御史胡思敬决定奏参。

上下用力，朝廷做出决定，巡抚丁宝铨撤职调离。丁宝铨算是自己搬石头砸了自己的脚。标统夏学津撤职查办。

同盟会目标的第一步达到，二标标统的职位空出来。

有着留学金字招牌，考试成绩一直优异的高才生阎锡山被上级任命为二标标统。革命党人这一次取得空前胜利，用兵不血刃的手法，成功地将山西的军权暗中控制在了革命党人手中。

一颗牛劲的革命种子，就这样被同盟会强力地插进清政府体内的关键部位。

"爬高山"与"挖深沟"

坐在标统位子上，阎锡山用眼观察山西小形势、全国大形势，惊喜地发现，脚下居然摆着一条现成的升官路。

全国立宪运动正如火如荼。立宪党人不只是形成组织系统，不只是街头活动，他们已经做得很有起色，最为显眼的标志是，在全国各省，立宪党人已经成立咨议局。

什么叫借壳上市，借船出海？立宪势力不就是可以借用的出海之舟么？

看着手上的这点小本钱，阎锡山反复掂量，得出一个结论，"有个人是我可以攻下的堡垒。"这个人就是山西咨议局议长梁善济。

"如何跟陌生人梁善济接上关系？仅仅凭标统这个身价，还不能荣幸地成为梁善济桌上的菜，那么，有没有某个路径通向立宪党人梁善济的那个山头？"

一番打探的工作做下去之后，一条切实可行的路子展现在阎标统的眼前，与梁善济的秘书拉上关系，攻破梁善济的外围关系网。"通过梁善济的秘书推荐，抬高我的身价。有了引路党，打通通向立宪党人的道路就不再是问题。"

用上年轻人"共同语言"的手法，用上宴请的老套路，不久，阎锡山与梁善济的秘书结为"金兰之交"。

接下来就是走程序，阎锡山以晚辈的身份，用上谦恭阿谀的手段，拜访梁善济。阎锡山送上成堆的礼品，结交梁善济便顺理成章。

眼下看来，阎锡山花时间、花精力努力结交八竿子打不着的梁善济，没有现实的意义。但从接下来发生的大事变中，你将会看到，阎锡山是在为自己的未来铺路。

如果结交梁善济称为"爬高山"的话，那么接下来阎锡山经营的这条通道，可以喻之为"挖深沟"。

利用"铁血丈夫团"的高大上身份，在山西革命党人中着手建立"山西军人俱乐部"。

表面上，这只是一个军人自娱自乐性质的组织，为促进内部团结，增进军人之间友谊，为军人发展谋求空间，实际上阎锡山欲通过此组织寻找志同道合者。一批人迅速团结在阎锡山的周围，阎锡山的秘密团队越囤越大。

天地翻转大变化

坐在标统的职位上，阎锡山睁大一双敏锐的眼睛，寻找更大的机会。1911年秋，一个机会找上门来。

丁宝铨被赶出山西，陆钟琦接任山西巡抚，同时，原新军协统姚鸿发升任督练公所督办，新军协统的职位空缺下来。

稳稳坐在督办的位子上，姚鸿发有一个想法。空下来的协统职位，必须安插一个信得过的人。这个人该是谁呢？姚鸿发想到了阎锡山。

姚鸿发运作官场资源，他努力地活动，不久有了结果，阎锡山官升一级进入新军协统职位的事，差不多成为定局。

差不多——就是还有一步棋，中间还有一个小小的坎。

姚鸿发找来阎锡山，一边说出这个"大好消息"，一边用低低的声音提出一个小小的要求，"你出5000两银子，我来出面，为你做进一步疏通的工作。"

要当更高一级的官，机会就摆在这里，肯出钱，肯在官场投资就行。5000两银子，此时的官市行情，一般人出得起这个钱还买不到这个职位。眼下拿出这个钱来，以后官场捞几次就回本了。

现在是阎锡山计算投入与回报的时间，是真正考验阎锡山政治眼力、投资智慧的时间。

做出一个决定不难，而做出这个决定的过程十分艰难。

眼前是一个特别时期，全国各地的革命党正在暗中策划武力推翻清政府。"买下协统官位，姚鸿发一定着力栽培我，官场前景将必定越来越光明。诱惑力这么大，我到底该如何行动？"

这个艰难的决定终于做出来了，做出这个决定的依据是一个推论。

"全国武装革命的形势已经在暗中发动，只是在等待某一个时机，推翻这个政府只是一个时间问题。"

"如果这个政府真的被推翻，自己投下去的5000两银子，就如买股票一样，买到手的一定是一个垃圾股，最后会变得一文不值。"

阎锡山委婉地拒绝了姚鸿发的好意。

阎锡山做梦都在想着高升。面对强力诱惑，他有着何等高明的政治计算！这样的人不成事，哪样的人能成事？

现实的问题是，他的算盘打得到底精不精？

答案很快就出来了。

不到一个月的时间，大清的地面上发生翻天覆地的大变化。1911年10月10日，武昌起义的枪声打响。

革命党组织的起义也不少，如黄花岗起义、镇南关起义。与以前的起义相比，这一次同盟会领导的起义显然不同，其地理位置不在沿海地带而在武汉，更为重要的是，武昌起义不再是一次独立的起义，而是很快就引发了全国各省会城市的连锁反应。

仅仅相隔10天，10月21日陕西省同盟会会员张凤翔发动武装起义并取得成功。

山西与陕西相连。山西革命党人深受鼓舞，认定时机已到，做出决定，趁着清政府的军队四处扑火，利用清军手忙脚乱的机会，趁机发难。山西新军中，同盟会会员的活动越来越频繁，越来越积极，暗中在做起义前的各项准备工作。

一则消息突然在太原城中传播开来，"湖北、陕西起义成功，下一个就是山西。"

山西巡抚陆钟琦睁开眼睛盯住越来越恐怖的局势，整夜整夜睡不着觉。各种传闻不断传来，他心中一阵阵吃紧。"那些看不见的革命党人真是可怕的瘟疫，一定在太原城某个房间里秘密地传播革命思想。我该从哪里下手？"

收集湖北、陕西动乱的信息，反复研究，陆巡抚得出结论，"新军是作乱的根源。因为两省的动乱就是新军闹起来的。"

陆钟琦

发现重大秘密，识破革命党人发动事变的路线图，陆巡抚当即开出毁灭革命党于无形的处方，"赶紧将山西的新军调离太原。紧急请示朝廷，急调清军防守太原城。"

陆钟琦的两大招，击中山西革命党人的要害。正如医生治病一样，接下来，具体治疗手段、治疗过程才是关键。

如何稳妥地调离新军？新军犹如保险已打开的炸弹，不碰还好，一碰就炸，如何妥妥地搬离现场，应该策划详细的方案，千万要小心谨慎。

在这个关键步骤上，如果欠缺考虑，就有可能带来灭顶之灾。

识破"调虎离山"计

陆钟琦想出第一招，给调离太原的新军一个堂而皇之的理由，"防止陕西革命军向东扩展。"1911年10月28日（农历九月初七）陆钟琦发出命令，"一标两营限期调离太原。"

一切安全，没有发生任何的意外事件，陆钟琦感觉很好。

陆钟琦发出第二招，"调离的部队，只发枪支不配发子弹。"

"陆钟琦派我们前去阻止陕西革命军东扩，是去战场战斗，怎么不配发子弹？"

这是一个想不猜想都不行的谜。

现在是一个人出谜面多个脑袋猜谜底的时间。陆钟琦的谜底很快被革命党人猜中，他的真实意图被革命党人识破。

一标的两个营却不得不立即行动，离开太原城向指定的目标地点出发，因为调令非常明确，"如果不立即出发，主要领导就以违纪罪砍头论处。"

一边是识破陆钟琦的调虎离山计，一边是不得不离开太原城。紧要关头，同盟会会员黄国梁、阎锡山、赵戴文、张瑜、温寿泉等人凑在一起，做出决定，"紧急召开秘密会议，研判形势，做出应对。"

会议的核心问题是子弹问题，他们很快做出一系列决断。1. 如果不听从命令，一定领不到子弹，而没有子弹就啥事也干不成。2. 如何才能得到子弹？会议决定分四步走。第一步，黄国梁带部分兵士在规定的时间内出城，制造一个假象，听从调动；第二步，后续部队理论上应该能领到子弹。只要一领到子弹，就找借口拖延出城的时间；第三步，立即将领取子弹的消息送给黄国梁，到时黄国梁迅速返回；第四步，城里的部队与城外的部队里应外合，夺取太原城。

方案滴水不漏。但看上去越是完美的方案，越是容易出问题。与美好的理想相比，现实常常十分残酷。

依着拟定的方案，黄国梁率先行动，率领人马出城。10月28日下午，队伍到达祁县，随后扎营休息，实际上是等候太原那边的消息。

依照方案行动的还有二标标统阎锡山。他连夜召集二标同盟会会员开会，讨论行动具体方案。

会议形成三大决议。1. 同意起义。在这个关键时刻起义，大家没有不同意见。2. 等待一标发动兵变，二标迅速跟进行动，快速进城。

在"起义"这个风险极大的问题上，阎锡山打起了小算盘，风险让一标去承担，二标跟着去抢胜利果实。

3. 部队进城后，二标的两个营分别行动。一营开往子弹库抢子弹，控制军械。二营开往抚台衙门。是不是立即冲向衙门呢？不是的，具体做法是见机行事。如何见机行事？接着看阎锡山的妙招。

阎锡山设计的路线图堪称完美，然而一个小小的漏洞还是被他忽略了。会议刚刚结束，参加会议的一个排长，刚刚走出会议室的小门，猛然被二营管带撞见。

这位管带彻底拥护清政府，坚定反对革命。管带一伸手拉住排长，"我管带都没有被通知开会，我也没有通知你开会，你老实说说，参会的是哪些人，开的是什么会？"

像这样的问题，会上如果制定了应对方案的话，排长早有心理准备的话，撒个小谎，轻轻松松就应付过去了，绝不会阴沟里翻船。

脑袋里完全没有预案，心里完全没有准备，排长一时之间慌了神，结结巴巴，说不上整句的话。看到他这个样子，管带凶巴巴地骂了几句。

如果这个排长有一定的心理承受能力，或者及时地向同盟会的领导汇报，得到一些精神上的宽慰，这事也就过去了。

极度紧张的情绪中，排长突然之间患上强烈的焦虑症。他没有跟任何人说起心里的担忧，经受不住心理上强大的压力，以为事情败露，惶恐之中直接跳井自杀。

排长献出了年轻而宝贵的生命。

排长解脱了，阎锡山的日子这下彻底不好过了。本来一切可以按计划行事，哪知计划赶不上变化。

"一个排长不明不白跳井死了？"这事报告上去，必定引发陆巡抚的猜疑。

情急之中，阎锡山仓促做出三大决断：1. 将那个可能侦知消息的管带囚禁起来。2. 向陆巡抚隐瞒排长跳井的消息。3. 不等上面发子弹，立即宣布起义。

1911年10月29日凌晨，太原起义的枪声打响。

"赞成的都举手"

原有的部署完全被打乱，起义一下子处在极大风险之中，一切全看运气。起义军抢到了一样重要的东西——先手。

得到起义命令，一支部队立即行动，抢占太原城新南门。这里的守备队伍没有得到任何的消息，稀里糊涂被起义部队收缴枪械。城外的起义军从敞开的新南门向着太原城内一拥而入。

进城的起义军立即像洪水一样向着巡抚衙门扑了过去。巡抚衙门没有什么高大的厚墙抵挡，起义军迅速就翻过低矮的院墙冲到衙门里面。

巡抚陆钟琦提前得到消息，正在做逃命的准备工作。由于将金银财宝打包花去一点时间，行动迟了半拍，陆钟琦在大院里与起义队伍打了个照面。

看着对面站着黑压压荷枪实弹的起义军，陆钟琦急中生智，想出一招，软硬兼施。一面摆出巡抚的架子，当面怒责起义士兵"想造反？"，一面指手画脚放出媚态，责怪自己平时没有去看望大家，相互之间缺少情感联络、思想沟通，以致弄成今天混乱不堪的局面。

老狐狸面对一群老虎在这里想办法，儿子陆光熙站在父亲的旁边。光熙的口袋里塞满了钱，脑子里突然想到一句话，"有钱能使鬼推磨。"

陆光熙年纪轻轻，面对复杂的局面，没有身边的老爸老辣，然而出手却比老爸快捷。他也没有跟老爸嘀咕一下，直接伸手从口袋里掏出大把的钱来，使劲往

太原承恩门，因起义军由此入城，辛亥革命后更名为首义门

外扔。在陆光熙的想象中，应该是兵士们忙着抢钱，他和老爸趁着混乱之机逃之夭夭。

陆光熙看到的景象与想象中的美景完全相反，没有兵士跑过去抢钱，倒是有士兵当着他们父子俩的面，拉动枪栓，扣动了扳机。

现实为什么不跟理想中的模式走呢？为什么钱不能引得士兵们乱抢反而引发士兵们的怒火呢？实在应该好好地想一想。可惜生命是一次性的，他再也没有机会去想了。

此时，二标标统阎锡山没有出现在战斗第一线。

阎锡山的心里正忐忑着。他的确是积极地出来活动了，只是活动的地点很安静，在二标操场附近一片小树林里。

阎锡山早已派出人手外出打探消息，耐心等待情况报告。寂静的空气中，能听到四处响起的枪声。阎锡山判断，起义的战斗已经打响。

阎锡山发出第一道命令，要求属下的官兵前进到巡抚衙门周围的各街各巷。是否向巡抚衙门发起进攻？要求大家等待进一步的命令。

接着发出第二道指令，阎锡山派出一部分士兵进一步打探消息，在发出这道指令后，他仍然待在小树林里，不肯离开半步。

消息不断地传来。得到一标的部队攻下抚署的消息，阎锡山立即发出第三道指令，命令得意门生张培梅带领一支队伍攻打抚署后面的巡防营马队。当着众人的面发出这道指令后，又把张培梅叫到一边，嘀咕一套特殊进攻方案："让其他的新军队伍看到二标部队时，看上去是去配合起义；让抚署的人看到二标人马时，看上去是去保卫抚署；切忌头脑发热草率行事，而要头脑冷静见机行事。"

虽然阎锡山有着商人精细的头脑，但今天的账实在有些复杂，有几大变数难以算定。眼下，正面临一道两难命题：如果现在就出去露面的话，万一早了呢？

那样的话，自己一定落个造反的罪名。这必将会让辛苦奋斗得来的一切瞬间毁于一旦；而如果出去露面迟了呢，革命的功劳就没有自己的了，那时，自己辛苦的革命活动，啥成果都没有捞到。这道两难命题实在不好做，"成则居功，败则诿过"的算盘，到底要如何打才能拿捏到位？

紧接着，胜利的消息接二连三地传来。"好了，这下终于有底了"，阎锡山立即带领本标主力部队，摆出一副煞有介事的架势，朝着巡抚衙门冲了过去。

如果说太原起义是一场风险系数大的军事考试课的话，那么阎锡山率领的部队赢得了全盘的胜利，拿到了满分。接下来，现实为他安排了一堂难度更大的政治考试课。没有学过专业政治课的阎锡山，还能拿到满分吗？

1911年10月29日，太原城天空晴朗，万里无云。上午，山西同盟会完全掌控全城，立即做出决定，成立山西军政府。当然，这需要会议的形式，也叫民主的手段。这个会议不能只是同盟会会员参加，必须是各界人士共同参与，这样产生的军政府才能代表民意。

临近中午，由山西同盟会召集，山西各界参与，由立宪党人、省咨议局议长梁善济主持的军政府成立会议在咨议局召开。其中最为重要的议程就是推选山西大都督。

这个人会是谁？

阎锡山反反复复做一件事，盘算结果。

结果很快盘算出来，"就看我如何转动这个世界。"两个原因摆在那里，立宪党人一定会来抢这个位子，但是，我与主持人梁善济的关系，已经不是一般的深厚。战斗打响时，一标标统黄国梁在祁县那边，没有也来不及赶回太原。而现在军队系统里，除了黄国梁，没有人的职位比我阎锡山高。

挑战有两个：1. 如何让"阎锡山形象"在被推荐人中更突出？2. 如何挤掉对手立宪党人？

围绕两大挑战，阎锡山招来心腹张树帜、张培梅，秘密策划。

军队方面，被邀请出席会议的有阎锡山、温寿泉、张瑜、姚以价、张树帜等人，其中张树帜、张培梅、周玳等人是阎锡山事先刻意安排的心腹。

当梁善济宣布大会进入大都督推选程序时，作为军方最高领导人，阎锡山首先发言。

阎标统提议，推举名望高的姚鸿发为都督，理由很正能量，"仿照武昌起义的做法。"表面上看，既大方又得体。

果然不出阎锡山所料，这个方案当即被姚鸿发本人否定。原因在他的父亲，"家父正担任清廷陆军部侍郎，家眷都在北京。"

如何抬高身价？如何突出自己？如何吸引众人的眼球？

阎锡山故意使出这个提名招，达到了目的。

接着有人提名一标标统黄国梁。立即就有人提出异议，"起义打响时，黄国梁远在祁县而不在现场。""黄国梁不是同盟会会员，更不是我们山西人。"

这些人刻意否决黄国梁的过程，促使大家的目光再一次聚焦到阎锡山身上，原因摆在桌面上，符合上述三大条件的人选，有且只有阎锡山——领兵战斗在第一线、山西本地人、同盟会会员。

立宪党人早就按捺不住，跃跃欲试。

有人提出来，要用投票的方式公举都督，才显得公平、公正、公开。只要采用公举的程序，立宪党人就必定胜出，原因同样摆在桌子面上，因为在参会人员数量上，立宪党人占有绝对优势。

会议随即进入另一个议程，讨论都督产生的程序。讨论的焦点集中在一个问题上，是用提名的方式进行推选还是全体参会人员一人一票进行票选？

参会人员开始就"推选"还是"票选"争执起来。

机会出现了。只见有人慢慢地从人群的座席中站起来，随即一个箭步跳到主席台上。吵吵嚷嚷、混乱不堪的会场局面，顿时平静下来。

张树帜把手枪掏出来，"咣"的一声往桌上一丢。趁梁善济往后缩身的当儿，往主持人位置上一站。举起手臂在空中飞舞，嘴里大声地说道："推举都督就是了，武汉那边不是推举的么？做么子要选票？不要搞得那么复杂，弄个几天也选不出一个人来。现在是特殊时期，时间紧。要选举，举手就是了。我们军人选阎标统做大都督，赞成的都举手。"

看到张树帜出手了，张培梅、周玳等人，立即在台下大声地喊道："我们赞成。赞成的都举手，快举手！"一边说着，一边晃着他们手上的手枪。

立宪派议员们还在想着如何完善公举的程序，现在一看这场面，看看那几把寒光逼人的手枪，脑袋立即变聪明了，赶紧举手才是明智之举，于是或迟或早地举起手来。

"全体赞成，全体赞成。" 张树帜大声喊道，那架势就如会议主持人。

台下张培梅等人立即鼓起掌来，台上台下相互呼应，阎锡山当选为山西军政府大都督。

此时的阎锡山28岁。积极投身革命、积极奋斗，机遇再加上商人的算计，让他在同龄人中高出一等。

此局，阎锡山"政治课考试"满分。

相对于全国大局而言，太原起义是辛亥革命一系列重大事件中重要的一环。

28岁的阎锡山

这并不是笔者人为地给太原起义加码，而是由山西重要的地理位置决定的。太原起义，山西突然之间变成一道屏障，挡在北京军队南下的要道上，使清政府最高层对武昌起义有一大堆想法却无论如何都施展不了。

1912年9月视察太原时，孙中山大赞阎锡山，"去岁武昌起义，不半载竟告成功，此实山西之力，阎君伯川之功。"

第三章

遇难中掘金，媚袁中戏袁

武力时代

"太原市居然突然出现如此可怕的叛乱，没有丝毫的征兆，山西离京城又这么近，太原叛军会不会杀奔北京而来？"

大清朝廷上下震动。朝廷最高层立即做出决定，任命吴禄贞为山西巡抚。

"先下手为强，后下手遭殃。决不能坐等，主动出击才有可能保证北京的安全。"接到命令，吴禄贞立即率领清军大部队杀奔山西而来。

清政府出兵山西的消息迅速传到太原。

"兵来将挡，水来土掩。"阎锡山立即召开军事会议，布置抵抗清军的工作。然而，这一次来的却不是一般的大水、祸水，而是堪称百年不遇的军事洪水加政治洪峰。

清政府出兵山西，不是单独的军事动作，而是有着一系列重大政治动作做强大的后盾。首先以小皇帝溥仪的名义下"罪己诏"，接着解散争论已久的皇族内阁，再接着宣布解除党禁，并且高调要求资政院起草宪法，做出全国搞法治、国家实行宪政的积极政治态势。这些政治动作件件符合民心民意，契合社会大势。动用政治招，清政府赢得了优势。

军事上，清政府措施更加强劲，犹如老辣的医生，关键时刻使出给力的强心针。

搞定山西或许只要吴禄贞，而要搞定全国，那就绝不是吴禄贞能应对得了的。清政府最高层看中一个人，认定这位旷世雄才一定能带领大清的军队搞定乱糟糟的天下，他就是袁世凯。

吴禄贞（右三）

　　资政院一帮人看清形势，率先行动，用上"公举"的手法，公举这位北洋军阀的实权人物袁世凯为内阁总理大臣。

　　武将入阁为相，军人说话的时代、武力说话的时代——人类社会最为恐怖的时代来了。

　　吴禄贞率大批清军进剿的消息，北洋军阀袁世凯组阁的消息，皇上下"罪己诏"的消息，解除党禁、解除皇族内阁等消息在太原城中疯传。太原处在风口浪尖，城里的每一个人都在想同一件事，"头顶上的这个天，将来是谁的天？革命党还能支撑多久？山西两个旅的革命军岂是强大的北洋军、清军的对手？"

　　"与对手不在一个量级上，如何较量？"阎锡山比谁都清楚，所谓用鸡蛋砸手榴弹是个什么滋味。除非武汉、陕西的革命党提供坚强的后盾，山西或许有救。

　　阎锡山反复拿捏太原的风险系数这一次到底有多大？有一个人，早早守在一边，将形势看得清清楚楚。

　　不用跟任何人讨论，此人已经看出来，接下来只要清军打过来，这个叫阎锡山的领导一定死无葬身之地。"这是绝好的机会，只要一枪毙掉阎锡山的小脑袋，立下首功，山西这块天地，将来一定非我莫属。"

看定形势，原八十五标三营管带熊国斌决定动手。"必须抢在别人的前面，自己独占这个天大的功劳，绝不能让别人抢走。"做足准备工作，一天傍晚时分，通过卫兵传话，熊国斌求见阎锡山。

听说熊国斌求见，阎锡山没有想许多，放心地让"索命鬼"进来。

熊国斌一手推开门，另一只手掏出手枪，没有说一句话，对准阎锡山，啪的一声就是一枪。

如果是射杀一位老年人，或许这一枪真的要了对方的命，然而，阎锡山是个青年，而且是训练有素的职业军人。看到熊国斌的手在动，阎锡山只是略一矮身就躲到面前的办公桌下面去了。

熊国斌没有想到对方会来这一招。就像我们打乒乓球一样，死命一拍子抽过去，以为对手肯定接不住，就放松了警惕性。对手如果接住了，自己就一定会失手。所以乒乓球高手的致命招往往是第二手。第一手只是给自己制造机会，第二手再抽杀过去，才能真正让对方彻底傻眼。

熊国斌毕竟是第一次面对面杀上司，实在没有这方面的经验。打过了第一枪之后，发现对方突然躲在桌子下面去了，这才慌忙来补枪，然而，机敏的阎锡山没有给熊国斌哪怕是一秒钟的反应时间。

求生中的阎锡山已经变得极度机警，知道对方一定会补射，就在往下躲的同时，顺手抄起脚边的一个铜痰盂，猛地用力朝对方砸了过去。

被强力扰乱的熊国斌，受到突然而来的惊吓，心神大乱，无论如何无法再度瞄准。他下意认地扣动扳机将第二枪打了出去。

枪响的时候，门外的卫兵已经往门里冲了。卫兵们的工作就是保卫首长，哪里容得屋里有枪声？只要有一点动静，他们职业性的条件反射、极高的警惕性当即发挥作用。

就在这时，卫兵的枪响了。卫兵是训练有素的，卫兵的枪更不是吃素的，熊国斌当即被打伤，当场被擒拿。

如何处置熊国斌？阎锡山的手下不乏创意人才。有人弄了一个大大的石灰池，倒进足量的石灰，当放进池子里的水沸腾时，将捆住双脚的熊国斌硬生生地丢了进去。沸腾的石灰水里，大活人疯狂地扑腾，身上的皮一块块地掉，肉一点点地煮熟烫烂，最终被活活地折磨至死，惨烈至极、残酷至极。

虽然捡了一条小命，一段时间以来，突然而至的打击引发心理上极大混乱，阎锡山从早到晚心神不宁。

正在头脑发胀之际，一场人祸突然在太原城里蔓延开来。

熊国斌死后，原来的部下立即溃散。这些人知道惹不起阎锡山，撼不动革命军，就拿太原城市民撒气，在沿街店铺放肆抢劫，铁定心思要在太原市大闹一场。"反正领导也没了，也没有人发饷了，那就自己动手。枪在自己手里，看见什么抢什么。"太原城内，散兵变成乱匪，哪家店铺的生意好，哪家就要遭殃。

外面清兵正源源不断地向着山西的方向开过来，内部太原市溃兵疯狂地抢劫。阎锡山发现，这一次陷入了两难的可怕境地。

面对如此严峻的挑战，阎锡山的脑子没有跟着溃散的兵士一起混乱，很快就制定出一条路线图。

阎锡山亲自带军镇压乱兵，副都督温寿泉一起并肩作战。"兄弟"齐心，其利断金，面对险恶的战争环境、政治环境，两人花下力气，终于将太原城的乱局平定下来。

如何挡住即将进攻山西的清军吴禄贞部？这立即成了阎锡山必须面对的重大难题。

大危局里的清丽昙花

将局势多角度审视，将各种力量左右掂量，反复权衡，阎锡山产生一个感觉，"太原这点地方军，根本就不是清政府庞大国家队的对手"；然而，另一个声音在耳边响起，"身为都督，绝不能在战斗还没有打响之前就打退堂鼓。"

身处浪尖，一步错，步步错。阎锡做出决断，"运作两手动作，两手都要抓，两手都要硬。一手抓军事，必须做好全力抗击清军的准备动作，绝不可让军队畏缩后退。知道不是对手，也必须战场上刺刀相见，既然选择反清这条路，就不可能有回头路。"

第二手叫议和。"打通与清政府沟通的渠道，双方接受或者接近某个条件，那就促成政治上和解。"

两手联用，一边兵刃相见，刺刀见红；一边派出谈判专家，提条件，求和解，边打边谈。战斗的目的是为了和谈，而和谈的目的又是为了下一步的战斗。复杂的布局让外人一时还真的难以看懂。

阎锡山派出的议和专使迅速北上。这批人到了北京，别人不找，单单就找北洋大臣段祺瑞，希望从这里打开缺口。敌对势力的内部有主战派，一定有主和派。谈判高手找准主和派的领袖人物，和谈就有办成的可能。

就在这时，有一个人深夜里偷偷敲开阎锡山家大门。这位来者，大有来头，大出阎锡山意料。

来者不是一般人，居然是新任巡抚吴禄贞派出的私人代表。

吴巡抚丢掉胜仗不打，偷偷求和？

历史上，有些事情的发生无法用理性、情感这样的原因来解释，只能用两个字"运气"来解读。

阎锡山碰到的对手吴禄贞居然是一位老革命党人——鸿运就这样降临阎锡山家，馅饼就这样从天上掉下来而且极其准确地落进阎锡山胳膊上挎着的竹篮里。

真是想什么来什么。阎锡山热情款待吴巡抚的私人代表，再看着摆在案头的会面邀请函，阎锡山简直不能相信自己的眼睛。

躺在床上，一个疑问无论如何摆脱不了，"老革命党人吴禄贞设下的会不会是鸿门宴呢？"

一朝被蛇咬，十年怕井绳，熊国斌那条蛇刚刚被打死，吴禄贞会不会是一条更有诱惑力、更狡猾的毒蛇？

与部下反复分析，左右掂量，阎锡山最终做出决定，接受邀请，前去会一会吴禄贞。"去就一定有风险，然而，不去就一定没有机会。瞎猫也只有四处活动，才有碰到死老鼠的可能。"

明天就要起程，灯光下，再一次细细琢磨会见方案，反复审视其中可能存在的危险，阎锡山突然发现，会见方案中居然有一个大漏洞。会见的时间、人员安排、程序、保安措施都没有问题，可以说是滴水不漏，然而，居然没有考虑到会见的地点——这里存在重大的安全隐患。

会见的地点安排在石家庄。

眼下那里正是吴禄贞控制的地盘。不怕一万，就怕万一，万一有变呢？在对方的地盘上，到时岂不是叫天天不应、喊地地不灵？

阎锡山立即做出决定，"向吴禄贞方面提出请求，改变会见地点，设在娘子关。"

临阵变卦是约会者的大忌。吴禄贞没有因为阎锡山事前有变而退缩，不但没有爽约，反而爽快地答应阎锡山的提议，同意将会面的地点改在晋军控制下的娘子关。

同样是重要的领导人物，在领导者个人的安全问题上，一个小心翼翼，一个大大咧咧。两人的做法，真是相差万里。两人的结局，也是完全不同。

会面这天，阎锡山安排大批警卫人员在娘子关车站为自己接站，三步一岗，五步一哨，戒备森严，生怕有什么闪失。已经做了鬼的熊国斌还在他的心里做祟，心有余悸。与之形成鲜明对比的是吴禄贞，深入阎锡山的地盘，身边带的没有强大的警卫部队，仅仅带了三个参谋。

两人一见面，吴禄贞解嘲地说出一句话来，"昔日关云长单刀赴会，今日阎伯川惧见盟友，时势易也。"如果知道阎锡山刚刚从死神面前逃过一劫的话，吴禄贞必定说不出这句话来。可惜阎锡山没有心思跟吴禄贞细谈刚刚遭受的人身大劫难，吴禄贞也就失去了听"重要领导的重大安全问题"这一课的机会。

"如何打消阎锡山的顾虑，迅速结盟？"吴禄贞一路都在考虑这个难题。在阎锡山面前，山西巡抚的身份不是一般的特殊。

实在是一个难题啊。"两军对垒，现在要阎锡山与我结盟，谈何容易？"

吴禄贞设计出三大招。第一招，亮明革命党人的身份，取信对方；第二招，分析形势，唬住对方；第三招，提出方案，以潜在的极高的回报率吸引住对方。

秘密会谈开始，吴禄贞开门见山，表明自己的政治立场——坚定地反清。"为什么我身在曹营心在汉呢？我本来就是老革命党员。"

一席话下来，阎锡山原本高傲的头低了下来。"自己眼前的山西巡抚果然是老革命、老党员、老前辈"，立即生出一种异常惭愧的感觉来。

吴禄贞轻声地告诉阎锡山，"清政府任命我为山西巡抚，这是清政府运用的一种笼络手段，而我的心早就在革命的路上。眼前，我只有一个想法，与你领导的山西革命军携手。"

"眼前，清皇帝、清皇室、清军都不是天下最可怕的敌人，最可怕的敌人是谁呢？"吴禄贞坚定地说，"袁世凯才是当今中国第一个大麻烦，第一大坏人。"

"为什么我有这样的结论？"

吴巡抚的理论着力点是一个推论。"袁世凯是一只披着羊皮的老虎，他如果回到北京，掌握了军事、政治大权，那么革命就有着极大的危险。"

我们不能不佩服吴禄贞的政治眼力，他简直就是一位超级算命先生，堪称民国时代的诸葛亮，历史发展的路线图一一印证了他的预测。只是他已经没有时间看到预测的结果。

对于山西起义的重大意义，吴禄贞做了高度的评价。

"中国万一有事，海疆是一定不可靠，那么，中国的堡垒在哪里呢？在山西"；"山西这个革命的成果一定要好好爱惜，山西一定要好好布置。"吴禄贞把山西起义的意义放在决定中国命运的高度上。

如何布置才是好好布置？吴禄贞顺势亮出第三招。

"为了镇压革命，清军大批南下，那么，北京城就一定空虚。这就是一个巩固山西最好的契机——拿下北京。"

"如何才能拿下北京？关键是军队，进占北京的军队，一定要有相当雄厚的军事实力。"

"你阎锡山手中没有这样的军队，我吴禄贞手中也没有这样足够分量的军队。只要我俩联手，军队问题就完全解决了。"

"一旦我们的联军开进京城，拿下北京，那么，革命大业真是想不成功都难。"

抓住时机，创造条件，促成革命大业。为吴禄贞超常规军事方案点赞。

阎锡山细细审视、反复研判吴氏方案，对这位革命前辈，突然之间肃然起敬。对于山西在中国革命中的地理位置、政治位置、军事位置，阎锡山感觉自己突然之间有了一个更高高度、更加清晰的认识。

"这不是天赐良机还是什么？到那时，就不只是眼下山西的前途能不能保住这样小小的问题，而是有着更加妙不可言的风景。"想到这一层，阎锡山当即表示，完全同意并全力支持吴禄贞的超级方案，立即着手打造燕晋联军。

两人做出决定，"第一步，联军占领石家庄，切断南边的清军与北边清政府的联系通道。第二步，做好直捣北京的军事准备工作。吴禄贞任燕晋联军总司令，阎锡山为副司令。山西派出两个营的兵力，进驻石家庄，指挥权交给吴禄贞。山西同时组织一个旅的军力，作为第二梯队，随时准备北上增援。"

重大而英明的决断。现在就看联军的执行力。

袁世凯从海外紧急采购一批弹药，由北京运往武汉方向，保障正在与武汉革命部队作战的北洋军。

运输车队途经石家庄时，吴禄贞得到消息，当即决定截留这批弹药。

消息传到袁世凯耳朵里，他立即有一个不好的感觉，这太不寻常。接着，第二个感觉随之而来，吴禄贞已经暗中倒向了革命。

袁世凯当即派出耳目，进一步侦探消息。很快接到一份秘密报告，"吴禄贞正在组建燕晋联军，计划进攻北京。"

必须立即动手迅速毁灭正在出生即将长大的燕晋联军。打开这把锁的钥匙在哪里？坐在宽大的办公桌边，袁世凯一遍遍翻看关于吴禄贞的林林总总的报告。

吴禄贞去娘子关只带了三个人，袁世凯感觉天地突然宽了，灵感就这样从天花板上掉到了桌面上。剿灭燕晋联军，用不着浩浩荡荡开动三万大军，只要三万两黄金就完全够了。

袁世凯派出刺杀小组，悄悄潜入石家庄，住进一家大酒店。刺杀小组目标明确，用带来的金光灿灿的黄金，收买吴禄贞的卫队长。

卫队长一辈子也没有看到这么多的黄金。历史再一次证明，黄金就是最富战斗力的思想工作的利器。卫队长收下黄金，连夜动手，悄悄制订刺杀吴禄贞的详细方案。

重要领导对个人安危的麻痹、大意给杀手留下绝好的机会。1911年11月7日，卫队长暗中协助，趁着夜色的掩护，杀手偷偷溜进吴禄贞的家。凌晨时分，杀手悄悄爬到吴禄贞的床边，手起刀落。吴禄贞还没有来得及呻吟一声，就见到了阎王爷。

消灭对手于悄无声息之中，袁世凯做到了。

突然之间，燕晋联军失去最高领导，毫无征兆。吴禄贞没有料到自己会死得这么早，对于后事毫无安排。燕晋联军变成无头的苍蝇，大部分自动溃散，一小部分在孔庚的率领下投靠阎锡山。

应对方案

山西部队正在急急向着石家庄开拔。走到半途，突然得到吴禄贞被刺杀的消息。带队的领导有点发懵，从来没有遇到这样的怪事，除了掉头往回跑，还能有什么办法？

燕晋联军如一盆昙花，花开一夜就凋谢了。

毁灭性的"大地震"这才过去，"震后"大灾难随即而来。

1911年11月14日，袁世凯从汉口赶到北京，一分钟也没有休息便立即组建内阁，随即宣布新的人事任命。袁总理宣布张锡銮为山西巡抚，同时向曹锟发出军事指令"率领部队进攻山西"。

曹锟早就盯着山西。山多地险，离京城又近，拥有这样的宝地岂能不俯瞰天下？如何攻占山西？曹锟的算盘早就敲定，人多欺负人少，呼啦啦将大部队开过去，一人一口口水，淹也要淹死那点地方军。

曹锟迅速下达命令，"军队快速机动，向山西方向集结。"12月初，曹锟亲自率领首发卢永祥部向山西逼近。

12月12日，战斗在山西重镇娘子关打响。北洋军队开来20个营，山西革命军只有4个营。

一场激战之后，寡不敌众的结果当即就呈现出来，虽然拥有地利的绝对优势，但是经受不住对手人多的强力冲击，娘子关失守，山西军（后文简称晋军）全线溃退。

在踏上真正的战场之前，阎锡山抱有一丝侥幸，认为清军腐败无能，不堪一击，北洋军也已经败坏，没有什么战斗力，不是新军的对手。现在，站在娘子关前线视察督战，亲眼看到清军、北洋军军阵严整，兵力强大，军械先进，阎锡山突然明白过来，那些认为清军北洋军腐败无能的想法是多么幼稚。

阎锡山发出命令，对敌军进行有节奏的抵抗，既不能完全弃守阵地全线溃散，也不能拼死命抵抗，而是要利用地形地势，一步一步阻止敌军的进攻，拖住敌军进攻的速度，延缓敌军向前推进的时间。

阎锡山以最快的速度从前线往太原跑，一边跑一边构思应对曹锟大军的方法。

越走近太原城，阎锡山的心情越低落。他没有想出应敌方案，只想出逃命说辞。

双脚踏进太原城，阎锡山立即召开军政要员会议，会商主题，如何应对步步紧逼的曹锟大军。

会议开始，阎锡山做战场情势与时局分析。

"时局一日三变，世事难以料定。先前是全国革命形势一片大好，眼下的情况正在反转，革命遇到前所未有的难题，出难题的人叫袁世凯。"

"眼前的北洋军、清军已经攻到娘子关下，而这些前来进攻的部队，不是别人，正是袁世凯的嫡系。对付别的军队，我们山西军或许可以拼一拼，至少可以拼一拼运气，而对付袁世凯的嫡系，不说人数，光是枪械我们就已经输了。"

"太原离娘子关不过半日路程。娘子关已失，太原城如何能守？放弃太原，部队暂时撤出大城市，保存实力，等待机会。"

不同的人，看问题的角度不一样。副都督温寿泉的看法出乎阎锡山的意料。

"太原是革命的根据地，决不可随意放弃。"

"军心不可动摇，主动放弃太原就一定会动摇军心。眼下，曹锟的军队还在百里之外。我们应该利用这个宝贵的时间，从速组织太原保卫战，稳定军心。"

是战略大转移还是坚守太原？阎锡山心中清楚，主意已经拿定。眼前，如何迈过温副都督弄出来的这个坎，是个大大的麻烦。

"娘子关失守，我负领导责任。让贤能的人担当都督，抵抗曹锟。"阎锡山当即给自己下"罪己诏"。"原外八旗巡防统领，也是太原起义的将领，周维藩是合适的人选。"

"坚决不接受"，周维藩站起来发言。

"希望孔庚能临危受任。"

孔庚不是阎锡山核心团队里的人，属于"外来户"。阎锡山真实的意图实在让人难以琢磨。

不过，也用不着琢磨，孔庚也不答应在这样的危险时刻帮阎锡山渡过难关。

这世界还有有官不当的？阎锡山感到有点意外。

"如果我这样提名下去，必定是提名谁，谁不干。"阎锡山的心里突然明白过来，"无论是谁留守太原，太原城一定守不住。也就是说，守太原的，一定要承担失败的责任。这个罪责谁来承担？"

阎锡山立即有了主意，"这一次我要出走五台山，当个和尚，好好地反思丢掉娘子关的过错。"阎锡山将这句话丢出来，等同于发下野通告。

这一招果然给力。与会者全都明白过来，谁都不能把阎锡山留在太原。谁来留守太原，阎锡山已经不在乎。

温寿泉突然发现，自己想不负责太原留守都不行。一方面，自己是第二把手，另一方面，保护太原的主意又是自己提出来的。这就叫搬石头砸自己的脚。

没有经过什么复杂的程序，会议做出决定，由温寿泉负责镇守太原的重大工作，全权负责、全权指挥太原守军抗击曹锟大军。

"北伐"进军

阎锡山立即动身，以最快的速度离开兵连祸结的是非之地。他赶紧收拾行李，将细软物件一一打包，两个问题突然跑到了眼前，"往哪里撤？举什么旗子"，即用什么方式逃跑。

撤离危险地带，阎锡山已经熟门熟路。当年，为了逃债，跟着父亲在外面躲了不少地方。如何跑路——选择一条正确的路线实在重要。对东、南、西、北四个方位认真地评估之后，阎跑路的方向最终敲定：西北方。

为什么不是革命力量厚集的南方？因为中国的西北方位清军兵力薄弱。阎锡山跑路的技能越发成熟，哪里没有对手就往哪里钻。

这个方向到底如何？事实证明，这是一个英明的决策，在最终落脚地包头市，一个天大的红包在那里等着他。在这样的危难时期，居然有好运气光顾，以致后来不少历史研究者都为他啧啧称奇。

对于出行的方式，凭着职业军人特有的技能，阎锡山做了精心的谋划。他打扮成一个和尚的模样，骑着一头毛驴，外人看上去就是一个不穷不富的和尚。既然要跑路，躲避清军的追击，埋藏得越深才越安全。

看着阎锡山准备的毛驴、和尚服装，孔庚有一个感觉，阎锡山还真是年轻时跑路跑出了门道，想必当年你们父子俩就是用这样的办法逃债的。然而，今天不同啊，你这样的形象出门，一定给革命军的高大形象、美好名誉造成负面影响。

孔庚当面向阎锡山提出"革命军的名誉与形象"问题。

这的确是一个没有顾及的思维漏洞。

看着阎锡山茫然无措的样子，孔庚提出，"在出太原城的大门之前，发一个通电，声明这次的战略转移不是撤退，而是向北方进军，打出一面旗帜，'革命军北伐'，这样一来，就能保全革命军的名誉。"

阎锡山慌突突的心、闹哄哄的头脑变得冷静下来。"你的建议在理，非常有道理！"阎锡山当即做两件事：

第一，发表向北进军，即北伐的通电。

第二，任命孔庚为北路军总司令兼朔方兴讨使。

一副向北进军的姿态做出来了。

得到超大好处的还是孔庚，一个偷梁换柱的建议方案换来一个光芒万丈的总司令职位，这番脑力总算没有白费。

12月下旬，晋西北的天气，说冷就冷下来了。部队到达河曲县时，户外寒风刺骨，滴水成冰。当初撤出太原，过于仓促，军队的棉衣棉被等御寒的衣物没有全部带齐，粮食带得也不多。现在，没有清军追击，棉衣、军粮，陡然变成大问题。毕竟这不是一点点人马。军队平时靠税收支撑，现在，一毛税收都没有，只能坐吃山空。

阎锡山没有想出新办法，决定试试老套路，向地方政府借款。

找地方政府借钱，绝不是容易的事。把地方政府领导逼急了，就会出大事、出人命，逼到最后，事情一定办砸；而不逼，就有可能空手而归。阎锡山算定，解决这个难题的关键，其实就是派一个什么样的人去的问题。究竟是派一个大老粗式的蛮人去，一上来就跟对方玩狠的；还是派一个文人去，跟对方摆军队的威风讲革命的道理？

钱的问题，转变成人的问题。

阎锡山决定，派一个厉害的角色去，张树帜是很好的人选。

接到命令，张树帜带上一部分人马，直奔河曲县县府衙门。

在知县面前，张树帜高高打出革命军的旗号，开口要白银二万两。

对于一个县政府来说，这可不是小数目。

"我河曲知县是大清朝廷任命的官员，你革命军政府可曾授给我一官半职？"看着桌面上摆着的二万两白银的借条，河曲知县嘴巴噘得老高，果断做出决定，绝不让革命军吃下这顿霸王餐。

河曲知县自己不出面，派手下人偷偷活动，暗中串通地方绅士、商家，县城所有市场一律罢市。"革命军政府找知县我要钱，我知县当然是找商人去要钱，现在，商人都罢市了，那个钱啊，无论如何要不上来了。"

知县想出来的办法，的确厉害，不过，实在应该首先打听清楚对手张树帜是什么样的人。

"罢市"消息传到耳边，张树帜不但没有被对手出的难题吓退，反而信心满满。"这顿霸王餐我是吃定了。你知县想让我吃软鞭子，是吧？那我偏偏来顿硬的，先让你尝尝，看谁斗得过谁。"

张树帜派出大队士兵，直接将知县的家围个水泄不通。发现知县想翻墙逃跑，兵士们不打招呼，一拥而上，五花大绑把知县捆了起来。

看到又喊又叫的知县，张树帜不跟他理论，喊来几个五大三粗的打手，一顿痛打。

知县本来是读书人出身，哪里吃过这样的苦，牙关虽然咬得紧紧的，但皮肉撑不过去，最后只得求饶。

接下来就是走程序，市面立马开张，二万两白银一钱不少，送到张树帜的手上。

发现从太原跑过来的革命党人、革命军队吃得好、喝得好，穿得有模有样，看着他们天天吃肉吃白面、人人有衣穿，再看看他们手上的枪炮是先进的武器，包头市的革命党人立即有想法。

当初，太原发生革命党起义时，包头市的革命党人就已经做好响应起义的准备，无奈运气不好，碰到一个狠人——五原同知樊恩庆。

能做到五原同知的职位，樊恩庆靠的是一双敏锐的眼睛。精准发现对手的意图，准确判断对手的动作。

看着武昌、陕西、太原一个接一个起义的消息，樊恩庆有一个强烈的感觉，脚下这块土地正在发生裂变，包头革命党必定会随风而起。

　　樊恩庆立即行动，派出大批人手，密集侦察地下革命党的领袖、骨干成员，侦察同情革命的军官。

　　一张长长的黑名单摆在黑漆油面金丝镶边的案桌上。

　　樊恩庆连夜召开会议，安排人手。一个狂风暴雨的夜晚，收网行动展开。黑名单上的人员，无论是谁，一个不留，全部杀死。

　　一大批革命党人、支持革命的军官死在屠刀下。樊恩庆达到目标。

　　溃散的革命党人，没有从包头市逃离，而是在沉默中等待新的时机。

　　现在看着太原革命军举着北伐大旗朝包头方向慢慢地开过来，"这位叫阎锡山的领导人，是个靠谱的人物"，包头革命党人立即行动，请阎锡山率领部队进攻包头市。"革命党在城里做内应，里应外合，拿下包头。"

　　"一定要为死难的革命兄弟报仇雪恨。"

　　接待包头革命党人派来的代表，详细问清情况，阎锡山很快就看出来了，攻打包头有戏可唱，有钱可赚。另一个判断随即产生，自己手上这点兵，跟包头市的驻军拼杀，最多打个平手。

　　阎锡山正在雄心勃勃，正在苦无对策时，一批人找上门来。

　　丰镇革命党人早就发现附近游荡着太原革命队伍，一直以来，秘密跟踪，细细观察。突然得到这支队伍要攻打包头的消息，立即做出决定，跟阎锡山合作，做定这笔大生意。

　　两支队伍迅速合军一处。阎锡山的手上，骑兵步兵超过3000人。这个数量，攻打包头市地方驻军绰绰有余。

　　看着天上掉下来的大礼包，阎锡山下定决心攻打包头。什么叫天赐良机，这就是上天赐给自己的机会。

　　"三千人马开过去，即使城内有人接应，也难以奏效。风吹草动，必定引起樊恩庆的高度注意，包头的守军一定严防死守，同时还会派出人马请求增援。那样的话，围城就变成一场旷日持久的战争。"

　　沿着"蒙住樊恩庆眼睛"的思路，一道奇袭包头的方案制订出来。

　　3000人马分成三路，每路1000人左右，沿不同的路线，悄无声息地向包头进军。部队前行的路途，遭遇的任何人，无论是猎人、行路的商人还是地里的农民，全部押解进部队，不准脱离。将进军包头的消息彻底地封锁起来。

1912年1月11日，革命军突然出现在包头城下。

事前没有一丁点的消息，樊恩庆敏感的感觉突然失灵，守军没有任何的准备，一切都在仓促之中。

一方是精心准备，制订详细的攻城作战方案，做足攻城的器械准备、人手准备，一方完全出乎意料。革命军只花了一天的时间，里应外合，成功把包头攻了下来。

成功果然向着有准备的人。

迟到三天的天价惩罚

就在阎锡山忙着收获人生的又一桶金的时候，中国的地面上，政治形势正在发生翻天覆地的变化。这场大变化有些复杂。

1911年底，全国已有十七个省宣布脱离清政府，这些独立的省份，派出代表齐聚南京开会，选举中华民国临时大总统，成立中华民国临时政府。孙中山海外归来，在选举中一举胜出。

1912年1月1日，孙中山宣誓就任临时大总统。

在北方，剿灭南方政权的一股力量变得越来越强大。这股力量的领导者即袁世凯。

清皇室将最为重大的信任票投给了他。在狂风大浪一般的革命军面前，在各省纷纷宣布独立的滔天巨浪面前，清政府最高层把大清朝廷航船的大舵交到手握军权的袁世凯手上。

看着自己的势力在清政府中迅速膨胀，掂量着成功到手的权力，袁世凯反复在问一个问题，"谁才是我手中权力的最大威胁者？"

"清政府内部的反袁派已不是绊脚石，南京那边已经出生并且正在成长中的中华民国政府，才是真正的大麻烦、大威胁。"

"有没有一只大手将中华民国政府扼杀在成长之中？"

袁世凯立即行动，派出一大批人手赶赴南京，暗中观察新成立的国民政府内部的各种动静。

消息一批接一批传来。

孙中山就任中华民国临时大总统后和总统府职员合影

"国民政府貌似强大，实际上很虚弱""国民政府税收有限，资金薄弱""国民政府中，坚定的革命派只是一部分，很多人是跟风的，更多的人是投机的。"

看着摆在案桌上的消息，袁世凯阴沉沉的心突然有了一丝亮光，紧锁的眉头舒展开来。

"捣毁革命政府的那根狼牙棒，就长在革命政府内部。"从收集来的信息里，袁世凯有了重大发现，"在南京政府高层，有相当数量的人对我——中国此时最有军事实力的人物，抱有强力的幻想。有这一点就行了。"

不久，孙中山感受到来自南京政府内部各方面的重重压力，做出决定，与袁世凯进行沟通，史称南北议和。

袁世凯先前任命的山西巡抚张锡銮，此时已经调往他处任职，先前进入山西的清军部队、北洋军也已经陆续撤出。

在山西，袁世凯不得不这样做，因为必须兑现承诺——答应孙中山提出的条件之一："在革命起义的省份，由革命党人担任都督。"

张锡銮一走，山西当即失去最高领导。

山西省最高领导者是谁？当然是且应该是当初的革命党人，具体来说，当然

孙中山就任中华民国临时大总统后颁布的委任状

是且应该是阎锡山。而此时，阎锡山还远在包头。

山西咨议局紧急派出要员赶往包头，请阎锡山回太原市主持山西政府工作。

"南北议和已成定局，革命起义的省份得到承认，手中有了新的'包头实力股份'，山西的老股本，岂能丢掉？"阎锡山做出决定，立即赶回太原。

阎锡山将账算得准确，决定做得正确。然而，回太原的动作已经慢了，具体来说，慢了三天。

1912年2月18日，阎锡山的大队人马到了忻州（距太原八十公里）。附近的五台、定襄、崞县已得到消息，提前做好准备，早就派出人手，送来大批粮饷、礼品。

对比一下当初逃难时寒冬腊月里军队缺粮缺衣的窘境，真是一个世界两重天。人在失势时，就成了落水狗，人在得势时，甚至还没有真正得势时，立即引来拍马屁的大军。

不只是阎锡山正在经受世态由寒凉到温热的大变化，老父亲阎书堂也被这波热浪热得有些受不了。

当初，阎锡山北逃时，河边村的人，没有人家敢跟阎家往来，家家都怕受到牵连。那时，阎书堂心中怕得要命，带着一家人东躲西藏，到外边跑路，真正是有家不敢回。与当年躲债相比，这一次逃命惊慌程度何止百倍。

现在，得到阎锡山带着大队人马已到忻州正向太原前行的消息，河边村的人个个跑到阎家，向阎书堂祝贺。有的来拉关系，有的是远方来的陌生人，拎着大包小包的礼品，满脸堆笑送进门来。世间人情滔天巨变，阎书堂怕是想不感慨都难吧。

就在阎书堂大为感叹的时候，一道惊雷从北京传来。

在忻州稍事休息，阎锡山正在踌躇满志之中，决定这就动身前往太原。正在想着重返大都督府的美景之际，他突然接到袁世凯发来的一封电报。电报口气极为严厉，"就地待命，不得前进。违命擅动者即以军法论处。"

为什么袁世凯突然之间发出这一招？实在是怪阎锡山走路太慢了。如果提前三天到达太原并且就任大都督之职，袁世凯绝不敢如此胆大妄为。

三天前，袁世凯就任民国大总统。

袁世凯就职之前，每天都在做一件事，计算阎锡山到达太原的时间。

为什么一定要跟远在山西的阎锡山过不去？实在是山西的地理位置太独特。山西地处北京近侧，地理位置极其重要。袁世凯的心腹只要控制山西，山西就天然地成为阻断南方革命武装力量北上的拦洪大坝，革命党就几乎翻不了天。相反，如果山西处在革命党人的手里，北京就时刻处在革命武装力量的威胁之中。

算定阎锡山还没有到太原官复原职，袁世凯以最快的速度登上总统宝座，扳着指头过了三天，立即打出这张叫停牌。

出这张牌的理由不能太过于直白，然而却必须能唬住人。"太原起义后，阎

1912年3月，袁世凯在北京就任中华民国临时大总统

锡山北逃，山西局势混乱。"显然，一个关键时刻逃跑的人如何能掌控山西最高权力？而眼下，山西混乱的局势当然需要袁世凯派一个能力高强的人来掌控。

袁世凯当上民国总统虽然只有三天，但是，局势已经再明白不过，中国已经是袁世凯的天下。山西这个重要的地方，袁世凯岂能给一个不信任的革命党人？

接到这封电报，阎锡山惊出一身冷汗。

运用敏锐的政治眼光，他看到一线希望，"山西局势非我莫能"；接着另一线希望的光跟着飘到阎锡山的眼前，只要做通袁世凯的思想工作，找到打通袁世凯的人脉；只要找到路径取得袁世凯的信任，那么，山西大都督的职位就跑不掉。

阎锡山一分钟也不敢停歇，当晚就动手做两件事。

第一件事，老部下南桂馨正在南京。阎锡山立即向南桂馨发电报，要他无论如何，迅速找到孙中山、黄兴，努力活动，达到一个目标，"承认山西是起义的省份"、"促使孙中山、黄兴把这个'重大意见'以最快的速度传递给袁世凯。"

第二件事，赶紧找到撬开袁世凯家那扇大门的金箍棒。

看着别人送来的堆得如小山的礼品，看着知县们送来的码得整齐的黄金白银，虽然对袁世凯制造的困境郁闷纠结，但对未来的前途，阎锡山仍然信心满满。

一番搜寻的功夫扎下去，一个人物进入阎锡山的视线——董崇仁，定襄人。董家是当地赫赫有名的望族世家，几代人都在北京包揽皇宫工程。董家在北京有相当雄厚的势力。实际上，董家与太监头子、与王爷有很深的交情。董崇仁从小时候起，就跟着父亲出入宫廷，与权贵、太监不只是混得面熟。早已结识大名鼎鼎的李莲英，而且两人相交甚密。这位李莲英，是慈禧太后的宠幸。正是走李莲英的路子，董崇仁纳捐买了四品道台。

得力于李莲英的引荐，董崇仁与袁世凯从陌生走到相知相识，进而发展为知己好友。

为了讨好慈禧太后，着力拉拢与宫廷有关系的人做自己观察高层动向的耳目，袁世凯在董崇仁门前自认门生。

任直隶总督时，袁世凯与董崇仁结为拜把子兄弟。

别人不找，就找董崇仁，阎锡山果然有一双人脉黄金眼。

阎锡山立即派出亲信，担着成箱的高档礼品、金银财宝到定襄，把董崇仁请到忻州。阎锡山再一次奉上黄金珠宝，连声地称董崇仁为"老前辈"，恳请董崇仁到袁世凯面前，"为我，更是为山西，多多美言。"

在南边，南桂馨的活动相当给力。面见孙中山时，孙中山给出一句话，"如果袁世凯不承认山西为起义省份，那么，即使南北和议发生破裂，也在所不惜。"显示出孙中山对山西这块重要的革命根据地高度重视。

南桂馨马不停蹄地跑到胡汉民、黄兴的住处游说。为了山西这块根据地，胡汉民专门向袁世凯发电报。资料记载，胡汉民一共向北京发电报十多次，一而再再而三地向袁世凯提出要求，"必须保留阎锡山的山西都督职位"。

在黄金的作用下，董崇仁专程赶到北京，游说袁世凯。

一路上董崇仁都在编织阎锡山的好话。到了北京，董崇仁没有坐下来喘口气，拎着大堆的礼品，就直奔袁家，"阎锡山一向对袁公推崇备至，袁公就任民国大总统，锡山甚为欢欣。""锡山衷心拥戴袁公，大可不必怀疑他。"

阎锡山没有坐在办公桌前等消息。

反复测算，细细评估南京、北京两方的情形，得出一道结论，"外力再怎么给力，最多也就只是改变袁世凯对我的看法，要促动袁世凯收回成命，有且只有一条路可走——我主动地做出表示。"

思想进到这一层，阎锡山想出了一个极度狡猾的方案。

反复研究袁世凯的一系列行为，阎锡山突然有了一个重大发现，孙中山提出南北和议的条件，袁世凯全都一口答应了下来，然而，其中有一个隐藏的要件——时间，现在看来，他是故意拖延时间。

为什么他袁世凯念起拖字诀呢？只说明一个问题，在他的内心深处，埋藏着一个大大的秘密——他在等一个变数。

"那我就从这里下刀子，做出自己的表示，促成这个变数。""只要我做出这个动作，袁世凯就不可能只是将我默默地放在眼里，牢牢地记在心里。"

南北和议时，孙中山提出三个条件，其中有一条"定都南京"。表面上看，这只是一个都城地点的选址问题，实际上，却是一个让袁世凯致命的大问题。袁

袁世凯与各国使节

世凯的势力都集中在北京，南京是革命党人的天下，只要袁世凯到了南京，脱离原有的关系网，就是他有天大的想法，也没有那个能耐去实现。

阎锡山发出声音，"以形势论，以事实论，以对内对外论，目前自无舍北就南之理。"

在定都问题上，阎锡山看出袁世凯拖的目的"绝不定都南京"，因而打出这张赞同定都北京的牌，等于替袁世凯向南京方面喊话

迅速就有人故意将阎锡山的这个私人表示送到袁世凯的耳朵里。

无论胡汉民还是董崇仁，在袁世凯那里，都只是起到"改变其初衷"的作用。而阎锡山适时发出的这一招，帮袁世凯说出了想说又不敢说的那句重要的话，对于阎锡山这个过去是敌手至今从未谋面的人，袁世凯从内心产生一个重要的感觉——好感。

"同样是同盟会会员，阎锡山与其他人大不相同，他居然站在我这边。"依着这个极其特别的感觉，袁世凯决定改变自己先前对阎锡山的成见，并于1912年3月，发布委任令，正式委任阎锡山为山西都督。

接到委任令，阎锡山全身轻松，"哈哈，我不但从袁世凯的枪口下安然无恙地逃了出来，而且咸鱼翻身。"

这段时间，一直悬在心上的那块石头，终于砰的一声落地。对着前来祝贺的兄弟们，对着满桌的鱼肉，捧着香喷喷的美酒，阎锡山说出一句话来，"这也是蒙阎家祖上有德，山西百姓不该遭难。今后，蒙要把山西治理得好好的，也让袁世凯看看咱的本事。"（蒙：方言，我）

多么动听、多么美妙的话啊。接下来，我们一起来看一看阎都督如何"好好地治理山西"。

削藩辣手

坐在豪华的都督办公室里，睁开眼睛细看山西的整体局势，阎锡山猛然发现，有两座政治山头已经横亘在前行的路途。接着他又有进一步发现，这两座山头虽然生成的时间并不久远，然而要削平它绝非易事。

时间上，这两座山头都是阎锡山逃离太原之后、进驻包头期间，山西这边的"政治地震"震出来的。当时，山西失去最高领导，政治上处于混乱状态，乱局之中，两大板块起到支撑作用，南边是河东军政分府，北边是续桐溪领导的忻代宁公团。

撤离太原时，温寿泉带着人马往南逃。退到运城后，温寿泉宣布成立河东军政分府。随着时间的推移，军政分府的势力在周边县市一步步扩展，控制了河东各县。

1911年11月23日，忻代宁公团宣告成立，续桐溪任团长。清军进犯山西时，该军团多次与北路军配合，重重打击了侵犯雁门关的清军。

阎锡山用国王的头脑思考问题。考虑的结果，简约为两个血淋淋的字"削藩"。就如一位新皇帝登基，认定藩王势力威胁自己，一定要削去。

阎锡山决定采取各个击破的手法，首先向河东军政分府开刀。因为有一个人，同样也在想着要毁灭河东军政分府，那就不妨借刀杀人。

"河东军政分府，是革命的力量，而且在山西。袁世凯一定天天想着渗进山西，一定想着毁灭革命的力量，那就把这个大礼包送给他。""袁世凯接下这个天上掉下来的大礼包，我的都督位子必定更加稳当，这就叫舍不得孩子套不到狼。"

61

阎锡山立即动手，派出一批人潜伏到河东军政分府，在那里不停地制造事端。

做好这个铺垫的工作，阎锡山立即向袁世凯发送正式的报告。整个报告聚焦到一个点，革命党人张士秀、李岐山（河东军政分府的实权派）正在发动一场叛乱。

接到报告，袁世凯行动迅速，向驻守河南的直系军队发出进军令，军队进入山西。

张士秀、李岐山没有弄明白是怎么回事，没有思想准备，更没有军事准备，突然之间，被天上掉下来的砖头砸个正着，稀里糊涂被逮捕，接着被押往北京。

阎锡山感觉非常好，正如窗外的天空，满眼都是亮丽的蓝色，飘浮的云彩周边洒满金色的光，风也是轻的，吹在身上，哪一个毛孔都舒服。接下来阎锡山又盯上了忻代宁公团。

阎锡山很快掂量出来，捣掉忻代宁公团，只不过是小菜一碟。

他立即派出一批人潜伏过去，用小事化大事的手法，努力地激化那里一切能抓到手的矛盾冲突。目标明确，努力为忻代宁公团的领导人打造出一个"反革命"形象，为接下来出动大批军警"正当执法"的行动制造借口。

忻代宁公团团长续桐溪岂是傻瓜？听到河东军政分府张士秀、李岐山被逮捕法办的消息，续桐溪有一个奇怪的感觉，感觉自己极有可能是下一个被削掉的人。凭着这个直觉，续桐溪当即采取行动，不停地派出眼线，潜伏到太原市里，打探阎锡山的一举一动。

"地下工作者"努力工作，其中有人传回一个恐怖的消息，一个捕捉续桐溪的罗网正在紧锣密鼓的编织当中。

续桐溪这才想起最近发生的那些奇怪的现象，周边的大事小事，不停地出事，原来是有人故意捣鬼。他赶紧打起包袱，带着身边的金银财宝人间蒸发，逃之夭夭。再不逃就一定来不及了，在狡猾的对手面前，躲得越远越好，埋藏得越深越安全。

对手没了，山头削平了，阎锡山终于放心了。

突然，一个响雷从东边传来。

安插在京城的眼线秘密传来消息，袁世凯正在策划一个方案，拟调阎锡山为黑龙江都督。

曲径通幽

异地为官，这已经是历史上不同朝代的皇帝毁灭手握兵权的武将完全相同的手法。一旦异地调动成功，武将立即失去原有的人脉根基，失去原有的实力，之后皇帝一定会找对方一个不是，让对方将牢房坐穿。

阎锡山正在吃晚饭，得到这个消息，对满桌酒肉顿时失去了兴趣。

这个难题，请孙中山施压解决不了，董崇仁的面子解决不了，然而，这个世界一定存在治愈这个病的处方。这道药剂在哪里？

"什么样的人，才有可能劝转袁世凯停手调动方案？"

"应该是在袁世凯的智囊团中。只有为袁世凯出谋划策的人，只有袁世凯的亲信才有那个能耐。"

思想进到这一层，寻找这种药物的路径迅速制定出来。用黄金铺路，在袁世凯的秘书班子中寻找能人。

这个人终于被找出来。

袁世凯总统府秘书长接下一包又一包的金银财宝，"我这就出面，跟总统聊聊这件事，你那边就放心等消息吧。"

秘书长的那张嘴，果然给力，袁总统最终放弃让阎都督异地做官的想法。

"眼下算是安全了"，阎锡山慢慢盘算这件已经打上句号的事，"袁世凯一定又在打什么鬼主意。"

这个感觉非常强烈，占据阎锡山的大脑。

策划多个方案，否定多个方案，最终，阎锡山认定，有且只有一条路子，想不走都不行。这个路子叫"不入虎穴焉得虎子"，"必须到北京去走一遭，到总统家里串串门"。

人与人之间的信任，一定建立在面对面交流沟通的基础上。如果连面都不敢见，只是写信，没有感情，又何谈信任？"必须去京城，即使那里满布危险，也必须去走动，必须去串门。"

"京城里到底有没有危险？袁世凯会不会找个借口趁机将我留京做官？"

"眼前，革命党掌握的军事力量，袁世凯虽然又恨又恶，但是，他必定又惧又怕。北京城里有风险，必须步步谨慎，格外小心，然而，眼下袁世凯还不敢把我随便扣留。"

有了这个结论，阎锡山决定，学一学历史上刘备去吴国孙权家娶亲的做法，去北京总统家串串门。

到了北京，谒见袁世凯时，虽然一遍又一遍暗示自己"放松、放松"，阎锡山还是紧张得要命。行跪拜大礼时，俯伏在地，背夹沟、手掌心全是汗水。

回山西的路上，阎锡山向身边的亲信说出一句压在心里很久的话，"我这辈子如果有最畏惧的一个人的话，那就是袁世凯。"这句话道出阎锡山一大心病，北京的袁世凯确确实实是压在他心上一块非常沉重的大石头，不搬掉，他绝不会停下来。

该如何搬掉这块石头？一回到山西，阎锡山立即行动。

"政治环境如此险恶，自身力量的强大只会引来总统一万个不放心，那就最大限度地降低姿态，努力逢迎袁总统的心理需求。"

只要是节假日，阎锡山早早就准备好一件重大的礼品，将山西最有名的汾酒，以每次五百坛的规模向袁世凯奉送。阎锡山不只是送最高领导，总统身边的人物，无论大小，都一定努力地敬奉。绝不能小气，只能想尽办法打点。用处心积虑、卑躬屈膝这样最低位的词来形容阎锡山的做法都不为过。

望着一车接一车的汾酒，阎锡山盯住时常来袁世凯家里走动的女人。

仍旧走董崇仁的路子，阎锡山开辟一条通向袁总统家的秘密通道，成功买通袁家的女仆。阎锡山感觉自己的"视觉距离"大大扩展。

这个感觉非常好，阎锡山一边用手指敲着桌子，敲出一连串的"得得得"似马蹄奔跑的声音，一边有了一个主意，"乘胜扩大战果"。

袁世凯家的奶妈进入阎锡山的视线。

如何收买袁家奶妈？阎锡山不用想就有办法，收买她身边围着她转的女人。这样的女人，很快就找到了。

段祺瑞的孀嫂与袁世凯家奶妈是密友。通过段祺瑞的孀嫂，不久就买通了袁世凯家的奶妈。

女仆提供的，只是袁世凯最新动态信息，而通过奶妈的嘴，能够将甜言蜜语适时送到袁世凯的耳边。实乃曲径通幽。

阎锡山非常高兴，在房间里喝着香茶，摸着略略扎手的胡楂，听着窗外风吹树叶的沙沙声，突然有了一个想法。

"既然可以在袁世凯的身边开辟暗沟，为什么不可以在我的身边开辟明渠？"

沿着这个思路，阎锡山发出两份委任状，任命董崇仁为晋南镇守使，任命陈钰为山西民政长。陈钰，山西人，袁世凯亲戚。

阎锡山在后花园里徘徊，观赏花匠前天送来的一盆盆景，遒劲苍老的枝条上，绿叶丛里，开出细碎的红花。这些花鲜艳夺目，生机勃勃。

"袁世凯那人，一定对革命党人、同盟会员恨之入骨，要取得他的信任，必定是一场持久战。送礼也好，送官也好，都只是外围的运作，有没有办法，在他内心筑起的'怀疑'大堤上，撕开一个缺口？"

看着这盆老树新花，阎锡山的眼前一亮。"为什么不可以在北京买套房子，将父亲和继母送到北京去居住呢？"

"这是可以大大地拥有孝心的噱头，不就是送给他袁世凯作人质吗？可以打出一个冠冕堂皇的旗子，让老人家开开眼界，让老爸老妈到京城享福。"

为了高大上的权力，人世间，还有什么不可以做的？

1912年8月，同盟会改组为国民党。阎锡山是同盟会的老会员，被任命为参议。

看着参议证书，阎锡山没有一丝喜悦的感觉，一道阴影挥之不去。"发一纸声明，宣布脱离国民党。"

就在这时，袁世凯一道命令传到阎锡山案头。

阎锡山当即以雷厉风行的姿态，向各级政府部门转发、传达、执行袁总统的命令，"各县知事将国民党分设机关一律解散。"

"我一定会被老同盟会会员骂死，然而，这正是我正面向袁世凯表明政治态度的大好机会。你们要骂就骂吧。"

现在，终于可以拍打身上的灰尘，好好地睡个觉。

"必须处处小心谨慎"。睡在床上，梦呓中，一个声音从阎锡山的喉咙里发出来。

的确是有一位让阎锡山睡在梦中都不安生的人——袁世凯派来的巡按使金永。

金永感觉自己在太原的生活越来越舒适，就不说过时过节，有阎锡山送来的成堆的礼品，连日常生活用品大米油盐，都有人送上门来。逢节假日，阎锡山必定提前安排宴席。金永心中明白，这一切的一切，阎都督要的是两个字，在向袁总统汇报时，多多"美言"。

一天傍晚时分，天正下着小雨，黄国梁过来讨论一份计划书。整整一下午，阎锡山把精力全都集中在这份计划书上。此时，黄国梁任第十二混成旅旅长。

黄国梁离开时，望着他雨中的背影，阎锡山心中的一个想法越来越坚定。他突然觉得，一直以来压抑在心头的一个想法可以实施。

阎锡山将重大军务一一交到黄国梁手上，请把兄弟全权"代理"山西军队的重大工作。

稀释，再稀释自己，朝着"韬光养晦"的路上，阎锡山一路狂奔。

阎锡山发现，在太原城，出现了一个连他自己都不敢相信的现象："太原人居然只知有黄国梁，不知有我阎锡山。"

从北京那边，终于传来一句阎锡山最想听到的话，"锡山这人有许多特点，最大的特点就是脑后没有反骨。"

足以证明，袁世凯已经消解对阎锡山的怀疑，放松对阎锡山的戒心。

借钟馗打鬼

隐忍、低调、藏身……这一切的行动，其实只是为了一个目的——更隐蔽、更快捷、更有力地出击。

就在努力地隐藏自己时，阎锡山突然发现，一个迅猛抬高自己身价、增大自己势力、强大自己动能的机会来了。

自从坐上总统宝座，袁世凯一直在想一个问题，如何对待下台的孙中山？

无视孙中山，必定犯下大错。孙中山背后站着海量的革命党人，站着大批的革命军队。

想来想去，袁世凯决定走一步棋，运作试探招，请孙中山北上，到北京

1912年9月17日，孙中山先生乘车窄轨火车前往太原访问

聊聊。

　　自从踏进北上火车的那一天起，孙中山就在考虑一个问题，无论革命党人还是袁世凯，都在紧紧地盯着我的一举一动，一言一行。那么，到了北京，在政治上，我该怎样定位自己？袁世凯最关心的问题必定是，接下来我将做什么。

　　双脚踏进北京地面时，孙中山的方案构思成熟。1. 退出政治舞台。"如果我再在政治上发声的话，中国的政治局面一定混乱。"原因简单，一个人只能有一个头脑，不能同时有两个头脑。一个国家政治上只能有一个声音，不能同时有两个声音。

　　理论上讲，孙中山的想法、做法有利于建设和谐的政治局面。然而，从美国、英国、法国等国家的做法上看，执政党之外，还应该有在野党，这样更有利于政治的健康（这正是国民党领袖人物宋教仁的观点）。

　　2. 既然选择退出政治舞台，那就去经济舞台发力，建造铁路。专心致志于铁路之建筑，于10年之中，筑20万里之线。

　　高级会客室宽大的沙发里，袁世凯、孙中山相对而坐，慢慢地品着香茶。袁世凯十分关心孙中山先生的生活、工作，从这里切入，缓缓地交流起来。空气里飘荡着和缓的气氛。袁世凯听到了自己最想听到的一句话，"政治交给你，铁路交给我。"

一位曾经的政治领袖，现在决定政治上放弃与我竞争，而专心致力于国家铁路建设，天上的馅饼果真掉到了我袁家的菜篮子里。袁世凯心中荡着一股甜美的滋味。

袁世凯高度赞许孙中山的计划，"现在是国家建设时期，铁路先行。要想富，先修路，我大力支持你的铁路建设工作，从资金到人才，能帮上忙的，一定尽力帮忙。"

1912年8月，孙中山开始铁路建设的全国实地考察工作，考察计划从距离北京最近的山西开始。

孙中山要来山西。

阎锡山看到孙中山背后强大无比的力量。这股力量如此强大，以至袁世凯撼不动，抗衡不了。

看出这一点，隆重接待孙中山的方案迅速被阎锡山看策划出来。"通过接待工作，造成我与孙中山先生之间私人关系非同一般的声势，在袁世凯的眼里，必定狠狠地加重我的分量。袁世凯即使对我阎锡山有什么不轨的想法，也不敢轻举妄动。"

袁世凯高兴的劲头还没有过完，1913年初，突然发现，对面站着一个狠人，国民党代理理事长宋教仁。

宋教仁认定中国必须走民主共和的道路，正在着手组建一套竞选班子，选举黎元洪为中华民国总统。在宋教仁勘定的路线图里，由国民党组成责任内阁，实行政党责任内阁制。

袁世凯很快就看出来了，在宋教仁的国家模式中，没有他袁世凯的位置，"他是直冲我的总统而来"。

袁世凯当即采取行动，方式非常

阎锡山与孙中山合影

直接，派出杀手在上海火车站直接将宋教仁开枪射杀（宋教仁案至今仍是个谜，袁世凯与杀手之间的详细关联细节未能完全破解）。

杀了宋教仁只是暂时缓解疼痛，真正的病根子还在那些可恶的南方革命力量。

如何拔除病根？道义、说教还是政治斗争？那就只有一条路可走，武力剿灭。

到南方用兵，必须要有一样东西——银两。清朝留下来的那个国库，空空如也。没有钱，即使手里有强大的军队，也用不起、动不了。就如一个大学毕业生，有学历、有能力，家里没有路费、房租费、生活费，如何从老家农村到遥远的大城市去打工？这时就必须向亲戚朋友伸手借钱。

袁世凯有亲戚朋友，但是，军费绝不是一点点钱，必须巨额资金才能支撑。袁世凯很快想到五个人，五位身价万亿的银行领导。

俄、英、日、德、法五个国家的银行里有的是钱。

即便袁世凯是总统，没有质押品，他们也是绝不会出借大笔的款项。

"你们看看，我的手里有值钱的东西作抵押物吗？"

"有的，中国的矿山、铁路、收税权"，五个外国银行的领导非常肯定地答道。

"好吧，那就拿矿山开采权、铁路修筑权作抵押。拿下富庶的南方，得到全国的税源地，收回来的税钱，就可以还上这笔贷款，或迟或早总是可以赎回那些抵押出去的权利。"

很快，一份《善后借款合同》签订。洋人拿到合同就办事，钱很快就打到袁世凯的账户。袁世凯迅速向北洋军、清军发出命令，"向南方开进，一举剿灭南方各省独立的武装力量，统一中国，结束军阀割据。"

孙中山正在忙着勘察铁路路线图，募集修路资金，突然，重磅消息一个接一个传到耳边。

"宋教仁被杀，善后大借款，北洋大军正在集结，准备南下"，听着这些消息，孙中山无论如何也坐不住，立即丢下手边正在拟订的铁路修筑计划。

"革命危急，国家危急，国民党危急，无数革命志士为之奋斗的成果，绝不能葬送在袁世凯的手里。"孙中山发出强大的声音，号召南方革命军立即行动起来。

革命军控制的省份纷纷响应孙中山的号召，反击袁世凯的战争迅速启动，史称"二次革命"。

现在是阎锡山表明政治态度的时候了。

先前接待孙中山山西考察的仪式搞得隆重无比，在全国人民面前，阎锡山把自己与孙中山的关系标榜得铁上加铁。现在，孙中山与袁世凯势不两立，革命军与北洋军作殊死的搏斗，在政治上、军事上，阎锡山如何站队？

阎锡山真想躲，躲不掉；他想不表态，肯定不行。

"到底靠哪边站队？"一旦选择错误，后果不堪设想。

无论是袁世凯还是孙中山，在这两支力量面前，阎锡山的那点武装力量，都不是一个级别上的对手。一旦选择错误，阎锡山都有可能迅速被对手吞掉，撕成碎片，或者秋后算账。

用慧眼全局扫描后，阎锡山看穿其中的秘密。

"袁世凯蓄谋已久，借到大笔的战争费，而孙中山方面前期准备不足，武装力量必定不是袁世凯的对手。"

1912年孙中山莅临太原与阎锡山及山西军政高级人员合影

宋教仁被刺后，孙中山在上海决定发动"二次革命"。图为孙中山（前中）、黄兴（前排左二）同与会人员合影

另一个强大的声音在阎锡山的耳边响起，"反击袁世凯的革命力量非常得人心。"

"得人心又如何？如此弱小，缺少充分的战争准备，没有大量的战争经费做支持，内部也不怎么团结，岂能成事？"

如果只是这样简单直线地考虑问题，那他也不是阎锡山。

"不能与得人心的孙中山唱对台戏。如果只是高举跟定袁世凯的大旗，一定毁了我的名声。"

有没有两全其美之策？

办法终于被阎锡山想了出来：保持"中立"。

袁世凯的北洋军经过系统的训练，手握先进的武器装备，吃得好喝得好，饷银充足。南方革命军就只有一个词来形容：捉襟见肘。

这两支队伍实力不在一个级别上，斗志同样不在一个级别上。理论上，保共和、反独裁的革命军应该斗志昂扬，视死如归。现实情况却让人大跌眼镜。在强大的北洋军面前，革命军各支部队的领导各打小算盘，保存实力成了领导人的优先目标。革命军内部团结得不够紧密，各省军队之间各有想法。

两支军队比拼的结果很快就出来了，战场上，讨袁军频频失利。最终，国民党的心脏所在地南京被北洋军攻占。"二次革命"以失败告终。

阎锡山"中立"手法的巨大价值得到体现——没有得罪袁世凯，不像别的省份的国民党军事领导人那样流亡天涯。在狂风巨浪中，山西地盘保住了。

跟他一样"有眼力"的还有云南都督唐继尧。这两人成了"二次革命"后革命党领导层中幸存的两枚"酸果"，其他各省国民党身份的都督全部被撤换，有的甚至被追杀。如果从后来阎锡山的作为来看，这一次，阎锡山这位革命党人中的一枚超级炸弹在袁世凯阵营中埋了下来。

以帝制行宪政

阎锡山满怀喜悦收获胜利的果实。1914年，袁世凯将一顶荣光闪耀的金顶子送到阎锡山的府上，授予阎都督"同武将军"荣誉称号。

全国都是袁世凯的天下，他送来的这把"保护伞"，能不赶紧撑起来？阎锡山立即动手，在老家河边村，花下重金修建门楼，题上大名"同武将军府"。

对于很多胜利者来说，胜利同时又是一副剧毒剂。军事上的大胜利就如一道洪水，一下子冲昏了袁世凯的政治头脑。袁世凯认定中国地面上已经没有任何的对手，国民党没有威胁力。"天下已握在我的手里。"

袁世凯立即动手，将共和的招牌扔进历史的垃圾堆，成立中华帝国。袁世凯改称洪宪皇帝，将共和体制改为君主立宪体制。

我们今天的人无论如何也理解不了袁世凯的称帝昏招，骂他倒行逆施，罪该万死。袁世凯为什么一定要称帝？在他的心中，郁结了怎样深厚的帝王情结？

从孩童时代起，袁世凯接受的就是"帝王天下"的教育，做皇帝就是一生的梦想。即使天下有无数人天天骂，在机会成熟时，岂不立即实现自己一辈子的皇帝梦？

消息一波接一波传到阎锡山的案头。

当年，阎锡山身无分文，为了推翻清朝皇帝走上革命的道路。

现如今，阎锡山家大业大；捧着人家的碗就得受人家管。

当年，在日本东京，有一帮志气相投的热血青年，在山西太原，有一帮天天谋划革命的同盟会员。

现如今，自己身边连愤青都没有了。"二次革命"失败，革命走入低潮，听不到一丁点革命的声音，革命党人一时之间销声匿迹。

想到这里，阎锡山毫不迟疑地向负责称帝工作的筹安会送银币二万元。"不送钱，不行吗？""当然不行，除非你山西都督不想当。"

抢在别人的前面发劝进电。"同样是劝进电，抢在前边领导才高兴，跟风的就说明你的态度不坚定，至少支持的行动不积极，支持的响声不高吭不嘹亮。"劝进电的电文得仔细琢磨，态度必须坚定无比，掌声必须响彻云霄。

"诚以中国之情，决不宜沿用共和制度。"表明我支持你称帝的态度很坚定。

"辛亥革命之初，尝以共和为新旧递嬗时代之权宜手续，四年以来，默察国情，征诸经验，乃确信共和之不足以安中国。"这就告诉你，我真的从理论上认识到你的决策将是历史上最伟大的决策、最英明的决策，你这样做，才是顺应时势。

"今日改定君主国体，正是全国人民希望诞登彼岸之机会。天与人归，各当其时。"

1914年12月，袁世凯在天坛祭天，为称帝做准备

"国一日不定，人心一日不安，锡山窃日夜延颈企望，私心默祝，早日决议，有以符舆情而巩固国基也。"

劝进电文里有两句话特别让人深思。"废共和而行帝制，以帝制而行宪政。"

当时世界上最为先进的国家体制有三种：1. 美国、德国实行的联邦体制，2. 英国、日本实行的"以帝制行宪政"体制，3. 共和体制。那时，英国是欧洲最牛的国家，日本是东方最牛的国家，今天叫第一世界、发达的资本主义国家，这两国所实行的成熟而且历史证明是成功的国家体制，这种体制非常让阎锡山向往。"以帝制行宪政"这句话，或许真正道出了阎锡山的心声。

劝进电送到袁世凯的桌子上，袁世凯看了"龙心"大悦，朱笔批示"颇有见地"。

现在是算账的时候。阎锡山出了两万银票，送上一封劝进电，收到了袁皇帝一等侯爵的封号。阎都督的位子越来越稳妥。

你的真心隐藏好深

袁世凯在欢天喜地中称帝，没想到招来全国人民的遍地骂声。

民国很多人的确非常想当皇帝，然而如果有人真的再来搞帝制，刚刚推翻清王朝的中国人，没有一个从内心答应。

在云南，蔡锷迅速成立护国军，发表讨袁檄文，宣布要致力于推翻袁世凯的帝制，向北洋军发起进攻。

"二次革命"虽然失败，在革命的大道上，孙中山一天也没有歇着，一直盯着袁世凯的一举一动。袁世凯称帝的消息一波接一波传来，孙中山的一个感觉越来越强烈，"袁世凯欺骗了革命党，是天下最大的骗子，袁的统治非用武装力量推翻不可。"

得到蔡锷成立护国军的消息，孙中山当即动手，起草《第二次讨袁宣言》。

火种投下去，全国反响十分强烈。由南向北，各省纷纷宣布脱离袁世凯的洪宪帝国，实行独立。

与一般的都督相比，阎锡山身份大不一样，老同盟会员、老革命，曾经反对清王朝的山西省的领军人。

革命形势每一天都在发展，宣布独立的省份越来越多。北方的省份也不甘落后，到陕西宣布独立时，阎锡山想不做出反应都不行。

阎锡山早早就大声叫着喊着在政治上排队。令人失望的是，阎锡山站在了袁世凯那边。阎锡山向北京发出电报，"滇、黔等省竟以少数地方二三首领擅立政府，私举总统，实属破坏大局，不顾国家。"这话真是说到袁世凯的心坎上去了。阎锡山大声咒骂革命政府的领导者是"不忠不义不仁不智"之徒，大声恳请袁世凯"褫革唐继尧、任可澄、蔡锷等官职荣典，宣示罪状"。

袁世凯

这些是阎锡山的真心话吗？

不应该只是看阎锡山如何说，而应该看他如何做，采取了哪些具体的行动。

此时，阎锡山并没有行动，没有发一兵一卒夫跟宣布独立的省份开战。

1916年3月，在全国人民的强烈反对下，在与独立省份的军事战争中，北洋军节节失利，袁世凯不得不宣布取消帝制。

此时此刻，阎锡山应该立即站到革命的队伍里来吧？

"不，不要急，我还有一件事要办，一件一直压在我心头的事要办。为了办成这件大事，为了给下台的袁世凯最致命的一击，我还必须表面上坚定无比地站在袁世凯的一边。"

阎锡山煞有介事地发出通电，提出对蔡锷等人"痛加悛悔"，要求他们对反对袁世凯的行为进行深刻反省。如果蔡锷等人仍然坚持错误，不思悔改，他阎锡山就要把护国军将领"视为公敌，与众共弃，愿效前驱，以伸挞伐"。

阎锡山的演技极为出色，达到登峰造极的高度。

为什么说阎锡山如此猛烈地为袁世凯摇旗呐喊却不是真心拥护袁世凯呢？我们接着看阎锡山的动作。

阎锡山观察形势的极速变化，突然，一个重磅消息传了过来。军事上接连失败的袁世凯，手中已经没有可用之兵。进一步的消息证实，袁世凯还有一个想法，想霸占总统的位子。

消息的来源可靠，信息提供人是阎锡山派去南京参加各省督军联席会议的代表。正是在这个会议上，袁世凯指使段祺瑞寻找路径。

"你的体力都快降到零，还想拿冠军？"即使不会玩电脑游戏的人都知道，该是立即卷铺盖走人的时候，袁世凯还在那里利令智昏。

阎锡山认定出手的机会到了，立即向派驻南京的代表发出指示，高调赞同袁世凯当总统。

阎锡山算定，此时的袁世凯一定众叛亲离。这就叫当局者迷，旁观者清。"既然你已众叛亲离，必定把我多少拥有一点军队的人当作救命草。你或许不知道，我是你人生中压死你的最后那根草。"

阎锡山高调赞同、积极支持的态度果然得到袁世凯的赞赏。军事上已捉襟见肘，政治上已走投无路，袁世凯立即向阎锡山提出一个要求，要他派出军队到郑州，防备正在调兵遣将的陕西军队向河南进攻。

一切正如阎锡山预测的那样。

接到出师郑州的电令，阎锡山当即回电，"一定出兵，坚决服从指挥，听从调度。"在这句话的后面，他还说了一点自己的难处。

"出兵要军费铺路，而山西贫瘠，军费筹措难上加难。所以，现在需要您接济军费。"

这个小小的难处，袁世凯想不相信都不行。当初自己出兵南下，不就是靠着向外国银行贷款才能成行的吗？

"手里的兵打没了，那笔善后借款虽然用得差不多了，但多少还是有些，再说，现在手里有兵又愿意出力的都督没几个人了，那就赶紧抓住阎锡山这根救命草吧。"袁世凯当即答应，拨给阎锡山军费80万元，作为他的启动资金。

联想一下阎锡山曾经送给袁世凯的两万银票加上汾酒等礼品，这次阎锡山赚到手的80万已经是翻了几倍了。

收到这个80万的"承诺"，阎锡山立即做出反应，在娘子关集结兵力。意思很清楚："你的一个指令，我就有行动。"包含的意思是："你的款项到位，我这里就立即开拔。"

看到阎锡山有反应，袁世凯立即动手，将部分粮饷发了过去。

领到袁世凯发来的粮饷，阎锡山立即表现出拿钱就办事的干劲，派出一部分兵力进驻石家庄。

看到阎锡山在调动军队，袁世凯的好感越来越强烈，断定阎锡山不是在玩忽悠招，将军械物资一火车接一火车地发过去。

看着堆积如山的物资，阎锡山指挥部队不紧不慢地装备。

所谓不紧不慢，就是不急于向目标地郑州开发。

阎锡山这么做，总得有个理由吧。

"军资尚缺请求拨付。"

袁世凯没有想太多，跟着就给他打款。就如一个本来在网吧玩游戏、在街头谈恋爱的儿子，频频给老爸打电话说学校要交这样、那样的费用，不停地向老爸要钱。老爸也没有去学校看看儿子到底在做什么，以为儿子在学校里认真学习，于是不停地往他的卡里打钱。

军资军品堆积如山，阎锡山提出要拨付的款项也一步步到位，再也没有拖延的理由。阎锡山提出，现在就缺一样东西，装载物资的车辆。请求京津拨车备用。

不久，袁世凯调来的车辆到位。阎锡山决定，不再拖延，立即下手。深夜里，一列列装载重兵的列车渐次开行，不过，目标地不是南边的郑州，而是背道而驰，向着北边的方向开去。

列车开行之时，阎锡山决定给袁世凯发一封

民国时期漫画传单：阎锡山是残杀同志的刽子手

电报："我军北驶，已抵保定。"字数虽少，但袁世凯看到后突然明白，自己已经被这个"脑后没有反骨"的部下彻底地戏弄。

一切悔恨已晚，一切措手不及。走到这一步，袁世凯已人财两空，真的是啥办法都没有了。

叫天天不应，喊地地不灵，从此，袁世凯一病不起。

有史家评说，阎锡山策划的这场游戏与故意发给袁世凯的那封电报，一起发力，成为袁世凯最终的催命符，把袁世凯送上阎王殿。

对袁世凯嘲讽、报复、戏弄后，阎锡山一直悬着的心，终于落了地。袁世凯施加给他的压力实在太大了，多年来那口沉重无比、郁闷无比的恶气，到了这一天，阎锡山终于一吐为快。"是的，这一次，将失去的名声、荣誉加上金钱、军用物资，一并收了回来。"

什么是放长线钓大鱼？这就是，这个感觉真是爽极了。

一切的动作、伎俩，显示出阎锡山高层逐浪的手段已经相当成熟。

第四章

赢得山西军政大权

收回军权

有的人，天生就是做生意的料，有的人，天生就是当官的料。所谓天生，其实就是这类人的身上比别人多了一个东西——心眼。在办A事时顺便办了B事；在观察A事物时，捎带看了B事物；在做A动作时，暗中做了B动作。

比别人多一个心眼——正是过去是商人、现在是高官的阎锡山的一大功力。当初，奉迎袁世凯时，阎锡山就同时做了另一件事，暗中投靠段祺瑞。阎锡山看出来了，段祺瑞不只是一把通向袁世凯的梯子，而且是通向袁世凯的一条捷径。捷径，就是与其他路子相比，最短、最快的一条路。

通过段祺瑞的身边人，阎锡山打听到段祺瑞有个特别的嗜好：好为人师。

有了这个重大发现，紧贴段祺瑞的强力黏合剂很快就被发掘出来。"你不是好为人师吗？那我就投你所好。"

1912年，阎锡山到北京谒见袁世凯，大家应该还记得这次活动。在晋见袁世凯前，首先拜见段祺瑞；在进段府前，阎锡山除了准备丰厚的礼品，还准备了一样重要的东西，门生帖子。

看着整箱的金银财宝，看着成堆的礼品，再看看手上的这个门生帖子，看着正在行拜师大礼的阎锡山，段祺瑞从心里高兴起来。

官场称拜老师，黑社会称拜码头，今天称结人脉圈子，是古代新官在旧官中找势力、地方官在京官中找靠山通行的做法。圈子里的人互相援引，形成党羽，盘根错节，短时间内看不出问题，时间长久就有可能发生"癌变"，成长为社会、国家的大病瘤。

段祺瑞高兴地收下阎锡山这个门生，目的不只是感情融洽，他看中的正是山西那块地面，正是京城附近的山西的军事实力。这岂不是捡到天下掉下来的大馅饼？

在袁世凯那里，段祺瑞亲自出面，为阎锡山说了不少好话。

袁世凯死了，前副总统黎元洪继任总统，段祺瑞任政府总理。北京中央政府的实权落在了段祺瑞的手中。

看着江山变色，宝座易主，一个非常强烈的感觉在阎锡山心中猛烈地升腾，"属于我的时代终于来了。"想当年，袁世凯当政，不得不韬光养晦，不得不明哲保身；对于山西军政大权，做且只能做一件事，努力地装作不闻不问；自己的任何想法，全都被活活地憋屈。现在，袁世凯灰飞烟灭，袁氏势力彻底地没了，北京中央政府里，掌握实权的是自己早就明"珠"暗投的"老师"，"这下子，我的腰杆子真是想不硬起来都不行"。

"以前的处境，到了今天再也不能容忍。长期以来，在我的山头上作威作福的金永（袁世凯派到山西的巡按使）现在就请你滚蛋走人；长期以来，我默默放弃的军权，对不起，我的拜把子兄弟黄国梁，虽然我以前给你戴上山西军政司司长、督军府参谋长、混成旅旅长这些光环，但现在我要一一把它们拿取回家，没有必要也用不着拱手送人。"

袁世凯统治时期，山西军队编制被强制压缩，剩且仅剩一个旅，黄国梁指挥。袁世凯死讯传来，黄国梁立马看到了扩军的机会，连夜起草山西扩军计划。第一步，黄国梁先把一个旅扩充为一个师，通过训练，培养大批的军队骨干、基层干部。在这个基础上，进行第二步扩军。为此，须调用大批的军费，修建新的营盘、新的军训基地。

周密详尽、思想宏大的扩军计划，体现出黄国梁专业的军事才干、卓越的领导能力、管理能力和超凡的军事眼力。计划实施下去，山西的军事实力将从数量、质量上迅猛飞升。黄国梁已经成长为山西军事专业最顶层的专家、实干家。

"要收回军权，就必须赶走黄国梁，没有第二条路可走；要赶走黄国梁，就必须找到他的过错，没有第二个办法。只有这样，才达到名正言顺、轻而易举、无风无浪收回军权的目标。黄国梁兄弟，那就让你做出一点牺牲吧。"

沿着这个思路，阎锡山细细阅读黄国梁起草的扩军计划书，突然有了重大发现。

计划书中，所有的职位都有名有姓地做了合适的人事安排，独独"师长"职位的姓名空着。"难道你是要我阎锡山自己动手去填写自己的姓名不成？"

这是计划书，又不是任命状，理论上作为整个计划的制订人、谋划者，黄国梁第一件大事就是把阎锡山的大名填写进去，而现在居然让那个重要职位上的姓名空着，真是找抽。

"你这如果不是让我来填写我自己的名字，还会是什么？你黄国梁就是已经看中了那个职位，想让我动手，把你的名字填进去。"

在黄国梁眼中，那个位子的确应该非己莫属。想想看，他与阎锡山的关系，只有四个字来形容："非同寻常。"还没有入伍以前，在社会上混的时候，他们就已经拜把子兄弟。太原起义以来，两人的关系，可谓铁上加铁，亲密无间。在阎锡山被袁世凯监视的那段艰难无比的蹉跎岁月里，黄国梁为阎锡山硬顶了几年门户。"那几年我过的是什么日子，担惊受怕、拎着脑袋拼命。现在，艰险已成为过去，幸福时光正在到来，发展的机会扑面而来，我当个师长还有什么可讲的？阎领导的宝座不是还有未来的军长、总司令嘛。"黄国梁想道。

什么叫一厢情愿？什么叫人心隔肚皮、鸟心隔毛皮？这样看来，黄国梁还真是天真。

"机会岂不是来了？只要将这个本来不是个事的事弄成个事，然后，小事做人，小题大作，岂不是一个大大的机会？"阎锡山的眼睛眯成了一条线，脸上的一块肉隐隐在动。

"要把拜把子兄弟扫地出门，第一步的工作须是了断兄弟情，这就不得不走一条路：发脾气。"

发脾气有两种方式，一是对着不满的对象发脾气，即当面锣对面鼓地干；二是独自己一个人发脾气。这一次，阎锡山选择了后者。

如果只是一个人在房间里闷着发脾气，对于黄国梁啥作用都不起。阎锡山在选择第二种方式的同时，加了中间传话人。"身边的这些人，一定有被黄国梁暗中买通的，虽然这个人或者这几个人具体是谁不清楚，那就利用他们吧。"

当着身边人的面，指着桌面上那份扩军计划书，阎锡山勃然大怒，"绍斋（黄国梁的字）的眼里，还有蒙吗？师长的职位上居然空着，我看，这个督军干脆就给他当好了。用蒙作傀儡？真是何必呢！就不说大事听我的调，一些小事，都不听蒙的了。你都这样了，难道蒙就那么听你的话不成？"

什么拜把子弟兄的大面子，什么长期共事的深交情，全都在角落里瑟瑟发抖吧。做出一副震怒的样子，阎锡山当即唤人喊来秘书长。

"拟一份电文，报告给总统黎元洪、国务总理段祺瑞。"电文核心部分不长，摘抄如下：黄国梁独断军事，虽无叛徒事实，实已迹近骄横。军人如此，国家纪纲，尚复何在？电文最后诉求"恳请北京政府撤销黄国梁职务"。

电文发出之后，阎锡山开始计算北京回电的内容、时间。一番计算之后，结论出来了。"北京那边那个批复可能一拖再拖，最后不了了之的可能性也是有的。那就不能等上级的批复。"

脾气已发，电文已发，条件成熟，阎锡山迅速做出决定，不给黄国梁任何求得解套的机会，立即启动驱赶程序。

"如何赶，由谁来赶呢？"

"交给宪兵司令去赶。这就不只是名正言顺，而是抬高问题的严重性、政治性。"然而，另一个问题跟着就来了，"宪兵司令是黄国梁的好友，怎么办？"

办法很快就想出来，阎锡山用上怒气冲冲的方式，向宪兵司令发出最严亲笔手谕：黄国梁着即免职，限即日离开太原。

不给黄国梁、宪兵司令任何转圜的余地。

面对怒气冲天的上司，面对上司冷冰冰的手谕，身为黄国梁的好朋友，宪兵司令除了执行命令还能咋办？显然阎锡山没有留给下属一点面子。

宪兵司令当即派兵包围黄国梁住所，切断黄国梁与外界的任何联系，不放任何人与黄国梁见面。将他完全孤立起来，让他处于有理无处申、外援无法请的可怕境地。

第二天清晨，在宪兵严密监视下，黄国梁离开太原。

委屈不？就连昔日的好友宪兵司令也是一肚子的委屈，对好朋友绝情相逼，实在是不得已而为之。

"被自己的把兄弟硬逼着离开太原。"黄国梁这一次深切地感受到两个词给人的酸痛滋味：郁郁寡欢，五味杂陈。他心情复杂至极、郁闷至极。当初，逼走山西军政司长、副都督温寿泉，就是阎锡山授意下黄国梁干出来的"政绩"。那时的温寿泉也是阎都督的好同学、好朋友、好下属，革命路上的好伙伴。

身为阎锡山患难与共的把兄弟，秉性爽直的黄国梁，这一次着实被阎锡山扭曲了一把。

阎锡山正专注于玩螳螂捕蝉功，一只黄雀耐住性子等在旁边：孔庚，当年吴禄贞的部下，投靠阎锡山而来的小能人。

小能人孔庚现在的想法越来越清晰，趁着黎元洪继任总统的大好机会，取代阎锡山。

之所以想摘天上的月亮，原因在于孔庚的手上突然之间有了爬上天空的梯子。

黎元洪是孔庚的同乡，两人早就是朋友关系。"老乡、老朋友黎元洪当了总统，山西这么个小小地方，不就顺势而为成为我的天下了么？"

下属产生严重不轨的思想，并非单单下属的过错，与上司"努力地犯错"紧密相连。

孔庚的手上握着心痛至极的五大理由。

1. "我为阎锡山出大力、流大汗，而他却对我忌意甚深。"

长期以来，孔庚坐镇包头，治理有方，治军得法。有人赞叹孔庚"名震塞北"，影响之广、名气之大，就连远在北京的袁世凯都嘉奖过他。

正是卓越的业绩，孔庚看出来早已引起阎锡山的妒忌。

2. 因为工作的需要，孔庚在部队领导层安插了不少自己的同乡旧部。

孔庚看出来了，这点小动作没有逃脱阎锡山的眼线，要命的是，引来了阎锡山的猜疑。

3. 阎锡山曾经做过一件事，一件让孔庚无论如何想不通的事。

阎锡山先是暗中唆使，进而直接操纵孔庚的几位部下发动"兵变"，目标居然是从肉体上毁灭孔庚。因为当时不在办公室，孔庚侥幸躲过一劫。

得到这个消息，孔庚大骂阎锡山"手段下三滥"，立即提高自己的安全警戒级别。

4. 袁世凯称帝时，孔庚表面上打出拥护的旗帜，暗中秘密地组织一帮人搞反袁活动。孔庚看出来了，对自己的这些活动，阎锡山深感不安。

5. 阎锡山曾经做过一个决定：撤掉孔庚的职务，并且将他软禁。

五点理由，孔庚认定，"足以坚定一个信念，与阎锡山的决裂是迟早的事，现在需要的只是一个机会。"

赶走黄国梁，阎锡山感觉全身轻松，太原的军权稳稳当当地收回来了。无风无浪，当然，牺牲了一位拜把子又能干的好兄弟。不过，看着手中的军权，阎锡山心中的阵阵隐痛很快就消失得无影无踪。

"还有包头那边的军权，紧紧地握在镇守使孔庚的手里。"一个声音在耳边高声地叫喊着。

"孔庚任晋北镇守使，据守大同，手下有兵，围在他周围的，还有一批他的亲信，而且孔能人的个人安全警戒级别还不是一般的高。"

这样的人极不好对付。阎锡山想出来了办法，在得到孔庚进京的消息后，阎锡山立即派亲信张树帜采取行动，带领军队闯入镇守使署监印室，大张旗鼓地把镇守使关防抢走。

"我不抢你财物，不对你的手下人做任何的粗暴动作，派出一大帮子人马，只是抢一颗小小的印章，如此而已。"

用上这样一个带有极强象征意义的做法，阎锡山相信，能人孔庚一定是聪明得不能再聪明的人。

我们不能不佩服阎锡山赶人的手段。他不从武力上对对方造成任何的伤害，甚至不说一句赶人的话，根本不用宪兵司令这样的政治手法，只是制造了一个内部抢印章的小事件，完全考虑到了孔能人不一般的身份——与北京最高层黎元洪总统有老乡关系、哥们关系。

果然不出阎锡山所料，孔庚的确是聪明人，一听到消息就完全明白，张树帜的个人行动完全是阎锡山的暗中指使。孔庚心中清楚，自己在阎锡山那里已经待不下去了，想赖都没法赖。

没办法了，孔庚除了忍气吞声还能有什么办法呢？还是乖乖、主动地将镇守使职务交给张树帜吧，算是为自己挣得一分面子。

孔庚不得不离开山西。

阎锡山用风不生水不起的手法，达到收回军权的目标。

金蝉脱壳

无论孔庚还是黄国梁，能得到那些职位的绝不是一般的人，后院里往往藏着几部"登天的梯子"，这样的人岂能让阎锡山就这样轻易得手？离开山西时，两人的心中埋下一个共同的愿望——到北京去找一个人，这个人必定让阎锡山一剑致命。

两人来到北京，携手组团，共同编织一张捕获阎锡山的网。

这一年的7月，总统黎元洪向阎锡山发出一封热情洋溢的邀请信，"相互见见面，促进感情交流，就相互关心的国家大事交换看法。"

阎锡山决定进京晋见。

在去北京之前，阎锡山一直就有一个想法，亲眼看看那位新总统到底是什么样的人，然后决定自己的行动路线图。

见过黎元洪之后，阎锡山找到一个感觉。回到住处，他对着身边的人忍不住哈哈大笑起来，"黎元洪，满眼望过去，虽然一副神气的样子，然而却不似人君，就一个窝囊废。辛亥革命时，一听到枪响，怪不得吓得钻到床底下，还是别人把他拖出来的。那个都督的头衔，也是别人硬加到他头上的。就这么一个人，还能做出什么大事不成？"

就在阎锡山看穿并看不起黎总统的时候，黎元洪的算计正迎面扑来，阎锡山已经钻进黎元洪编织的一张大网中却浑然不知。

螳螂捕蝉，黄雀在后。黎元洪在秘密地行捕蝉大计时，段祺瑞决定出手。段祺瑞暗中派出一位亲信，把阎锡山秘密带进段府，两人密谈很久。

现在是揭开这个谜的时候了。

孔庚、黄国梁到了北京，向黎总

黎元洪

统进献"调虎离山计"。

经不住两人一而再再而三的鼓动，黎总统决定依计而行，将阎锡山赶出山西，把山西的地盘据为己有。

调虎离山计分两步进行。第一步，用面见的办法将阎锡山调离山西，调到北京，同时孔庚、黄国梁秘密回到太原；第二步，由黎元洪出面，用突然袭击的方式向全中国宣布，黄国梁为山西督军、孔庚为山西省长。生米做成熟饭，身在北京的阎锡山想要翻天，也一时之间措手不及，即便调动他在山西的核心团队与孔庚、黄国梁来硬的，也鞭长莫及。阎锡山除了认命还能咋的？到了那时，整个山西的地盘就是黎元洪的了。

方案可谓鬼斧神工，滴水不漏。然而，黎元洪没有想到，他的身边早已被段祺瑞安插耳目，他的这番计划已经被人秘密地送到段祺瑞的耳朵里。

段祺瑞早就盯上北京边上的山西了。自从阎锡山送上门生帖子的那一天起，段祺瑞就已经把山西划为自己的势力范围。

"我的地盘我做主，岂容他人觊觎？"

发现黎元洪果真在使调虎离山计，段祺瑞迅速制订破解方案。以念师生之谊为由，以最快的速度将黎氏计谋秘密透露给阎锡山。

"回去旅馆后，赶紧化装，丢掉眼线，今天就离开北京。"

"赶回太原城，不要走直路，中间多绕弯道，防止对方杀手跟踪。"

"回到太原后，立即控制局势。虎已回山，黎元洪想动手也没有办法。"

如何绕弯道才安全呢？"从北京坐火车直到河南新乡，切勿在石家庄转车。新乡换乘，坐车到清化。翻过王屋山，旱路回太原。"

听着段祺瑞轻松说消息、密谋出主意，阎锡山心惊肉跳。什么叫晴天霹雳？人生果真变化无常，"要不是自己在官场有一手，暗中挖开段祺瑞这条路子，有可能到死还不知道是如何死的。"政坛行情真是风险难测，"我轻而易举挤走黄国梁、孔庚，却差一点就被这两人暗中设伏，阴沟里翻船。我瞧不起黎元洪，却已入黎元洪的陷阱居然毫无觉察。人生真的让人百感交聚。"

阎锡山对段祺瑞感激涕零，对黎元洪恼恨深深。

在风险已至的旋涡边上，阎锡山保持了清醒的头脑。慎重考虑之后，他发现段祺瑞的计划虽然安全系数高，却有一个可能致命的漏洞。"弯子绕太大，就要费掉许多宝贵的时间，其间不可预测的变数就一定大大增加。"

阎锡山做出一个大胆的设想。"冒一次险。坐京汉线火车，从石家庄转太原，抢得这场比赛中最为重要的筹码——时间。""系一根保险带"，这根保险带简约为一个词：金蝉脱壳。

出发前，阎锡山对部下特别交代，"现在，蒙要以最快的速度回到太原，那就只有坐火车，从石家庄转。如果从车站上车，必定引起黎元洪眼线的注意，所以，我不能从火车站上车。"

"你们现在就带400块大洋，寻找关系人，买通两个人，一是火车司机，一是扬旗手。""火车开离站台，开过一段距离，到了扬旗处时，叫司机不要加速，尽可能开慢，就能避开潜伏在车站的黎元洪的耳目，蒙偷偷地跳上火车。"

"当蒙神不知鬼不觉地离开北京后，大问题应该就没什么了。但是，两个后继工作还是要慎重。一是你们几个人憋在这里不要出门。如果总统府有人来找蒙，你们就推说蒙病了；如果总统府派人要看望蒙，你们就撒个小谎，说蒙到某医院看病去了。一句话，提前做好预案，想出办法来，在这个节骨眼上，把他们支吾过去。"

"蒙要给他们一点颜色看看，让他们知道阎锡山不是软蛋。""接到蒙从太原发过来的电报，你们立即打电话给总统府，说'阎督军已经回到山西了'。口气一定要放硬一点。"

一番布置之后，一位浑身商人打扮的人从阎锡山在北京的住处走了出来。这人着一件夏布长衫，低低的帽檐差不多压到眉头，再加上戴着一副墨镜，外人很难一眼就看出他的长相，根本就想不到会是阎锡山，除非从身高上刻意推算。

对于阎锡山来说，这已经是人生中第三次逃离险境。第一次是跟着父亲一起躲债，那时出门还慌乱得不知如何是好；第二次是逃出太原城，扮成一副和尚模样，骑着毛驴带着军队一路"北漂"；而这一次就镇静得多，就像一个小偷一样，第三次出手就不再胆战心惊。

在阎锡山的心中，一个信念始终坚定地支撑着自己。"通过削山头、平诸侯、清内鬼，整个山西，除了我，再也没有人撼动得了。"就如一棵大树，根基已深，一般人奈何不得。

阎锡山迈着稳定的步子离开住处时，凭直觉，深信没有眼睛注意到自己。他神神秘秘从扬旗处钻进火车时，深信在这场乔装潜行的游戏中已经胜出。

这一次北京历险，阎锡山增添一分收获。此后，军阀派系纷繁、眼花缭乱、混战不休中，阎锡山确信，认清了自己的支持者到底是谁。对于段祺瑞，阎锡山要么暗中支持，要么明里直接站队，"愿意将山西的武力作段老师的政治后盾"。

政治身价直线飙升

阎锡山志得意满，轻轻松松在政治立场上、经济利益上举旗排队，突然，一场新的政治风波推到眼前。

1917年，第一次世界大战爆发。这场发生在西方的战争，没有忘记东方的中国。无论是总统府（以黎元洪为领军人）还是国务院（以段祺瑞为首）全都做出一个同样的决定，决不放过这个大好机会，加入世界大战，展现东方国家的风采。

两人都想极力表现伟大的中国力量，然而，两人背后站着的洋主子在完全敌对的阵营。

段祺瑞背靠最有野心的国家——日本。

北洋政府是个穷政府。穷政府还有个巨大的理想，扩充武力，消灭地方军阀。这就必须要有大量的钱，钱在哪里？"向富有的日本邻居借"。

政府向外国借钱，必须有一个理由。段祺瑞看出来了，"对德参战"就是最好的由头。

理由正当，当然可以借。

当时美国正在中国努力谋求发展空间。得到段祺瑞要向日本贷款的消息，美国认为，段祺瑞借款没有问题，日本出借大笔的款项却大有问题。日本必定利用借款达到政治上控制中国政府的目标。这与美国的国家利益相冲突。

美国立即推出黎元洪，联手直系军阀（吴佩孚掌控），共同反对段祺瑞向日本借钱，史称"府院之争"。

第三方力量的加入格外重要。阎锡山看出，在这场拉锯战中自身力量虽小，却是真正具备"撬动地球"的第三方力量。

阎锡山极力拥护段祺瑞提出的"参战案"。

两方平衡的政治对峙格局迅速被打破，段方优势显现。

政治老手黎元洪打出一张牌，要将"参战案"拿到国会上进行讨论、表决。

国会是什么地方？当然是议员们待的地方。议员是些什么样的人？说白了，议员代表谁的利益？那时的议员，虽然也叫议员，也走了推举的程序，实际上是谁在他们的口袋里暗中塞黑钱，就帮谁说话。

当"参战案"摆在议员们的面前时，现在比拼的就是谁在议员们口袋里塞的钱多。比拼的结果很快就出来了，这一次黎元洪胜出，经过投票，"参战案"未获通过。

在得到"参战案"要提到国会讨论的消息时，阎锡山已经在考虑如果方案不通过，如何保证自己的利益保值增值的大问题。

国会宣布方案没有通过，阎锡山在得到消息的第一时间发出一条通电，要求解散国会。

果然如阎锡山所料，自己的这一炮打出去，立即吸引了全国人民的眼球。无论国会是否解散，这一仗，自己注定是政治角斗场上的大赢家。

阎锡山由先前政坛上籍籍无名的人，迅速蹿红，政治身价直线飙升。

是不是有些类似于股票玩家做空头的手段？政治股票居然也是可以做"空"的。

阎锡山正在感受着政治上红遍中国的美景，突然，一道晴天霹雳传来。黎元洪以总统身份下发命令，免去段祺瑞国务院总理职务。

一棵好不容易靠上的大树，就这么倒了？阎锡山正茫然不知所措，突然，又一道消息传来，段祺瑞到了天津，在那里设立独立各省总参谋处，高声呐喊"武力推翻黎元洪"。

"跟段祺瑞扛反旗？不能跟北京政府闹翻脸？"阎锡山一双手不停地挠浓密的头发。

"中国的天，将来到底是谁的天？这个决定一定要慎重。无论如何，眼前的北京政府是唯一合法的中央政府。"

"一旦上了段祺瑞的这条船，政治上就绝没有回头路。"这真正是一个考验阎锡山政治眼力的大拐点。

　　无论是黎元洪还是段祺瑞，他们的身后都站着洋主子，表面上看是这两人闹翻，实际上是日本与美国为霸占中国的天下而较量实力。他们两人各自代表不同的军阀势力，是不同军阀的代言人。这一次的政治较量，接下来一定是军阀之间战场上倾力绞杀。

　　我们今天能看穿的道理，正在时局中沉浮的阎锡山岂能看不清楚？阎锡山已经做出决定，这一次跟定段祺瑞，脱离北京中央政府，宣布山西"独立"。

　　黎元洪率先采取行动，电召张勋入京。

　　"就用这把锋利的战刀解决段祺瑞。"黎元洪没有想到，这把刀大有问题。

　　得到入京指令，张勋发现机会来了，"实现心中那个梦想的机会，这一次真的来了"。张勋立即行动，带领精锐部队火速向北京进发。

　　民国时期，男人们早已把清朝时挂在脑后的那个大辫子扔进垃圾桶，当然也有卖给收头发的小贩的。然而，张勋带领的军队，从长官到士兵，个个脑后还挂着大辫子。

　　为什么他们的脑后还挂着清朝的辫子呢？

　　看着黎段矛盾越来越激化，张勋暗暗叫好。一到北京地面，张勋立即行

1917年复辟期间的"辫子军"

动，与康有为等一批人秘密策划，"恢复清王室旧日的江山，恢复大清朝往日的荣耀"。

"北京城里，帝制复辟剧正在上演"，消息像突如其来的强冷空气一般，迅速向全国各地传递。

"如何把黎元洪从北京城里赶出去？"段祺瑞一直寻找出兵北京城的借口。

听到张勋在北京闹复辟的消息，"张勋这是不顾一切冲击全中国人民的情绪底线啊"，"这不是出兵北京的最佳理由吗？"段祺瑞立即下令，高举"讨逆军"大旗，向北京进军。

阎锡山轻松算定，黎段两人一定要打起来。得到"讨逆军"北进的消息，阎锡山立即动手，再一次拨动手中的"算盘"。

"胜利非段祺瑞莫属。"没有绝对的理由，阎锡山凭的是军事直觉。"当初选定脱离北京宣布独立，等的就是这一天；推翻黎元洪，扶持段祺瑞走上高台，等的就是这一天的到来。"

阎锡山第一时间做出决定，"向全国发表通电，反对复辟"。政治上这一票，不捞白不捞；搞出政治声势，为接下来的军事动作做好铺垫。"派遣军队北上。"既大力声援段祺瑞，同时赶紧趁机抢占黎元洪的地盘。

段祺瑞的"讨逆军"包围"辫子军"

得到阎锡山出兵北上的消息，讨逆军越发奋勇。不久，黎元洪被赶出北京，北京中央政府大权落入段祺瑞手中。

控制了中央政权，段祺瑞立即放手添配额增编制，支持阎锡山扩编山西地方军队。

阎锡山心领神会，抓住机会，将原来的一个混成旅迅速扩充为四个。

真正的赢家

比起黎元洪，段祺瑞的确是精明人。然而，中国有一句古话怕是段祺瑞忽略了——聪明反被聪明误。

中央大权在握，段祺瑞立即玩起自己的聪明，不顾及国人的呼声，坚决不恢复张勋复辟时废弃的《临时约法》和国会。

绝不要小看这两个国家民权性质的标志物，孙中山认为，这是民主国家的象征。

接着，段祺瑞以参加世界大战为由头，以对德作战为借口，向日本借巨款。

借巨款就必须大量地出卖国家利权，段祺瑞照卖不惜。

以一己利益为大，不顾及国人；以军阀利益为重，不顾及天下；以团体利益为主，不顾及社会。当一个人被自己的私利、小团体的利益蒙蔽了眼睛时，小聪明往往就铸下大错误。

段祺瑞倒行逆施，卖国求财，终于引来大火烧身。

孙中山宣布段祺瑞为"民国叛逆"，迅速组建护法军政府，就任护法军政府大元帅，南方几省兵力组成护法军，出兵北伐，史称"护法战争"。

"一边是段祺瑞，是我花掉大量精力财力才靠上的实力团队，一边是革命征途的领导者，革命队伍的领军人物孙中山先生，该往哪一边站？"

阎锡山念动四个字：静默待变，准备在战争前期努力做到一言不发。突然，一封电报从北京传来。

护法军队与北洋军队的战斗已经打响，主要战场集中到湖南。这里是护法军队北上的重要通道，也是段祺瑞阻截南方军队北上的重要战场。

湖南战场，双方渐渐进入胶着状态，谁也胜不了谁，都在努力寻找撕裂对手

1918年3月孙中山与宋庆龄在广州大元帅府

的突破口。

段祺瑞从各地紧急调集兵将，投入湖南战场，在对手的面前筑成一堵人肉墙，让护法军无法从这道人肉高墙上翻过去。

段祺瑞电令阎锡山派遣一个混成旅的兵力到湖南，共同阻截护法军北上。

"这一次的战争，是孙中山胜出还是段祺瑞成功？必须跟定胜利的一方。跟到失败的一方，必定吃不了兜着走。"

"孙中山两手空空，手里没有巨额资金，依靠南方穷军阀；段祺瑞手中拎着从日本银行借来的大笔钱款。"

阎锡山做出决定，接受段祺瑞命令，派出一个混成旅开往湖南。

山西新军，到目前为止，还没有千里以外作战的经历，更别说远征南方的湖南。阎锡山心中清楚，为此做出四大准备动作：第一，挑选精兵强将，第二，派牛人商震带队，第三，配备山西最先进的武器弹药，第四，粮饷充足。

受命远征的山西战士个个劲头十足，大家下定决心，一定要打出晋军形象，打出晋军的威风，在全国人民面前好好地露一手。

部队到达湖南后，进入指定的作战地点，随即与对手展开接触战。这些小规模的战斗，全部打胜。

晋军劲头十足，士气旺盛，从上到下个个都想着与对手展开更加猛烈的战斗，期望晋军更加出彩。部队如高速列车，快速向前推进，速度奇快，以至把协同作战的友军远远地抛在后面。

孤军深入，风险就此产生。

商震静下头脑，细细观看战场，观察周边的环境，发现一个让人惊喜的战果，全军已经进入到敌军的腹心地带，接着又有了另一个发现，四周都是敌军，两翼看不到一个协同的友军，后路也没有友军持续跟进。"四周没有友军的踪影？"商震立即有了一个可怕的结论："我军完全陷入敌军的重重包围之中，除了拼死命突出重围，已经没有任何的出路，没有任何的退路。"

这支风风火火的孤军，在湘潭遭到敌军伏击，没有友军的支援，只得孤军作战。晋军打退敌军一次又一次的进攻，顽强地坚守。商震派出一批又一批的通讯兵请求后续部队快速跟进，速度接济、支持。

消息一个接一个传来，由于晋军跑得太快太远，后路被敌军完全截断，友军无法跟进支持。

晋军英勇战斗，结果全军覆没。什么叫得意忘形，什么叫无视友军，什么叫孤军深入，这三个词恐怕商震这辈子都忘不了。

消息传入山西，民间"诗歌高手"纷纷出手，一首打油诗在坊间传播开来："大将南征胆气豪，交枪没有打收条"，晋军高速小胜与瞬间大败，如此鲜明地扭结在一起，山西人十分郁闷。

护法军吃掉了冒冒失失、急速推进的山西军，取得胜利。

段祺瑞拎着满袋黄金白银的钱袋，从各地不停地调入兵力，投入战场。在湖南，筑成了厚厚实实的人肉墙，越聚越多的军队结结实实地堵住了护法军北上的通道。

护法军北进无望，换句话说，胜利无望。

站在战场上，西南军阀们个个心中清楚"战场无平局"。在打不赢对手的情况下，要想不失败得太彻底，要想不输得一个子儿不剩，那就只有一条路可走，在还没有失败的情势中，在对峙的局势中跟对手求和。

求和的可能性不在于自己，而在于对手——对手也不一定绝对取胜。因此，求和就有可能成为双方可以接受的条件。

军阀们都很实在，有利可图就努力争取，发现重大危险就立即打住。保住原有的地盘，迅速变成西南军阀们的第一要务。

战争从相持阶段迅速转入停战阶段，南北军阀最终都走到一起，你也灭不了我，我也灭不了你，于是大家求取最大公约数，求取各自的最大利益，纷纷宣布停战，握手言和。

段祺瑞与西南军阀们都相安无事，护法战争宣告失败。"吾国之大患，莫大于武人之争雄，南与北如一丘之貉"（孙中山先生原话）。

阎锡山远在山西，与这场战争本来没有关系，却因为出兵湖南而损失惨重。

作为带队领导，在返回山西的路上，商震心中非常纠结，自己会不会遭受阎都督的重罚？

"这一次战事，的确蒙事先没有深入去了解，累得你们吃了一场苦头。真正是辛苦弟兄们了。"第一眼看到阎都督，听到从阎都督嘴里说出来的这句话，商震一颗悬着的心落了地。

阎锡山是这场战争真正的赢家。出兵之前，阎锡山已经算定，无论战场上是胜是败，只要出兵，一定只赢不输。这支军队，就是阎锡山送给段祺瑞一个大大的礼包，这一次送得如此彻底，段祺瑞不会不领情，不会不给赏赐。

阎锡山心中一个目标越来越清晰，"用山西一个混成旅的人的性命为代价，一定能换来那个人生的大追求，山西省省长职务。"

当年，逼走黄国梁，那也只是控制山西的军权，而山西的行政权离自己还很遥远。

"这些年来，主管行政的人换了一茬又一茬，却一直与自己无缘。这些年来，山西最高行政长官的名称从民政长、巡检使换到了省长，却从来没有落到我的肩上"。这些年来，阎锡山急欲抓住民政权（关键是其中的收税权），而梦想一直落空，这一次，阎锡山算出自己有希望。

阎锡山派出亲信，带上厚重的礼品来到北京。段、阎两方面密切"交谈"，成效出来了：1917年9月3日，阎锡山等来了梦想中的宝贝，北京政府颁发的山西省长任命书。

现在，年仅34岁的阎锡山，合法正当地将山西军事、行政大权集于一身。地方上的军事权、行政权、收税权，本来应该分属于不同系统，现在揽在阎锡山一个人的怀里，形成类似于小王国的独享天地。一个新的军阀在中国的山西诞生了。

第五章

势力溢出山西

险中求存

山西的军政大权已经独揽在手，阎锡山欣欣然观看天下局势，猛然发现，这里有一个宏大无比的发展机会。正如三国时，诸葛亮身在隆中观察天下大势，看出了属于刘备的机会。

清政府倒台，最有实力的袁世凯已死，能统一中国的"超级强力"还没有长出来，天然地存在"超级真空"。

属于我的机会就在这里。我的手中有抓住机遇的条件、资源，首先要做的就是经营山西。山西就是我的根据地，就像诸葛亮帮刘备选定四川一样，山西一定是我腾飞的起点。

细细想着，与刘备的四川相比，阎锡山不禁失望起来。四川是天府之国，沃野千里，而山西没有什么大平原，尽是高低起伏不平的山地，也叫穷山沟。"哎呀呀，民穷力薄，没有财力；偏僻省份，没有什么富人、财团来投资兴业。"

"增强山西实力是我最大的挑战。"阎锡山想出四大方案。

1. 在政治上，提出"保境安民"的口号。面对外界层出不穷的政治争斗、军事战争，山西高举"中立"大旗。在烽火四起的时代，保存实力才能笑到最后。用刘伯温的话讲，这叫广积粮、缓称王。

战争年头，能做到处身于事外的中立吗？"山西完全可以""山西多山地，高山大川，必定易守难攻。"

2. 大力扩编军队。阎锡山计划将山西的兵力扩充到2万多人。"山西只有强大的军队，才能真正中立。"

阎锡山为太原兵工厂修筑的办公楼

3．建立军火工业。阎锡山四处请人才，到处筹集资金，派出人手采购设备，购进原材料。阎锡山花下大量的人力、财力、物力，打造山西的官办军火企业。

4．推行"六政三事。" 六政指水利、种树、蚕桑、禁烟、剪辫、天足（不准妇女裹脚，让女性也有能力参加劳动），其中前三项为"兴三利"，后三项为"除三弊"。

在阎锡山治理下，山西整体实力得到增强，地方经济得到发展，以村为基础的行政管理得到强化。为日后阎锡山走出山西奠定了厚实的经济基础。与当时其他陷于战火的省份相比，阎锡山的确棋高一着。

阎锡山正在谋划进一步发展山西经济，强大山西军事实力，突然，直皖战争向中国的地面扑了过来。

第一次世界大战期间，为了应对欧洲的战争，英、美、法将力量从中国撤出。趁着这个空当，日本在中国的力量迅速发展起来。

大战结束，英、美力量重返中国，从经济、政治到军事，与日本展开激烈争夺。为抢回被日本夺走的中国地盘，英、美使出招数，扶持军阀势力，他们选择曹锟、吴佩孚，即直系。

1920年，直系军阀感到自身力量强大，靠山强硬，决定向执掌北京政权的皖系军阀叫板（日本扶持）。

段祺瑞的麻烦来了。

7月份，一年中最热的时候，中国大地热得冒火星的时候，直皖战争在中国地面突然打响。

阎锡山立即对战争形势进行研判。"段祺瑞实力雄厚，吴佩孚的直系不是皖系的对手，甚至不在一个级别上。"有了这个结论，阎锡山做出决断，"出兵石家庄，断掉吴佩孚的后路，呼应段祺瑞。"

吴佩孚凭自身的力量，敢于向强大的段祺瑞开战，绝不只是有美国、英国两座靠山，而是手中已经成功铸造了两大秘密武器。1. 吴佩孚早已暗中联系东北的奉系张作霖，对皖系形成南北夹击之势，让段祺瑞处于腹背受敌的危险境地。

2. 奇袭招。吴佩孚悄悄派出一支精锐部队，用突然袭击的方式，向皖军司令部狠命地扑了过去，直接将皖系部队的核心部分彻底打烂。

人在倒霉时，盐盂里都生蛆。皖系不但老巢被人家端了，而且突然不明不白地从背后窜出一条恶狗来。同时遭受前后两条恶狗的夹击，是人都挺不住这样的打法，皖系的优势一下子荡然无存，极速恶化为劣势。

皖系军队奋起战斗，这也是一支在战场出生入死的军队，虽然司令部没

阎锡山统治时期，参加手工劳动的山西妇女

了，仍然各自为战。军阀就是为地盘而生，丢了地盘就丢了生命的根子，必定成为二等公民。虽然脑部遭受重创，腹背受敌，没有一支军队退缩，更没有军队投降。

段祺瑞看得心惊胆战。没有司令部，丧失指挥系统，就如一头头部遭受重伤的野水牛，虽然四肢健壮有力，但反应速度已经大大迟缓。

"皖系的厄运，皖系的厄运。"段祺瑞仰天长叹，"千算万算，没有想到吴佩孚打法如此无赖，如此冒险，居然偷袭我的大脑，车马过河直接将军。""一招失算，满盘皆输。这个世上还有解招吗？可恶的奉军，可恶的张作霖，这种人，总有一天会遭到报应。"

晚年吴佩孚

段祺瑞宣布下野。北京政权落入直、奉两系军阀的手中。

阎锡山踌躇满志，信心满满，山西军队已经完成集结，开到了娘子关。

办公楼前的空地上，院边绿草肥实，几缸荷花水中摇曳，鲜艳饱满。"段祺瑞宣布辞职？"站在楼前，阎锡山不能相信自己的耳朵。"皖系大军失败？现在我军是原地坚守还是赶紧撤回？这个处境太尴尬。"

"吴佩孚会不会对我展开无情的军事攻击？"这一次的算计，着实是一个重大的失算。

"亡羊补牢，未为迟也，那么，这个牢该如何补？现在必须立即拿出补救措施。等吴佩孚那只狮子将眼光盯过来，啥都来不及。"

兔子急了会咬人，狗急了会跳墙，人急了会生智。

"使顺风船。"阎锡山迅速派出官员，带上50万元置办礼品。车队赶到保定，对直系驻军大搞"劳军"活动。

阎锡山颁发的毕业证

行改头换面之术，用摇身一变之法。由讨伐对手瞬间变成讨好对手，由进攻敌手瞬间变为慰劳"敌友"，阎锡山政治手段变得愈来愈成熟。

火中取栗，险中求存，阎锡山惊出一身冷汗。一个感受缓缓爬出来，阎锡山提醒自己，在军阀混战中，形势瞬息有变。"谨慎再谨慎，都有可能陷入不可测的泥坑。"

"谨慎介入各派争斗，尽一切可能中立，独立于军阀争斗之外。"

阎锡山刚刚制定了军阀争斗应对方略，又一起激烈的军阀战争涌到眼前。

严守中立

日本政府果断做出决定，把段祺瑞扔进垃圾桶，重新寻找对象。不久，一位新人进入视线：奉系军阀张作霖。

打败皖系后，直、奉共同组阁，北京政府里两系相安无事。

日本政府暗中把钱袋子伸到张作霖的手边，出钱、出枪、出教官扶持奉系。张作霖的感觉越来越好，就如窗前秋日的天空，越来越蓝，连空气也越来越柔和。"一个好汉三个帮，这年头，难得有人出手相助。"

张作霖美好的感觉一直膨胀，到了1922年，他突然想道："我们奉军的力量如此强大，武器是中国最先进的，弹药充足，资金雄厚，为什么我的势力只能局限在寒冷的东北，难道我们就不能拥有阳光下的天空？"

"东北只是一坨煤，华北才是真金白银"，从日本人嘴里听到这句话，张作霖迅速下定了决心，立即动手，"把吴佩孚从北京城里赶出去，把直系势力从华北挤出去。"

第一次直奉战争爆发。

事实证明，完全凭军事实力战场硬拼，张作霖不是吴佩孚的对手，奉军大

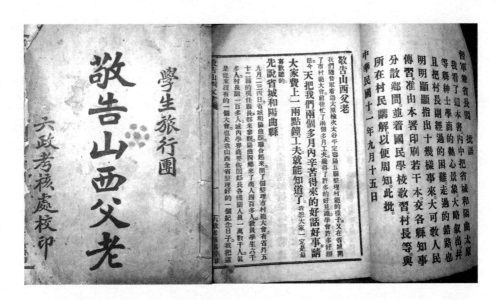

1922年发行的《敬告山西父老》一书

溃败。

北洋政府的大权落入曹锟、吴佩孚的手中。

看着眼前的惊涛骇浪，阎锡山异常镇定。生存之道在手，山西轻轻松松宣布"严守中立"。

如何执行中立新政？为此，阎锡山专门制定执行细则，简称"三不二要"：不问外省事，不入党派，不为个人权利用兵；要保卫地方治安，要服从政府命令。

"北京中央政府，无论你们谁坐台，谁在台上把桩，无论哪派军阀执掌权力，我们山西都服从。"

就在这时，一封电报送到阎锡山手中。

直系军阀冯玉祥大声叫喊，"赶紧出兵帮助直系。"

阎锡山婉言拒绝冯玉祥的战争邀约。

让阎锡山没有想到的是，这一次丢掉一个巨大的机会，直系打败了奉系。阎锡山丢掉了紧跟胜利者的大好机会。

这个世界很残酷，没有一起成为霸王，如果想生存下去的话，那就只有一条路可走，摇尾乞怜。

阎锡山非常清楚军阀世界的生存法则，着力奈住性子，仔细寻找机会。

北京城里，吴佩孚正在做一件事，高调鼓吹"法统重光"。

"机会来了。我这就来支持你，当你的超级啦啦队。"阎锡山立即发表通电，表示赞成恢复旧国会。

1923年10月，曹锟正在做一件天下的大事：在全国人民面前，举行总统竞选。

"机会又来了"，阎锡山立即行动起来，向曹锟暗中进献50万元。

正当阎锡山为此暗暗高兴时，突然发现，直系伸出了一双漆黑的手。

看中行情，涨高身价

阎锡山得到密报，吴佩孚正在策划拿走"山西省长"职务。

阎锡山立即动手，赶紧找人脉，快速花大钱，拼命送黑礼。

"终于蹚过了这波风险。"阎锡山正在弹身上的灰尘，又一个消息传来。吴佩孚亲自出面，向山西索要60万发子弹、100万元军饷。

"狮子大开口啊。"骂是骂了，阎锡山赶紧筹钱、筹子弹。

突然，一个感觉升上来，"昨天是要削我的省长职务，今天是要钱、要子弹，那么，明天呢，明天还会对我阎锡山干出什么出格的事？"

一股恨意从阎锡山的脑海突突突往外冒，"他们有初一，必定有十五。"

"我必须修正中立政策，前两波的危险信号就足够了，必须抬高自己身价，抬升势力。"

得到直系打败奉系的消息，美国政府非常兴奋，迅速做出决定，加大对吴佩孚的支持力度。美国立即放开政策，向直系卖卖卖，卖出步枪一万多支；卖机枪、卖飞机，帮助吴佩孚组建飞机队。

看着美国在升级直系的军事实力，日本立即采取对应行动，将手枪、步枪、机关枪一批批卖给张作霖。

正是因为帝国主义国家在后台操纵，直、奉矛盾再一次变得尖锐起来。直、奉矛盾的彻底激化在1923年。曹锟的一个小动作，点燃了直奉第二次大战的导火索。

1923年10月，曹锟正式当选为大总统。"正式"指的是，在军警的严密监视下；"当选"的意思是他花40万元收买国会议长，以5000到10000元的价格收买议员手里的选票。

曹锟行径卑劣，伎俩可耻，激起全国人民的义愤。他破坏了法律的尊严，践踏了法治的底线。

张作霖一直在寻机反击直系的机会，看到全国人民反直情绪激昂，认定机会来了。

"必须接受教训，不能再与直系单挑。"

张作霖左手派出亲信，暗中联络皖系段祺瑞，右手派出代表，联络广东的革命派。

"反直三角同盟"宣告成功。这只是张作霖准备的第一手。

"这一次，要让直系一剑封喉"，张作霖暗中联络直系重要将领冯玉祥。里应外合，直系必倒无疑。

虽然看不见张作霖的动作，吴佩孚心中清楚，张作霖那人不会歇息，一定在暗中玩什么鬼把戏。

奉系军阀张作霖

不论对手如何玩，吴佩孚经验十足，"拉势力，结成军事同盟"，压也要压死手下败将张作霖。

吴佩孚盯住阎锡山。很快找到一个重要人物——顾祥麟，这就要他赶紧捎上厚重的礼品。

顾祥麟在日本士官学校时是阎锡山最为要好的同学，本来又白又胖的身材，因为吸食鸦片烟，变成越来越清瘦。顾祥麟以前在山西曾经与阎锡山共事，现在在吴佩孚手下供职。

吴佩孚很有眼力，老同学加老同事关系，即使今天看来，也是不一般的关系。

"顾祥麟到了太原？"听到报告，阎锡山立即给部下丢下一句话，"尽量和顾祥麟将关系拉近一点，叫他在吴佩孚面前给咱们山西多多说上几句好话。"

转念一想，阎锡山立即想起一件事，"他不是喜欢抽大烟吗？为他准备几斤上好的烟土，放在我这里，我有用处。"

豪华的酒宴上，阎锡山将顾祥麟安排在自己身边，一边吃肉喝汤，一边举杯庆贺同学友谊。欢庆的气氛中，阎锡山向顾祥麟的耳朵送进一句话，"老袁死了，本来还有老段顶着，现在，段的力量也分散了，天下已经是玉帅（吴佩孚）一人的了，你说，除了玉帅，我还能跟谁走？"

站在阳台上，望着顾说客远去的背景，阎锡山心中有一个隐隐的感觉，一场大风暴就要来了，虽然不知道挑战者是谁，但守擂台的一定是直系。

回到家里，阎锡山正在琢磨这事，听到通报：张吉士求见。

看到脸面肥圆、拎着礼包的张吉士，阎锡山突然有一个感觉，自己的身价正在大涨之中，连段祺瑞都派出代表专程跑到太原来。"这次必定是一场大风暴，段祺瑞也裹挟其中。"

"段祺瑞没有什么力量了，然而在中国，他的分量还是重重的"，阎锡山热情地招呼张吉士，茶几上放满香茶、香烟、瓜子、点心。

"还在路途上，我就听人说，顾祥麟来过您这儿了。"张吉士不但带来了段祺瑞的诉求，还顺便打听到了对手的动作。

阎锡山用非常诚恳的语气，说出一句让张吉士最想听到的话来，"我能帮忙的地方，一定帮段老师的忙。有三分力量，一定不会只出二分。"

送走张吉士，阎锡山有一个感觉，这场风暴来得还真是有点猛烈。这一次，自己务必要看准行情。

听到张作霖的代表于国翰登门送礼的消息，阎锡山看着客厅里一幅画，对着身边的卫士说出一句话来："这就叫山雨欲来风满楼。"

接待脸上堆笑的于国翰，看着他风尘仆仆的样子，想着他从东北赶过来，又是坐火车又是坐汽车，阎锡山心中清楚，接下来的战场上，主演者是谁了。

"一定帮忙，一定帮忙，只要有我能出力的地方"，听着于国翰关于国势国运的论述，听完于说客的核心请求，阎锡山满口答应。

"上一次张作霖输给吴佩孚，接下来的战场大比拼，谁会是赢家？"这几天，阎锡山在脑子里反复地提出这个问题。

战争的狂风乌云猛地扑了过来。

第二次直奉战争打响

在日本政府强力支持下，张作霖完成战争准备。1924年9月17日，奉军扑向山海关，第二次直奉战争打响。

吴佩孚早就算定张作霖一定要反扑，所以吴每天都在认真地做战争准备。看着张作霖的大军开过来，直系军队立即向对方开了过去。

双方各不相让，在山海关一带相继投下50万兵力。

一方拼死要守住自己的地盘，一方发誓要抢回先前失去的一切。无论是哪一方，都鼓足精神，丝毫没有退让。

第一波战斗打响，奉系蓄谋已久，准备充足，进攻连连得势，直系的防御一次次出现险情，前线接连告急。

吴佩孚也是战场上混大的，看着险情不断的战场，做出断定，"必须上一线战场，不能坐在北京，否则，山海关战场必溃无疑。"

另一个问题一下子跳进吴佩孚的脑海，"北京既是政治中心，又是后方的战略物资储备中心、供应中心"，老巢的安全突然之间变成大问题。

"山海关前线一定要去，那就秘密地过去。"当年，吴佩孚靠偷袭皖系的司令部一剑毙敌，岂能让今天的对手来偷袭自己的老巢？

吴佩孚秘密离开北京，神不知鬼不觉到了山海关前线。

让吴佩孚没有想到的是，他的行动路线图正在张作霖的算计中。

奉军攻打山海关，故意攻而不克；张作霖一再加大兵力投入，加大直系部队前线的压力，目的有两个：第一，引吴佩孚离开北京；第二，为冯玉祥实施北京倒戈方案创造绝佳条件。

冯玉祥开启第一个动作，将北京倒戈部分计划透露给阎锡山驻直军联络代表台寿铭。

消息如此重大，如此紧迫，夜深人静中，阎锡山秘密召集亲信研判形势。"对我们山西来说，这一次一定是个机会。"

"机会并不是天天有的，既然今天送上门来，岂不抓住？"

"必须立即行动，但千万不能打草惊蛇。表面上，加强娘子关的兵力布置，实际上，为兵出山西做好准备工作。"

"娘子关集结兵力时，放出一颗烟幕弹，'防止败兵窜扰山西'。"

收到阎锡山回信，冯玉祥立即行动，从古北口秘密回师北京。

一支庞大的军队从战场前线往后方机动，必定引起吴佩孚的注意。

张作霖提供了难题的解决方案，"奉军投入更多的军队，加大山海关战斗的烈度，吸引吴佩孚的眼光。"

奉军投入的兵力越来越多，战斗越来越激烈。吴佩孚精力集中在前线战场，丝毫没有注意到有一支军队已从古北口悄悄撤走，更没有发现，他们居然是去了北京。

1924年10月23日，冯玉祥率领的部队突然出现在北京城下，京城守军毫无防备。冯玉祥轻松攻占北京城。"北京政变"随即成为各大媒体头条新闻。

曹锟住在京城，没有能够及时逃脱，成了冯玉祥的阶下囚。

冯玉祥迅速实施第三步计划，逼曹锟发出停战令，逼曹锟下达免去吴佩孚所有职务的命令。部队改名号为"中华民国国民军"；同时，邀请孙中山先生北上共商国是。将广东革命力量、山西阎锡山的力量、张作霖的力量，加进政治上的攻势，共同向吴佩孚开火。

吴人都吃不住这样的打法。又是后院起火，又是奉军在军事上疯狂地进攻，政治上几股势力挟风裹雨向直系猛扑过来。

吴佩孚纠结在猛烈的战火、强劲的政治攻势之中。张作霖抓住机会，提出政治主张，"请段祺瑞主持北京政府。"

此招一出，吴佩孚立即有一个感觉，可以幻想的政治职务空间；此招一出，冯玉祥有一个感觉，"北京政变"在全国人民面前不至于太过于显眼；此招一出，阎锡山立刻有一个感觉，自己的利益可以系在段老师这根"政治飘带"上。

阎锡山立即举大旗，当即致电冯玉祥，支持段祺瑞复出，"这是混乱局势下中国最好的政治选择，也是冯将军最好的政治出路。"

"局势已经明朗，此时就是出兵的大好时机。"阎锡山扔掉中立的招牌，换成联奉拥段倒直的大旗，10月28日，宣布派出四个旅的兵力，向石家庄方向开进。"拦腰截断京汉路，阻隔从河南、湖北开往北京的直系援军，掐断吴佩孚的生命线。"

11月1日，晋军抢占石家庄。第二师师长、左翼总指挥孔繁尉任战场总指挥。

没有随军的刽子手

时序刚刚进入11月，石家庄的气温越来越低。

这里的天立马就要变，变成血雨腥风的大战场。河南、湖北的直系军队接到北上的指令，装满军队的火车正在向着北边开进。

"必须在石家庄筑成阻截直系大军北上的人肉墙、炮火墙。防御工事一定要牢固、厚实，事先做好打大仗、打恶仗的准备。"

阎锡山反复考虑石家庄的部署，突然有一个发现，晋军面临即将到来的血腥战斗，左翼总指挥孔繁尉有可能力不能胜。

阎锡山做出决定，派张培梅担任左翼总指挥职务。"激烈的战场就需要有血性、性情暴烈的人来担纲。"

张培梅信心满满。

"他这个烈火一般的性子，会不会闹出问题来呢？"阎锡山的担心挥之不去。

临出发时，阎锡山赶到他身边。"我们出兵的目的不是与直系军队厮杀、硬拼，而是相反，用虚张声势的做法，让南方来的直军对我军望而生畏，进而望而却步，最终让他们打消北上的念头，万万不可损兵折将。"阎锡山说道，"如若损兵，虽胜不取。"张培梅点头称是。

一个强烈的想法从张培梅脑中蹦了出来："这一次做出个样子来，让全军上下瞧瞧，让山西人看看我张培梅有能力，更能干大事。"

阎锡山的话被张培梅这个想法挤到角落里去了。

冷空气突然来临，气温骤然降到零下十多度。天气严寒，白天野外作战的部队，晚上应该尽可能找有房子的地方室内宿营，绝不可睡在单薄的行军帐篷里。

张培梅像吃了火药一样，命令部队野外宿营，身体力行带着卫队亲自露营野宿。思想真是一个奇怪的东西，只要一过激，就连酷寒的天气也被当作锻炼意志的"最佳条件"。

白天野外作业，兵士们冻得缩手缩脚，保存体力是重要的功课。张培梅发下指令，"迅速修筑防御工事"。

谁也受不了如此玩命的做法。所有的人都在默默地忍受。

面对张培梅这道奇怪的难题，有两个人想出了应对的办法。

七旅旅长龚凤山，出发之前从阎锡山那里得到密令："保存实力。"五旅旅长刘树藩，头脑精明，知道龚凤山是阎锡山的亲信，"他怎么做，我跟着做，一定没错。"龚凤山认为张培梅是自找苦吃，刘树藩跟着认为张培梅是没事找抽。

无论是龚凤山还是刘树藩，对于张培梅的指令，听了就像没有听见一样，敷衍了事。

烤着炉子里红红的炭火，想着外面的世界里滴水成冰，张培梅此时觉得自己采取的这些做法，的确是有点过分。然而，自己的威信是如何树立起来的？不就是小题大作的做法做大的嘛？我把那些不服的人找出来，修理一番，威信不就立起来了吗？

沿着这个思路，张培梅睁大眼睛寻找出头鸟。

得到龚凤山、刘树藩执行命令阳奉阴违的报告，张培梅脑中立刻冒出两个念头来。"一定要严惩"，"召开军事会议，会上公开指责，严辞声讨。"

"开大会批判我们？"龚凤山和刘树藩做出同样决定，不参加会议，只派参谋长出席。"他发他的脾气好了，反正我们俩落得个耳根清净。"

"龚凤山、刘树藩不来参加会议？打塌我的面子？"

"枪打出头鸟。"张培梅杀机起动。

张培梅发出命令，"将龚凤山、刘树藩就地正法，枭首示众。"军令如山，容不得对方半分分辩。

辛亥革命后，革命军队伍取消了旧军一些做法，其中之一就是不砍头，因此也就没有随军刽子手。

刽子手是门技术活，砍头时速度快、动作准，一刀下去，人头落地，干净利索。千万不能拖泥带水，否则，受刑的人就要吃尽苦头。

对着两个大活人，两位新手连续砍了好几刀，直到把人头弄得血肉模糊，才砍下来。实在让龚凤山、刘树藩吃尽了苦头，也把所有在场的人、听到消息的人吓得半死。

根据张培梅的指令，两颗血淋淋的人头悬挂在军营门口示众。

现在，无论是谁，无论官职大小，一望到这两颗人头，就吓得魂飞魄散。再冷的天，白天大家也不得不伸出手来握住冰冷的铁锹棍干修筑防御工事的活儿；晚上也毫无怨言睡在野地里。对于张培梅的命令，没有人敢有一丝的怠慢。

不想当元帅的兵不是好兵，然而，如果不能当元帅的兵当了元帅，问题就像狂奔的马群一样冲过来。用力过猛，必然损伤自身。

阎锡山看中张培梅"敢想敢干"的"火烈性格"，却没有想到，他发挥到了下属的身上。

"两大干将被砍头？"阎锡山非常震惊，"鹤峰（张培梅的字）胡闹，如此胡闹，擅杀旅长，晋军是他家的？"

"追究张培梅罪责""杨爱源做好接手战场总指挥的准备工作"，阎锡山发出两大指示。

如果最高领导与战场最高总指挥闹起来，后果会是什么？南桂馨决定出手。南桂馨，晋军中号称"诸葛"。

"局势严重，切忌操之过急"，南桂馨的一番话，稳定了阎锡山的情绪。来到石家庄前线，南桂馨细细地察看军官、士兵的动态。

"赶紧到阎领导那里自请处分，"南桂馨提醒张培梅，"以释众疑"。

南桂馨的三板斧平息了风波，石家庄不安定的局面缓缓平息下来。

借粉做粑

吴佩孚看清了形势。1924年11月2日，宣布下野，曹锟辞去大总统职务。第二次直奉战争结束。

阎锡山判断准确，出兵及时，虽然无意中丢了两个旅长，但成了大赢家。"将大好机会利用起来，扶段祺瑞出山。"

阎锡山想到了一个人，西北军阀马福祥。"拉上他一起发声，我这不也就成了西北各省的首领人物？"

"要把这件大事彻底做成，还必须要一个人物，奉系张作霖。"

在阎锡山的着力运作下，三方呼应，制造声势。

1924年11月24日，北京"中华民国临时执政府"宣告成立。张作霖、冯玉祥联手共推段祺瑞就任"临时执政"。

看着眼前的局面，阎锡山非常满意。来到北京上班，段祺瑞非常不爽。

能爽吗？处处仰人鼻息，事事被人掣肘。北京政府是一个凭实力说话的地方，在张作霖、冯玉祥面前，段祺瑞的实力明显不足。

不在郁闷中死亡，就在郁结时琢磨，段祺瑞琢磨出两大招。"努力劝人打架"，想尽办法在冯玉祥、张作霖之间挑拨是非，制造矛盾，从中寻找机会。"借力打力"招，借阎锡山、马福祥之力，形成独立于冯玉祥、张作霖之外的第三势力，用借来的力抵消、抗衡冯玉祥、张作霖的实力。

段祺瑞努力地借别人的粉做自己的粑。

"你段祺瑞不是要大量的粉吗？那我就利用你的势，来磨我的粉。"阎锡山悟出属于山西的大好机会，"赶紧扩充军队。"

没有军队武力做后盾，就如段祺瑞，坐在高台之上又能如何？不还是处处要听别人的调子？"首要的工作是增加兵员的数量。"

在人数上，山西军队又一次翻倍，兵员扩张到4万。

看着新增加的新兵阵营，阎锡山向负责军事训练的官员说出两句话，"要加速训练，让军队真正担当起保境安民的重任""不能只是着眼于保境，还要有长远的眼光，在逐鹿中原的混战中，我们山西人不再唯唯诺诺，而是有底气让别人对我们也唯力是视"。

一天黄昏时分，站在太原的城楼上，细看太原城日落时的美景，阎锡山突然想到一个问题，山西四周省份，现如今全都变成冯玉祥的天下。就像一口锅一样，山西被包围在了锅底，成为了一座政治、军事上的孤岛。

"太恐怖了。"

有一个人，一个对阎锡山恨之入骨的人，双眼紧盯着山西周边正在变化的形势。"我这就要把阎锡山从地球上抹去。"

大家应该还记得，当年忻代宁公团的那位首脑人物续桐溪。自从被阎锡山逼出山西后，续桐溪变成北漂族中的一员。

"总有一天，要让阎锡山付出代价。"北漂途中，续桐溪步步努力，终于做到中华民国国民军（以下简称国民军）总参议的高级职务。

续桐溪认定，这一天终于等来了。他迅速动手，制订出国民军作战新方案。

方案根据：国民军已对山西形成四周合围的态势。方案总体目标：强化国民军自身能力。具体实施步骤分三步走：第一步，夺取山西；第二步，在第一步的基础上，巩固豫、晋、陕三省，形成国民军对付奉军牢固的后方根据地；第三步，对付奉军。

表面上看，是国民军对付强大奉军的长远规划，实际上是除掉阎锡山的狠毒方案。

作战方案很快被国民军最高领导冯玉祥批准。

"该死的阎锡山，这场厄运你能逃掉？"看着批复，续桐溪脸上露出一丝恶狠狠的笑。

冯玉祥亲手启动计划的第一步，派出亲信，秘密来到河南，联络军阀樊钟秀，对山西形成两面夹击的军事态势。

冯玉祥行动滴水不漏，连阎锡山的退路都给截断了。此时，阎锡山完全被蒙在鼓里，丝毫没有知觉。

国民军各部队在山西周边暗中聚结，这就要把阎锡山的那点军队撕成碎片。

国民军的行动与计划都没有问题，然而问题还是出现了。

徐永昌，国民军第三军参谋长，山西人，阎锡山的老乡。

现在，能拯救山西军队的就只有我。将来，在阎锡山那里，我一定能得到丰厚的回报。徐永昌细细想着，最终做出决定，以最快的速度，把方案的一部分秘密泄露给阎锡山。

什么叫晴天霹雳？阎锡山感觉头脑一下子蒙了。"没有一丝云彩的天空，如此响晴的天空，居然惊雷滚滚？"没有时间多想，他赶紧着手军事部署。

由原来的零预防状态，瞬间转换，山西全省军事大动员，所有军队立即集结，进入山西各大要塞，重兵紧急部署重要部位。突然之间，山西变成严防死守的军事堡垒。

在河南，樊钟秀完成军队集结，按预定计划，向山西发起强力进攻。"我这莫非是遇到铜墙铁壁，一毫进展都没有？"

得到消息，冯玉祥重新审视山西形势，突然发现，山西全省变成了重重防线。

"暗袭计划泄密。" 冯玉祥决定放弃续桐溪制订的计划。

阎锡山险中得生。

对于老乡徐永昌，阎锡山心存感激。对于冯玉祥，阎锡山现在不只是更加警惕，而且加深了仇恨，从此，两人之间埋下了怨恨的种子。

第六章

远交近攻，地盘大扩张，军队大扩展

后院起火

每当想到在家里唉声叹气的吴佩孚，张作霖心中的一团烈火越烧越旺。吃掉冯玉祥的国民军，独享北京政府的权力。张作霖将一卷书捏在手里，越捏越紧。

吴佩孚对冯玉祥一定恨之入骨，联络他，东西两面夹攻国民军，倒掉冯玉祥岂不易如反掌？张作霖暗暗想着。在这个世界上，没有真正的敌人，只有真正的利益。

1925年冬天，这个阴谋最终完成。

吴佩孚秘密接待张作霖的亲信，响应张作霖的提议，"派大军由津浦路秘密北上，对国民军进行夹击"。"该死的冯玉祥，你也有今日。当初你不是前线撤兵，偷袭我的北京后院么？十年河东，十年河西。"

得到吴佩孚率军北上的确切消息，张作霖立即行动，派出4个军团向北京靠近。

两支大军向一支力量弱弱的部队秘密挺进，然后突然发起猛烈进攻，这一次冯玉祥必败无疑。

张作霖部队中，有个人有着强烈的爱国心——郭松龄。

对于最高领导张作霖与日本政府勾结的种种做法，奉军将领郭松龄一直以来非常不满。

"张作霖实力如此强大、如此卖国、如此反动、如此丑恶，这样的人，一定有他的致命死穴。属于我的正义的机会藏在哪里？"

接到大部队向北京方向开进的命令，郭松龄突然发现机会来了。"我郭松龄手中这点可怜的部队，不是张作霖的对手。冯玉祥的那点国民军也不是他的对手，然而，我在半路最关键的部位突然发难，将奉军一切为二，与冯玉祥联手作战，张作霖的死期必定到了。"郭松龄立即派出心腹，暗中联络冯玉祥。

听着郭松龄手下送来的消息，冯玉祥感觉五雷轰顶。"张作霖推动如此巨大、如此恐怖的阴谋，没有露出一丝迹象，而且邀来的杀手居然是吴佩孚，这一次，直军对我岂不痛下杀手？"

冯玉祥细看眼前局势，一丝阴笑浮上脸来。

"就等郭松龄在山海关一声炮响，我这边当即举旗响应。"

山海关是扼守华北与东北的咽喉。进到山海关，郭松龄部立即分头行动，抢占关键部位。山海关守军完全没有预料，措手不及。郭松龄部事前精心布置，周密策划。山海关被郭松龄部迅速拿下。

进展如此顺利，郭松龄非常高兴。现在就等冯玉祥出军支援。

得到消息，冯玉祥非常兴奋，"就让你们奉军内部自相残杀吧。"

冯玉祥使劲摇旗呐喊，高声助威。国民军向山海关推进的速度极其缓慢。

郭松龄每天早上醒来，第一件事就是打听国民军的行军进程。"快点啊，快点啊"，站在山海关城楼上，郭松龄眼睛都望肿了，就是望不到国民军的影子。

得到郭松龄反叛的消息，奉军立即调转方向，向山海关猛扑。

"这就叫半路杀出个程咬金，那就赶紧灭了程咬金。"张作霖果断决定，集中兵力，前后夹击，用手榴弹砸鸡蛋的攻击力，迅速灭掉力量弱小的郭松龄部。

郭松龄部被消灭。北京仍在冯玉祥手中。奉军内部伤痕累累，张作霖十分无奈，只好收军东北。

反击冯玉祥

回到老家，张作霖气急败坏，静下心来，细细琢磨眼前的局势。

"我的着眼点，不能只在我奉军努力。我的解决方案，须放眼全中国各派军事力量。在各派混战中，必定有我的机会。那就只要一个字，就能灭了冯玉祥，这个字叫'挑'，只要他们是冯玉祥的对头，就挑动他们跟冯玉祥斗。"

沿着这条思路，张作霖请吴佩孚快速北上，商讨攻打冯玉祥的具体对策。

两人急急地循着"挑"字前进，四只敏感的眼睛、两个聪明的脑袋不约而同想到了同一个人——阎锡山。

如果不是老乡徐永昌透露冯玉祥攻打山西的计划，眼前美丽的山西说不定就是冯玉祥的。

阎锡山恨意难消。

突然得到张作霖率军东进、吴佩孚挥师北上联合进攻冯玉祥的消息，阎锡山感觉心里痛快。因为这就意味着山西安全了，太原安全了。

这个美好的感觉没有持续太久，郭松龄的一声枪响，将阎锡山从睡梦中惊醒。"形势复杂，接下来形势会发生如何的转换？"阎锡山盯着窗户外面漆黑的夜空细细琢磨。

正在努力寻找问题的答案时，一天傍晚，阎锡山得到一个消息：张作霖平定郭松龄内乱，收兵东北。

"冯玉祥，这一次是他的运气好。"阎锡山感叹起来，突然又得到消息，一大批说客正在向太原靠近。

张吉士先生正在快速奔向太原城。张先生是冯玉祥特派的代表，肩膀上的担子不是一般的重。与那个重大的诉求相比，请阎锡山原谅冯玉祥与樊钟秀联手进攻山西，还只是小事。

还没有到太原时，张吉士的口袋里已经塞满了主意。

敲开阎锡山接待室的门，坐在真皮沙发上，在香味扑鼻的茶杯前，张吉士摆出三大观点。

"自从得到日本的大力扶持，张作霖力量变得非常强大。他那是命好，无奈他的运气实在不行。虽然已平定郭松龄叛乱，但是奉军已经元气大伤，眼前绝不可能恢复到原来的状态，也就只能在关外苟延残喘，不可能也没有力量来中原逞强。"

"与张作霖比，吴佩孚精锐部队已经损失殆尽。现在他手上那点力量，都是拼凑而成的杂牌军，没法跟当年的景况相比了。"

"华北平津是全国的政治中心，已在国民军的掌控之下。国民军拥有察哈尔、绥远这些广阔的地区，税源广，冯玉祥想不做大都不行。"

"山西面前有各种选择，最为妥当的选择当是阎领导尽弃前嫌，与冯领导携手合作。"

阎锡山点头称是。

等到张吉士离开贵宾接待室，阎锡山立即召集智囊研判形势。

"冯玉祥一日不倒，山西的威胁一日得不到解除。""倒掉冯玉祥，绝不是情感中的恨字，国民军越是强大，对山西的威胁越是恐怖。"智囊们的这两句话就如阵阵惊雷，在阎锡山的耳边炸响。

还没有到达太原，吴佩孚的特别代表顾祥麟就为阎锡山精心制作了一顿思想大餐。在阎锡山的私人招待宴会上，酒酣耳热之际，最后的一道水果拼盘端上桌面时，顾祥麟开始向阎锡山的耳朵进攻。

"玉帅（吴佩孚）的实力原本就非常强劲。这段时间，在湖北集中精力大搞军事整顿，扩编军队，积极练兵，现在的实力又翻了一番。"

顾祥麟捧出玉帅的伟大理想。

"当年冯玉祥战场撤兵、后院倒戈，玉帅至今耿耿于怀。接到东北张雨亭（张作霖）一再邀请，玉帅北上，双方已经制订出方案。两方携手，对无情无义的冯玉祥大张挞伐。方案的最后一步棋，就缺山西力量。"

顾祥麟说出最紧要的一句话，"相信山西深明大义，深度评估形势，三方携手，共倒冯乱，共建大业，共享天下。"

一句话从阎锡山的嘴里缓缓流出来："他冯玉祥是玉帅的敌人，但又绝不单单是玉帅一个人的敌人，是我们大家的敌人，更是我们山西深受威胁的大敌。如果玉帅发动大军，启义师，我们山西力量有限，但是，理当也一定竭力协助。"

冬天的太原城越来越寒冷。枯风冷雨中，踩着地面厚厚的积雪，从东北赶来的张作霖的代表于国翰急急敲开阎锡山家的大门。

敞开厚厚的皮袍，在阎锡山家接待室暖烘烘的炉火边上，于国翰将早就酝酿好的思想烈酒，一瓶一瓶摸了出来。

"冯玉祥毫无信用的作派，现在连日本人也痛恨他了。"这里的毫无信用是有所指的——冯玉祥叛卖主子吴佩孚，转身出卖盟友郭松龄。

"不仅如此，日本政府现在担心，假如冯玉祥有机会控制中国的话，全国就有可能被赤化。"

阎锡山有些吃惊，神经突然之间绷紧了一度。原本只是军事问题，现在于国翰如此解读，居然上升为全国性的政治大问题。

"这一次打冯玉祥，日本国计划要参加进来。帮助雨帅，出钱出枪。所以，大家不用担心钱的问题、枪的问题。现在摆在眼前的问题只有一个，三方面合作。雨帅与吴大帅合作已经敲定，现在，就只剩下山西这方面。"

"一旦雨帅、玉帅、阎帅三方合作，打败冯玉祥，必胜无疑。这已经是四个人打一个人了。日本国也算一个的话。"

看着熊熊燃烧的炉火，看着红通通的烈焰，阎锡山回答得十分肯定，"雨帅、玉帅于中原会师之时，一定有我阎锡山在场。"

追随赢家，在阎锡山这里永远是硬道理。

送走了最后一批说客，弹弹身上的灰尘，阎锡山突然发现，脚下居然有一个大大的漏洞。如果不赶紧堵上，自己就有可能一脚踩空。

"当初山西重兵在石家庄卡死直系南兵北援的通道，吴佩孚会不会至今耿耿于怀？会不会将来某一天在战场上从后路或侧翼向山西军暗中下刀子？"

"这的确是个必须解决的问题，答案其实在一个人的身上。派哪一个人去吴佩孚那里当说客？"

挑来挑去，这个重要人物终于找出来了，《晋阳日报》主编梁航标。

梁主编是个不怎么引人注意、生活低调的人，却有着一般人难以匹敌的能力：能说会道，有思想有主见。

"凭你的智慧，肯定能填平我与吴佩孚之间那条宽沟深壑。"握着梁航标的手，阎锡山的眼里饱含信任的目光。

梁航标秘密来到汉口，秘密见到了吴佩孚。

动身之前，梁航标就反复琢磨，终于想出搞定吴大帅的三大招。

第一招，悔过招。"为了共图大局，恳求吴大帅不念旧恶。"

第二招，保证招。"直系军队北上时，山西军队配合行动。东出太行，南攻陇海，击溃国民军的二、三军。"

第三招，建议招。"与吴大帅合力围攻国民军第一军。"

用对人办成事。阎锡山、吴佩孚两位曾经的战场死对头，在新敌面前，决定捐弃前仇，双方一拍即合。

在绥远抗战中，晋绥军的高射机枪手

三足大鼎

一年之计在于春。战争的发起者也喜欢这句话，春季开战，战争越向纵深发展，伴随着天气越暖和，阴谋家的感觉越舒适。

1926年春天，经过前一个冬天的准备，张作霖、吴佩孚、阎锡山三方合力攻击冯玉祥的战争打响。

三方力量分成三路，立即朝目标扑了过去。

第一路，直系军队迅速从湖北北上，攻打国民军二军。

第二路，晋军开出太行山，开过娘子关，向国民军三军冲了过去。

第三路，奉军以最快的速度开入关内，攻打国民军一军。

三路大军并不是完全孤立作战，在同一时间向对手完成大包围的态势，迅速形成攻势。就如三只猎狗，从不同的方位向一匹角马扑了过去。冯玉祥是一只善于奔腾、四肢健壮有力的角马，努力抵抗暗伏的三只猎狗突然发起的进攻。

看着自己精心扩展的三支大军被三个军阀的部队分片包围、联合打击，冯玉祥不停地寻找对策。显然，无论张作霖、吴佩孚、阎锡山，任何一方以单打独斗的方式与冯玉祥角逐，都不是冯玉祥的对手，过去的并不太久远的那些血淋淋的战争，就是最好的证明。然而，三家联合起来，冯玉祥心中清楚，要在军事上打败他们，几乎不可能。

"千算万算，就是没有算到，这三个死对头的家伙居然会走到一起，而且在这样短的时间内就联手成功。这中间肯定有一群牵线搭桥的高人。这些高人会是谁呢？"冯玉祥已经没有时间去想。眼下最紧要的工作是找出解决这道难题的方案。

"如果与三方联合势力死磕，我这半生的积蓄一定输得精光。如果在强敌面前立马带着部队逃跑或投降，那我也就不是冯玉祥，而且跑得了初一跑不了十五，跑得了和尚跑不了庙。"

"打又不行，不打又不行，真是一个难题啊，难道这世间就没有一个解决方案？"

如果在街头碰到对手，对手带了一帮子人，个个手握铁棍，一定要把你往死里打，该如何办？显然，硬拼只会死路一条，即使不死，也会被打伤打残；如果逃跑，也一定跑不掉，因为你已经进了他们的包围圈，无论哪个方位，他手下的人已经把你可能的逃路盯得死死的。

在如此险恶的情形下，你还有一条路可走，既不打又不逃，待在原地紧急向路人求助，要求路人为你主持所谓的"正义"；利用路人为你拖延时间，再利用这个时间赶紧报警，从而寻找警察的保护。

冯玉祥想出来的正是这一招，也叫请求第三方庇护。

第一步，通电下野；第二步，国民军退出北京，北京政府的权力拱手相让。"你们三位不就是要北京政府吗？你们去抢好了，最好是抢得互相打起来啊。"第三步，宣布军队交由部下张之江、鹿钟麟指挥，"我现在就出国，到苏联去考察。"冯玉祥寻求苏联的保护，用政治的手段解决军事上的难题。

如果冯玉祥碰到的是一群讲道理的人，这的确是解决难题的好办法。然而，今天的这三位似乎有些不一样，他们根本就无视路人的劝阻，一个劲地冲上来把对手往死里打。

碰到这种不顾一切的人，你还能有什么办法吗？啥办法也没有。

下野的声明也发表了，然而，联合反冯的那三位大帅，没有因为达到了政治目标而停下手里的军事行动。他们不但没有停下攻势，反而在1926年4月6日，共同发出总攻击令。

冯玉祥的受难日正式来临。

4月中旬，战争全面拉开。

国民军退出北京，当即分成东西两路。东路军奋力挡住奉、直军队的进攻，战争渐渐进入胶着状态。一时之间，难以分出胜负。

西路军在山西北部与晋军接仗。长期躲在山西的晋军岂是长年在战场上鏖战的国民军的对手。双方一接仗，晋军立即大溃败。

看着残兵败将，望着溃不成军四处逃命的部队，阎锡山绝没有想到，自己亲手打造的山西军，居然如此不经打。

惨烈的败仗、巨大的损失一齐涌到眼前，阎锡山保持了清醒的头脑，当即采取两大措施。

1. 一部分军队殿后，挡住冯玉祥西路军的追击。主力部队后撤，撤退到雁门关一线，利用有利的高山地势，将逃命战转化为阵地战、阻击战。

2. 紧急向吴佩孚请求支援。家中有粮，心中不慌。有吴佩孚、张作霖作依靠，在强大对手的追击面前，阎锡山保持了镇定。

突然，南部中国的天空，响起了革命军的阵阵惊雷。

国民党、共产党经过反复磨合，达成合作，共同在广东组建革命政府。革命政府训练了大批军队，做出历史性的决定——北伐，消灭中国的军阀。

湖南是直系军阀吴佩孚的基地，正是北伐军北上的必经之道。

国民革命军誓师北伐的场面

吴佩孚身在华北指挥直军对国民军作战。得到消息的第一时间，他当即决定将部分军队从战场撤下，以最快的速度赶回湖南，保卫老巢。

得到广东革命政府北伐的消息，张作霖大为震惊。"吴佩孚一定要从北方的战场撤军南走。还有没有办法留下直系大军？"

办法想出来了，叫"限期击败国民军"，目标就是"让你带着胜利的微笑、扛着胜利的果实回家，而那时你的湖南老家还毫发无损"。

这是非常给力的对策，因为吴佩孚随即决定，同意张作霖的限期方案。

时间谁也拖不起。张作霖立即拿出镇店之宝——东北骑军，相当于明清时的关宁铁骑，向重要城市张家口附近的城镇发起猛烈的攻击。

在直、奉联军的强打猛轰面前，国民军东路军迅速败退，丢掉南口等战略要地。

西路军向缩在雁门关的晋军发起一次又一次的冲击，然而收获极小。晋军凭着险要的地势，几乎没有什么大的损失。

直、奉联军摆出拼命的架势，而阎锡山的晋军就像一块骨头，无论如何都啃不动，国民军最高层终于明白眼前的局势，"如果不想全部死光光的话，利用南方革命军北压的阵势提供的机会，国民军赶紧向西北方向逃命"。

此后这支长期生活在西北的冯玉祥的部队称为西北军。

晋军升级为晋绥军

发现东路军撤出战场，接着又发现国民军整体向西北方向逃跑，阎锡山认定，"发财的机会来了"，立即派出军队，向着绥远的方向追了过去。

国民军一军的三支队伍，分别由陈希圣、韩复榘、石友三带队，也懒得跑了，更不想去西北过穷苦的日子，直接就地投降阎锡山。

如果只是捡军队，你也太小看阎锡山了。阎锡山看中的还有一样东西——地盘。国民军以前不是占有绥远等地方吗？现在国民军向西北逃命，这些地方该归谁呢？"吴佩孚要南下阻挡北伐军，张作霖正在狂扫华北的地盘，那么，绥远这些地方，不归我，还能归谁？"算定这笔账，阎锡山派出山西军队对国民军穷追猛打，一边接收国民军的残兵败将，一边抢占地盘，一下子就将势力范围扩张到了绥远。

现在，阎锡山的地盘，就不只是山西，阎锡山的军队，就不是晋军，阎锡山决定乘势而上，将晋军改编为晋绥军。

宣布下野之后，冯玉祥来到苏联。

在苏联，冯玉祥不是歇着，而是想办法会见苏联的领导人，同时接触到中国共产党在共产国际的代表。

新的交往开拓了新的眼界，新的思想境界催生了新的想法。冯玉祥感觉自己多少看清了一些未来世界的大趋势。对于革命，冯玉祥有了进一步的认识。

回国的路上，冯玉祥就在想一个问题，"清政府已经被革命的力量推翻，然而，革命的力量却没有能够带给中国统一和强大，反而陷中国于军阀的争斗之中。革命没有错，那么，中国的命运错在了谁的手里？那么，将来的中国向何处去？"

1926年9月，冯玉祥再一次踏上中国的土地，长期的思考终于有了一个结论。这个结论是：革命没有错，中国只是少了一样东西，这个东西叫主义，也叫信仰；那么，中国缺少的这个信仰是什么呢？是"三民主义"。

有了这个结论性的观点，冯玉祥立即行动。在内蒙古五原，他召集原来的部队，召开部队高层会议并做出决定，"响应广东革命政府的北伐。一南一北，形成互相呼应的军事态势、政治声势"；"全军搞一个大的誓师活动，从政治上让全军接受一次'信仰、主义'的洗礼"。

"现在我所努力的，是遵奉中山先生的遗嘱，进行国民革命，实行三民主义。"（冯玉祥五原誓师的誓词）

冯玉祥回国的消息、五原誓师的消息，一个接一个地传到陈希圣、韩复榘、石友三的耳朵里。

虽然组织上归服了阎锡山，三个人却从来没有停止过打探冯玉祥的消息。虽然新的主人阎锡山为三个师更换了服装，补充了弹药，补发了欠饷，然而他们仨却像一群离开母亲的孩子一样无时无刻不在想念自己的母亲。虽然后母对他们千好万好，但只要一听到亲娘回家的消息，这群孩子又都不约而同做出一个决定，一齐扑向亲娘的怀抱。

三人秘密商量之后，一夜之间玩起人间蒸发的游戏。先前没有任何的征兆，

冯玉祥五原誓师的场面

事前没有走漏一丝的风声，三个师的军队便从原来的营盘里消失得无影无踪。

得到消息，阎锡山惊异万分，这其中有着多么细致、多么周密的准备。他们是三个师的军队，不是一支游击队啊，整个消失过程没有发生哪怕是丁点的周折或响声，没有传出丁点的消息，太让人难以置信。然而事实摆在那里，先前的营盘已经空空如也。

真正是想发怒却又找不到对象，想怪罪部下，而那些部下已经人去楼空。什么叫人财两空，这个感觉真是郁闷，太郁闷了。

除了自我恼怒之外还能做什么呢？该如何处置这件倒霉透顶的事呢？"给人家养了儿子，儿子连谢谢都没有说一声就回他老娘那里去了，这算什么事呢？"盘算之后，掂量得与失之后，阎锡山发现还有一个办法多少能捞回点损失来。

这个办法叫顺水人情。反正这一次亏是吃定了，那么，将这负能量的事进行转换，变成将来为自己留下的一条后路，有何不可？

阎锡山决定，立即给冯玉祥发一封电报，"你出国考察期间，你的队伍我为你代管了几个月，饷也帮你发了，炮弹也给你添置了，现在你回来了，你的军队理应归还你了。"

不能不佩服阎锡山商人的头脑，小算盘打得那个精到。将本已输掉的一笔钱，多少又赢回了一些。

南方的天空传来北伐的风声、雷声、雨声，一阵紧过一阵。

对于地方政府扩军，现在北京政府自身难保，地方的事想管也管不了。

利用这大好时机，阎锡山立即做出重大决定，疯狂扩军。这应该是阎锡山第三次大扩军。这一次，阎锡山将部队扩大到8个步兵军外加8个炮兵团，总体兵力达到13万，其中包括收编来的徐永昌的国民军第三军。

第七章

联蒋联冯，北伐讨奉，拿下北京、天津

危机，就是发财的大好机遇

北伐军胜利进军。

吴佩孚的直系部队在湖南被打得土崩瓦解。

"危险来了。"得到直系大败的消息，张作霖立即感受到了北伐军送来的阵阵寒意。"北伐军下一个目标一定是我张作霖，当然北伐军要吞下去的军阀不只我张作霖。"

沿着这个思路，张作霖大胆地构思应对方略。"你北伐军有能力将中国的军阀一个一个地吃掉，如果我们各位军阀大佬联合起来，就必定将北伐军至少阻隔在长江以南。"

1926年11月，张作霖决定在天津召开地方军阀联席会议。赶在北伐军下一个战场摆开之前，将各地军阀联合起来，紧紧地捆绑起来，形成堵截北伐军的铜墙铁壁。

面对北伐军的强大威胁，面对实力厚实的直系军被北伐军打得彻底崩溃的惨景，所有的军阀全都积极地参加天津会议。

会上发言积极，群情激奋，大家没有因为直系的毁灭而斗志消沉，一个个摩拳擦掌，一定要把新的共同对手北伐军撕得粉碎。

参加会议的军阀代表一致同意组成联合大军，彻底消灭北伐军。这支联合大军，取名"安国军"。张作霖任总司令，下设多名副总司令，阎锡山为其中之一。

阎锡山暗中埋藏了自己的想法。

北洋军阀在中国的前景，阎锡山已凭经验测算出来——穷途末路。

"一个没有前途的政府绝不能依靠，然而也得罪不得。否则，必定遭受它无情的攻击。"

"北伐军就一定能赢吗？革命政府一定能主宰中国吗？"反复盘算后，阎锡山得出一个结论，"凭他张作霖的力量，不可能挡住北伐军的锋芒；而革命政府也不一定就是中国的未来；中国必定陷入北伐军、奉军、西北军、地方军阀各大势力长期对峙中，中国的将来必定是军阀并存，而且长期共存，还没有哪一支力量强大到足够统一中国的地步。"

"那么，留给山西的，就只有一条路可走，这条路叫左右逢源。"跟紧胜利的一方，"强大自己才是硬道理。"

北伐时期的蒋介石

危机，对一些人来说就是灾难，而对阎锡山来说，就是发大财、扩大势力的大好机遇。

阎锡山正慢慢琢磨出中国局势大走向，正打定主意，突然，广州革命政府代表现身太原城。

代表传达了革命政府的意见，"阎锡山是同盟会的老前辈，如果有意，就请派出代表到武汉来，共同讨论北伐大事。"

阎锡山当即决定，秘密委派赵丕廉前往武汉。

赵丕廉有着革命的特殊身份，老同盟会会员。临行，阎锡山郑重叮嘱一句话，"秘密未揭开前，由你负责。揭开以后，是蒙的事。"

眼下，从日本进口一批枪械，正转运山西，需要三个月。这三个月里，山西不能有丝毫的举动，否则，那些宝贝一般的枪械一定会被奉军半路抢走。

赵丕廉肩负重任，"必须拖出至少三个月的时间来"。

到了武汉，赵丕廉赶紧与北伐军高层会面；赶到南昌，赵丕廉拜见北伐军总司令蒋介石。无论在哪里，赵丕廉都在做同一件事，转达"阎锡山对北伐军的期盼"。

蒋介石说道："阎锡山不只是同盟会的老前辈，还是丈夫团的人。革命政府只有一个想法，期盼他早日举事。"

回到宾馆，赵丕廉赶紧做了一件事，将蒋介石的这句话传往阎锡山。

从这句话里，阎锡山得出了一个重要的结论，"北伐军没有将我列入黑名单，把我当成了革命的力量。我的机会就在这里。"

阎锡山立即向赵丕廉发秘密电报，"向国民政府做出承诺，1927年5月5日晋绥军即可出兵。"

到那时，从日本购进的枪械已经运进山西了。

国民党元老谭延闿看着阎锡山的这封密电，有了一个想法，"促成山西倒向革命政府，现在是机会""无须千军万马，只需一张委任状，山西就能倒向我革命军的阵营。这样的好事，我岂能不赶紧行动？这就提请广东国民政府授予阎锡山北方国民革命军总司令职务。"

安国军、北伐军两张司令级委任状一齐摆上阎锡山的案头。

"必须好好盘算。在哪一方力量面前，山西实力都不是他们的对手。"

"北伐军势头强劲，然而，离山西还很远。奉军就在眼前的京津地区，随时有可能将力量弱小的晋绥军撕成碎片。如若惹怒张作霖，必定招来大祸。"

阎锡山决定暂缓就任北方革命军总司令，同时派出代表与张作霖搞好关系。

两个权力中心

在南方，政治形势突然发生翻天大变化，变化之怪诞出乎常人意料。

1927年4月12日，蒋介石经过长期的暗中准备，突然向国共合作的另一方——中国共产党和革命群众，举起血淋淋的屠刀。接着，蒋介石丢掉广东革命政府的招牌，成立南京国民政府。

在武汉，汪精卫成立革命政府，与蒋介石对着干，史称"宁汉分流"。

"南方革命力量一下子冒出两个新的权力中心？"阎锡山看傻了眼。

"蒋介石手里有两个重量级的筹码，这是汪精卫无法比的。"这两个筹码是指：1. 蒋介石不只是手中有军队，而且在北伐军各派系中实力最强；2. 政治上，蒋介石以国父孙中山的传人自居。

阎锡山刚刚参透南方政治形势，战争的惊雷突然在北方的天空炸响。北伐军急急向河南开进，冯玉祥率西北军向东边逼近，这就要与安国军决一死战。

"必须表明政治态度，迟一步都有可能成为北伐军攻打的对象。"6月，阎锡山宣誓就任北方国民革命军总司令，山西改悬青天白日旗。

旗帜刚刚改过，一场强的大的风暴迅速向山西方向袭来。山西的周边，京汉沿线，奉军正在一批接一批地开过来，重兵正在集结，而此时北伐军还远在河南的南部。

"四一二"时期的汪精卫

"战争风云向山西刮来，必须赶紧动手"，阎锡山秘密派出一批人手，带上成堆的礼品，快速赶到奉军部队高层，拉人脉结关系。

"你这不是忽悠我吗？"张作霖非常气愤，派出代表赶到太原，警告阎锡山："赶紧撤了青天白日旗，否则，第一个打的就是你。"

"我这只是跟南边做表面文章，改挂旗并不就一定要与张大帅决裂嘛"，阎锡山赶紧辩解。

说是这么说了，阎锡山心中清楚，这下招惹了张作霖，一定没有好果子吃。张作霖的代表前脚离开太原，阎锡山立即命令部队，利用太行山作掩护，分成小股，秘密到指定的地点集结，预防安国军闪击山西。

阎锡山突然得到消息，南方的地面上，一场政治大裂变正在发生。

1927年7月15日，武汉革命政府的武装力量突然向工农群众开枪。紧接着，汪精卫、蒋介石一起打出"清党"旗号，齐齐向中国共产党举起屠刀。

阎锡山看出了机会，"共产党零实力，国民党实力强大""只要举一张政治的大旗，就能靠住国民党的力量。"看准机会，阎锡山立即政治上发声。"清其人（指共产党员），是不够的；清其法（法，指共产主义思想），才是根本的。"如何清其法？阎锡山迅速动手，成立"自新院"，用感化、训化的手法对

"政治犯"强行洗脑。

中国共产党是一个生命力顽强的组织，没有因为国民党的血腥镇压而吓倒，在南昌、长沙先后举起大旗，发动起义。中国共产党领导下的革命队伍，坚强地出现在中国的大地上。

这支力量目前看还很小。然而，当他们站出来对旧军阀、对国民党新军阀说不的时候，中国的命运将会在中国共产党拼搏的洪流中，发生新的改变。

在阎锡山的眼中，共产党眼下的力量太小，实在不是什么大课题，更没有必要花时间慎重考虑。

博得头彩

阎锡山瞪着一双眼睛，紧紧盯着汪精卫与蒋介石在"反共"的道路上又走到一起。

"这两股力量合流？"阎锡山产生了一个感觉，"国民党高层走向团结，国民党领导的北伐军，必定会重新启动北伐进程。"

"那我就先人一步，夺下中国最重要的地方华北。""如果晋绥军动作迟缓，那一块中国最为肥美的部分就必定成为蒋介石或冯玉祥的嘴中肉。"

1927年10月1日，阎锡山正式誓师，讨伐安国军。

"拿山全部的家当，四路大军一定博得头彩，拿下华北。"阎锡山立即启动"先发制人"计划，拿下石家庄。阎锡山下了狠心，亲自到石家庄前线督战，晋绥军立即向北京方向推进。

晋绥军进展神速，13天后，傅作义率领的部队占领重镇涿州。

这些日子以来，阎锡山脸上一直挂着严肃的表情，就像阴沉天气里凝重的乌云，现在，终于露出了笑容。

打架时，其中一方将拳头先收回来，是为了接下来打出去更有力；军事战术上，一方故意用"有序撤退招"收缩战线，从而拉长对手的进攻阵线，让对手拼命地往前跑，让对手被"胜利"冲昏头脑，然后再给对手一击——致命的一击。这种打法，"二战"中，苏德战争初期，面对德军的疯狂进攻，苏联红军先退后反攻的战术就是典型的案例。

感觉晋绥军的战线被自己拉得够长了，感觉晋绥军在连续不断的追击中也跑累了，再也挪不动脚了，张作霖发出命令，"奉军立即发起反攻。"

"强弩之末，势不能穿鲁缟也。"阎锡山咋就忘记这句话了呢？

"本来看着对方都快不行了，为什么突然之间又变得生龙活虎、斗志昂扬？"奉军没有留下一丁点的时间给阎锡山细想，立即以最猛烈的方式反攻过来。

谁也抵挡不住越战越强的奉军，晋绥军确实成了强弩之末，不久全线动摇。

晋绥军有着丰富的实战经验，已经多次在失败中撤退。这一次故伎重演，一边后撤，一边阻击，一直退到雁门关、娘子关。利用这里险恶的地理优势，不慌不忙在关隘里躲了起来。

傅作义部已经成功占领涿州城，在城里住下来，没有撤退更没有逃命的打算。有了城墙的保护，跟住在关隘里的感觉差不到哪里。

晋绥军全都撤走了，涿州城成了一座四面被围的孤城。

得势的奉军，岂肯放过大好的机会？张作霖、张学良父子俩分工合作。父亲负责调集各路大军，聚集安国军号称30万的大部队，儿子负责前线指挥，战场上杀敌立功。

安国军向着娘子关、雁门关发起猛烈的进攻，势在必得。

晋绥军也不是省油的灯。他们既有易守难攻的地势，手里又有山西兵工厂制造出来的爆炸威力极强的炸弹，一时之间，打得安国军无可奈何。

如果与涿州城战斗的激烈程度相比的话，这两个关隘的战斗，都是小巫见大巫。

发现山西那边关门紧锁，取胜无望，安国军对涿州城兴趣大增。毕竟那边有山西大后方的支援，要粮有粮，要弹有弹，你这涿州城孤悬一线，取你岂不是易如反掌？安国军集中火力，全力围攻涿州。

太原兵工厂车间

1927年的阎锡山

开始时，安国军瞧不起傅作义，只不过一再地增加兵力，用人海战术、用轮番攻击法、用日夜突击法攻城，然而，非常奇怪的是，这个失去外援的孤城就是攻不下来。

张作霖觉得奇怪，调张学良亲自指挥攻城战，调集最猛烈的火力、最精锐的部队。

一时之间，炮弹就像天上下冰雹一样落下来。四个方位的城墙全都被轰破，一个接一个的缺口出现在安国军的眼前。

当炮兵停止轰击让步兵向缺口发起冲锋时，一道奇异的景象发生了，那些缺口转瞬之间又被装满泥土的麻袋堵上。

几次反复，情况都是如此。安国军就是攻不破傅作义的城墙防线。

安国军立即丢了地面攻城战，转而挖地下工程，用打地道的办法，从地下炸毁城防工事。

安国军的想法是好的，然而，他们实在应该看一看住在城里的那位领军人是谁。

傅作义早就算定攻城的安国军要玩这一招，传下命令，"在城墙内侧挖坑埋瓮，派人蹲守听音。只要一听到对方挖地道的声音，立即针对性地挖地道搞破坏。"这一招，效率高且精准狠。接着发下第二道命令，"动员民众开挖地下交通壕，四通八达的壕沟与地面掩体相连接，形成蜂窝状、高密度掩体群。"涿州城内有数不清的相互连通的掩体，即使攻城军小股部队进了城，最终也还是破不了城。

城池一直坚守了三个月。城里的粮食吃光，许多人身体浮肿，景象惨痛。傅作义电请阎锡山派兵支援，阎锡山认定远水解不了近渴，复电"尽军人最后之天职"。无奈之下，傅作义与安国军有条件地妥协，接受改编。傅作义被软禁保定。

炸死张作霖

北边的天空，晋绥军与安国军打得如火如荼；南边，蒋介石和汪精卫也没有歇着，两人正在大玩特玩"分流"与"合流"的政治"游戏"。

在一场接一场政治"演出"中，最引人注目的是1927年8月蒋介石假意下野，用以退为进的手法暂时缓解国民党高层的内部矛盾。

在日本整整待了三个月，11月10日蒋介石回到上海。

三个月的日本之行，蒋介石成功完成两件极其重要的大事，1. 与宋美龄的婚姻大事，终于得到宋夫人的同意。这不只是人生大事，从另一个角度看，更是得到一笔重要的政治资本、经济资本。2. 得到日本政府的支持。日本将扶持张作霖转到支持蒋介石身上。

日本政府政治上转向了，张作霖的死期也就不远了，而此时，张作霖还被蒙在鼓里。

在安国军的大反攻面前，阎锡山、冯玉祥都感到非常吃力，战场形势越来越吃紧。

"南方的北伐军，说好的北伐，你们怎么还不来呢？"阎锡山、冯玉祥都很着急。

国民政府最高层眼下正在闹矛盾，蒋介石还在上海赋闲呢。

阎锡山、冯玉祥两人住在不同的地方想出同样的招，用联名的办法，电请蒋介石赶紧主持"北伐战事"。阎锡山向蒋介石隔空喊话："公留党在，公去党危，个人之去留事小，党国之存亡事大。"一句话，我们拥戴你，赶紧官复原职吧。

阎锡山、冯玉祥两人将政治翻牌的机会就这样硬生生地送到蒋介石的

蒋介石与宋美龄1927年的婚纱照

20世纪20年代的宋氏三姐妹

眼前。

蒋介石随即派人到山西，带给阎锡山一句话，"北伐军为什么迟迟未进？是因为军令不一。你可以建议政府委派一人负北伐总责，北伐军就必定进展神速。"

1927年12月11日，阎锡山与冯玉祥再度联名，致电国民政府、南京中央党部，"拥戴蒋介石为国民革命军统帅，接受其指挥。"接着给蒋介石发电，"望我兄东山再起，主持军政。"

政治上的铺垫工作胜利完成，蒋介石满面春风回到南京，复任国民革命军总司令，立即按下北伐键。

1928年3月，北伐军出兵讨奉。晋绥军被编为第三集团军。

"这一次蒋介石是要动真格的了，"阎锡山果断发出命令，"以最短捷的路线，抢占京、津。"

晋绥军迅速沿京绥线、京汉线向前推进。

与其他军队相比，晋绥军到达京、津的路线最短。晋绥军大展神功，连下石家庄、保定、张家口，对北京完成左右夹攻的态势。

日本政府找到了更有实力的"代理人"蒋介石后，迅速决定抛弃张作霖。6月4日，抓住张作霖坐火车回东北的机会，日本特务在皇姑屯路轨下面预埋炸药，将火车炸翻，张作霖被炸死。

统帅都没了，打仗都不知道为谁打，哪还有心思打仗？安国军立即失去战斗精神，奉系军迅速向东北退去。

6月8日，晋绥军攻下北京城。

北京是中国最重要的政治中心、国家最高权力的象征，蒋介石为什么放手让给阎锡山？

当时，军事上占领北京城的有两大人选。

与冯玉祥相比，阎锡山多一样优秀的品质——没有"倒戈"的劣迹。正是因为这一点，蒋介石对阎锡山比较放心。

蒋介石来到河南，就进攻北京大事，亲自与冯玉祥协商。

冯玉祥已有九个集团军，嫡系部队40万，是北伐军的大户。北伐中，西北军出力大，消灭沿途的地方军阀，现在，冯玉祥想的不只是北京，更想拥有一个出海口天津，方便西北军海外购买军火（国产军火质量低劣，军队装备全靠外国进口）。

北伐战争期间，张学良在太原与阎锡山会晤

"如果冯玉祥有了天津出海口，这支力量必然迅猛发展壮大，那将会带来什么样的后果？"蒋介石反复考虑。

"如何牵制冯玉祥？"蒋介石想出了绝佳对策，"以阎制冯"。将北京交到阎锡山的手里，而不是自己去抢夺，真正一箭三雕，1. 将冯的势力限制在西北一隅；2. 拉紧与阎锡山的关系；3. 加大冯、阎矛盾，便于从中操控。

冯、蒋矛盾从此埋了下来。

来到北京，阎锡山立即盯住天津。跟冯玉祥一样，身处内陆省份山西，阎锡山非常希望拥有这个有出海口的城市，便于海外购买军火。

阎锡山立即派亲信南桂馨赶往天津，与日本驻天津部队秘密联系。找对人才能办成事。南桂馨活动积极，日本人同意阎锡山接管天津。

阎锡山立即派人与天津附近直鲁军阀张宗昌部联络。

张宗昌有个外号"狗肉将军"。阎锡山派出人手，调查"狗肉将军"的爱好，发现他对金钱、美女特别感兴趣，迅速制订金钱收买方案。

收下巨量黑礼，张宗昌答应阎锡山的要求，同意晋绥军入驻天津。

6月12日，晋绥军风不生水不起地顺利接收天津城。

蒋介石来到北京，脚一落地，当即委任阎锡山兼任平津卫戍总司令，用官方认可的方式，肯定阎锡山的伟大功绩。蒋介石紧接着做第二件大事，将北京改名为北平。改名大动作，绝不是拿来玩的，蒋介石用意明显，就是要让住在北京城里的阎锡山一看便知，他要的是那个"平"字，而绝不是那个"京"字。

现在晋、绥、察、冀四省再加上平、津地区，都是阎锡山的天下。北平的政治意义、天津的出海口意义，非比寻常。阎锡山成为北伐真正的大赢家。

如果只是有了这么些地盘就满足了，阎锡山也就是一稀松平凡之辈。站在这个高高的平台上，阎锡山的眼光看到了更广阔的天地，望到了更遥远的地方。

第八章

蒋桂大战、蒋唐大战、蒋冯大战、蒋阎大战

削藩

中国统一了！

旧军阀余部尚在，蒋介石已经看出来了，"无论如何，他们已经兴不起大的风浪"。

站在统一的高台上，1928年6月15日，蒋介石正式宣布"军政阶段"结束，国家进入"训政时期"。10月3日，蒋介石发表"训政阶段"宣言，国民政府由五院（行政、立法、司法、考试、监察）组成，实现孙中山"五权分立"国家体系的设想。

西北方是冯玉祥的天下（青海、甘肃、宁夏、陕西），山西、察哈尔、绥远、平津，阎锡山在那里发号施令，广东、广西、湖南、湖北在李宗仁等人的掌控之中。统一是表面的。这些军阀，史称新军阀，蒋介石也是其中的一位。

这种"表面统一、实则沟壑高深"的政治军事体隐藏一个可怕的特性——极不稳定，就如冰面上的一个铁球，一点小小的震动，就有可能滚动起来。

"现在，最大的挑战是必须拿出切实的解决方案。"蒋介石心中清楚，这个方案，可以是平衡各方力量的软方案，也可以是用铁拳再一次征服天下的硬方案。

蒋介石的办法很有创意，"用软鞭子削弱地方实力派"，可称之为软招削藩。

用政治的手法削藩，也即软刀子削藩，蒋介石立即走动第一步棋，把各路实力派的头目聚集到一起。

借祭奠孙中山总理亡灵的名义，蒋介石把各派新军阀的头头脑脑们一一请到北平。

祭奠亡灵之后，蒋介石安排一个节目，请大家在会议室里坐下来，讨论北伐战争的善后事宜。说白了他就是用政治思想工作的方式请大家交出地盘，交出手中的军队。

该说的话都说了，该做的思想工作都做了，蒋介石发现，"口水说干了，也没有一个人响应精心策划的倡议"。

"一次不行，那就再来一次，在南京召开正式的会议。北平讨论会算是吹风，南京会议就从形式到实质，全面摊开。"

会议的名称很重要，"编遣筹备会、国民党二届五中全会"，用筹备会来讨论编遣事项，用国民党全会来宣布编遣方案。

各地军政要员，头头脑脑们来了不少。

大家心情轻松走进会议厅，突然看到大厅正中高高飘扬的"削藩"大旗，所有人的笑脸立即变成苦脸。讨论会迅即转向，变成争吵会。所有的头头脑脑全都表明差不多同一个态度，激烈反对"削藩"。

在所有人的眼中，会议极其重要，涉及大家的切身利益。然而会上独独不见阎锡山的身影。

阎锡山缺席会议并拿出一个正当的理由，"父病侍疾"。

有人直接跑来责问阎锡山："他们都在会上争，你不去为自己的利益而争，我们山西必定吃亏。"

阎锡山说："蒋介石、冯玉祥、李宗仁，无论是削藩，还是单纯军队上编遣，一定会产生矛盾，不可调和的矛盾；若顺着冯、李，必得罪蒋；若顺着蒋，必得罪冯、李；任他们闹吧，等需要咱们的那一天，再去不迟。"

阎锡山派了一名亲信到南京，探听风向。果然，会议除了争就是吵，无果而终。

"软鞭子失灵？"蒋介石非常失望。

"这个世界上，还有没有办法摘除这些'藩王'的兵权？"

"古代帝王在给儿子们封藩时，让他们将孙子留京，也叫人质法。为什么不可以高仿古代帝王们成功的做法？"

1926年11月，赵戴文在太原迎接来访的瑞典王储古斯塔夫六世（即后来的瑞典国王）及王妃路易斯

　　"两次会议，无非就是'地盘留给你，军权交给我'，你们都不能接受，那么'地盘、军权都留给你，人身自由交给我'，是不是能够接受这个规则？"

　　1928年10月10日，蒋介石"人质法"新方案策划成熟，立即走出第一步棋，给各地实力派首领加官晋爵。任命阎锡山为内政部长，李宗仁为军事参议院院长，冯玉祥为军政部长。

　　看到人家都兴奋地收下这些委任状，蒋介石从容做出决定，走第二步棋，发出一个新政新规，"无论是谁，在中央政府任职，本人就必须长期驻京"。

　　在中央顶层任职，就必须处理国家大事，当然就必须在京城上班。理由正当，合情合理，更合政府新法律的规定。

　　这个小伎俩，在阎锡山这样老谋深算的人眼前，就只是小儿科。

　　阎锡山一眼就看穿蒋介石的用意，立即想出一招：保荐亲信赵戴文任内务部次长，代行内政部长职权，让赵戴文长驻南京。

　　在南京，在蒋介石的身边，阎锡山堂而皇之插进了一个"视频探头"，打探蒋介石的一举一动，及时向太原发回报告。

　　"不但没有达到目的，还被这些人利用了一把"，蒋介石暗自苦笑。

　　"不战而屈人之兵，善之善者也"（孙子兵法）。饭桌前，酒局边，花园里，蒋介石终日在想，终于想出一个不战而胜的妙招。

蒋介石再一次郑重发出军事编遣会议通知书，要求各位军事首脑这一次务必参加。

阎锡山上次用"父病侍疾"招巧妙地躲开，这一次，不可能故伎重演。"这样的会议既然是躲不掉的，那就不如主动出击一次。拿出一个有利于自己的方案，试试各方的风向。"

怀揣着方案，阎锡山准备上路。突然，一道难题挡在了眼前。陆路坐火车去南京的话，必定经过其他地方军阀的地盘，这之间会有什么样的变数？实在难以预料。

多条路线反复评估后，一条相对安全的路线浮出水面，"走海路。由天津港出发，从海上，从长江，坐海船过去"。

什么样的海轮，才是安全的船？阎锡山决定，承包一艘两千吨级的轮船（新华轮）。

阎锡山顺利地到达南京。然而，诡异的是新华轮在返航途中，在长江触礁沉没。阎锡山在南京开会，听到这个消息，脚板底下顿时生出一股凉意。

如何才能安全地返回天津港口？如果再承包一艘大吨位的轮船，不也同样有可能在长江里触礁吗？小问题没能难倒阎锡山聪明的脑袋。返回时，阎锡山团队承包两艘船。当一艘出现故障时，另一艘随行的船立即救援。

周密细致，谨慎小心，果然是成功者手中的要素。

"你们不是喜欢在会上争吵吗？那我就念动'挑'字诀，挑动你们互相争吵，然后一定有属于我的机会。"阎锡山想。

军事编遣会议开始了，蒋介石安排冯玉祥第一个出场发言。

冯氏方案强化一、二集团军，弱化三、四集团军。

果然如蒋介石所料，冯氏方案一出台，立即遭到三、四集团军的激烈反对。

蒋领导接着使出第二招，派何应钦找阎锡山私下聊天，提出"四个集团军之外，另加中央区"的构思。

"你蒋介石不就是要我照顾你的中央利益吗？那我就提出一个四集团军加中央区方案，打一个力量平衡的拳法。我们五个人实力上平起平坐。"

阎锡山摆出"平衡法方案"，得到了多数人支持。

蒋介石与冯玉祥摄于1928年，此时因裁军问题二人已是貌合神离

会议期间，阎锡山发现，自己突然得到蒋介石一个非常特殊的礼遇，蒋介石频频请自己会餐。餐后的密谈中，阎锡山听出蒋介石一个心事来——对冯玉祥不满。"这实在是一个令人玩味的信息啊。"

阎锡山现在还没有时间来琢磨这其中的价值到底高到什么程度，有更重要的事必须立即就做，对蒋介石时刻做到毕恭毕敬、极其小心。原因简单，"老虎的不满一旦落到狐狸的头上，岂不是天都要塌下来了！"

经过讨论，会议决定成立全国编遣委员会。委员会出台一份文件《国军编遣委员会进行程序大纲》。《大纲》里有一句话："全国军队的一切权力全部收归中央，各集团军领导不得自行调动军队、任免军官。"

"这是什么意思啊？"看着拿到手的这份文件，各派首领一下子像跌进了冰窖。人家立即停止所有的争吵，相互拉拢，共同配合，极力达到一个目标，即抵制编遣会议。所有地方派系领导由编遣会议的参加者，一时之间大变，全都变成会议的抵制人。

看着眼前的重大变化，蒋介石得出结论："软鞭子是不可能让军阀们交枪、交地盘的，那就只有来硬的。"

"第一刀该刺向谁？"

"柿子选软的捏。"各派新军阀中，桂系实力相对较弱。

蒋介石将眼光盯上李宗仁。

接下来，寻找一个出兵的正当理由很重要。打别人一个耳光之前，一定要向路边的人高声说出为什么要打他，否则，围观者一定不答应。

要在一个人身上寻个把毛病，实在不是一件太难的事。很快，一个正当的理

阎锡山和白崇禧

由就被蒋介石找出来了。

"在没有得到中央同意的情况下，桂系就随意免去中央任命的湖南省主席。"

1929年2月，蒋介石军事准备全面完成。

战争的乌云，已经密布天空。李宗仁找到了应对蒋介石的办法："我们桂系打不过你中央军，冯玉祥、阎锡山，单打独斗也不是你的对手，我们三个联合起来呢，三个打你一个。你要率先动武的话，岂不是自找死路？"

李宗仁迅速派出代表找到阎锡山、冯玉祥："蒋介石今天打掉的是我们桂系，下一个要打掉的，不就是你们吗？我们一起行动，大家抱团取暖。"

冯玉祥早就对蒋介石三番五次削藩的做法大为不满，当即答应李宗仁的代表："蒋介石要打你们，就是在打我们，我们一定出兵。"

接待李宗仁的代表，阎锡山不动声色，哼哈应对。

"这场战争中，谁是赢家？"这几天，阎锡山一直在算这笔账，"一边是蒋介石，一边是李宗仁、冯玉祥，这场战争的胜败，还真是难以预测。"

战争的第一枪打响时，阎锡山突然算出了结果："桂系、冯系与蒋系搏杀，一定是个败局，加上我的力量，也难以打成赢局，最有可能的是打个平局。等到局面再次平定下来，蒋介石的下一个目标，就一定是我们势力相对弱小的山西。"

"反过来，如果我的力量放在蒋介石这边，就跟定了一个赢家。"

蒋介石与李宗仁和白崇禧

得出结论，阎锡山立即行动，发表通电："拥护中央政府的正确决策。"

冯玉祥正在做出动大军的准备动作，计划抄蒋介石的后路。突然发现阎锡山变卦，冯玉祥立即按下暂停键。"山西力量加入蒋系的话，桂系一定胜利无望，即便有我们西北军加入其中。"

桂系孤军奋战。

战争从早春2月打到5月，天气越来越热，桂系军队拼力死扛，最终还是打不过实力强大的蒋系中央大军。

桂系全军覆没，李宗仁等首领逃往海外，走上流亡避难路。

"胜了！"豪华大宴会上，蒋介石高举酒杯，喜形于色，亲自向每一位将官敬酒。

"经历风雨，终于是见到了彩虹"，蒋介石感觉非常好，"那就沿着这条成功大道，一路狂奔。"

"下一个目标是谁？"蒋领导一眼就选中了冯玉祥。没有什么真正的理由，"早就看不顺眼"就是足够的理由。

连方案都用不着细细策划，一切按照现成的套路出牌，第一步，寻找冯玉祥的不是，制造出兵的理由和借口。

通过各种媒体，利用各种宣传途径，蒋介石团队散布出去各种各样的言论，这些言论又全都对准一个目标："冯玉祥勾结苏俄。"

完成了政治铺垫、宣传造势，蒋介石立即走动第二步棋，启动军事动员工作。一天都不能等，不给冯玉祥任何求得解套的机会。1929年5月7日，蒋介石发布讨冯总动员令："欲消弭内乱，非铲除军阀不可；欲铲除军阀，非扑灭封建地盘思想不可。"

蒋介石之所以信心十足，有一个内幕一直处于保密之中：通过运用黄金黑手，通过地下暗道，蒋介石成功收买到冯玉祥的两大心腹。

果然如蒋介石所料，22日、23日两天，韩复榘、石友三接连发表通电，拥戴蒋介石，脱离他们的老领导冯玉祥。

战事未开就已经成功让对手后院起火。"天助我也"，蒋介石非常高兴，"这把火一下子烧到了冯玉祥的心坎上，他还能有斗志吗？"

是谁都受不了这样的打击，冯玉祥也不例外。"是打还是降？"冯玉祥一下子陷入惊慌之中。

眼前的一幕幕，阎锡山看得心惊肉跳，"蒋介石用这样的阴招，一旦搞倒冯玉祥，那下一个目标，不是我，还能是谁呢？"

迷惑冯玉祥

阎锡山坐在家里，一边看蒋冯明里暗里掐架一边思考，突然，一个主意冒了出来。

"我只要发一封电报，就让蒋介石的全盘计划化为泡影。""蒋介石吞下冯玉祥，下一个目标一定是我，这封电报，想不发都不行。"

阎锡山立即发电，劝冯玉祥出洋，"避避风头"，"我愿意陪着你一起出国，周游世界"。

接到这封电报，看着寥寥数语，冯玉祥悟出了内里乾坤："阎锡山这一招实在是妙，不只是救了我冯玉祥，还同时救了他阎锡山。"

"我只要发表下野加出国旅游的通电，蒋介石就失去向西北军动武的借口。而阎锡山陪同我出国旅行，这就向蒋介石表明，西北军与晋绥军连成一体。在这样的实力面前，他蒋介石敢用武力动摇我们？"

1929年5月27日，冯玉祥发表下野通电，随即宣布："应阎锡山相邀，一起出国考察。"

6月21日，冯玉祥带着妻子儿女来到太原，到达出国旅行的第一站。

阎锡山举行隆重的接待仪式，特意将冯玉祥一家安排到风光秀丽的晋祠（太原附近的名胜）居住。接着派人到天津预订出国的船票；再接着给南京国民党中央发电报，要求南京统统撤除先前给冯玉祥的那一堆处分，如革职、开除党籍等。

蒋介石的一生看过无数电报，这是一封他最不想看到的电报。

"西北军、晋绥军两股势力一旦结为生死夫妻，那就一定生下一个让人恐怖的儿子。""这两人一旦出国，一定不会只是旅游，更不会闲着，在国外寻找与英美日势力联手的通道，成为外国力量在中国新的代理人。""那样的话，我蒋介石就有可能被美英日抛弃，最后的结局就一定等同于张作霖。"

想到这两个层次，蒋介石一分钟都坐不住，立即动身，以最快的速度飞到北平，"在这里一定要也一定能堵住他们俩出国的通道"。

脚一着地，蒋介石当即派孔祥熙带上亲笔信，邀请阎锡山到北平来商谈"西北善后相关事宜"。

"光是西北善后四个字，阎锡山那人，眼珠子都突出来了。"想了想，还是觉得力度不够，"由中央常委，五位院长出面，写信给阎锡山，劝他不要急着出洋。"蒋介石又想了想，觉得力度还是有点不够，"运用媒体的力量，用舆论的压力"。

6月28日，官方媒体以社论的方式，发表重磅文章，以西北有大事要紧急办理为理由，指出"阎锡山要以党国为重，这个时候不能也不应该外出旅游"。

阎锡山是否应该出国旅行，一时之间，成为重大媒体、社会舆论关注的焦点。

看到自己的身价猛然之间被蒋介石给涨了上去，再看看自己手里有个重要的宝贝冯玉祥，突然之间，阎锡山产生了一个感觉，"这一次，跟蒋介石之间，在分量上有一拼"。再看看北平，在晋绥军的控制之下，岂能不是另一个有相当分量的筹码？"现在就去北平。既然蒋介石放出风来，那就跟他好好谈谈西北的善后事宜"。

中国的大西北，阎锡山做梦都在想的一块大肥肉。"西北军的领导人捏在我的手掌心，南京最高领导层都在正面提及这件事，要是不吃下这块肉，岂不要被人骂成是傻瓜？这样轻松吃肉的机会天底下哪里能找得着？"

"蒋介石动手赶来的大肥羊，赶到我家圈里来了，现在又提议拱手送给我，我为何不接受呢？"阎锡山算出这个可能性。然而，另一个想法不停地在阎锡山脑中闹腾。"好东西最高领导一定不会亲自送上门，一定是凭实力到他那儿去争取才有可能得到的，那么，该如何去争去夺？"

思想进到这一层，另一个再浅显不过的道理立即爬了出来，"他怕了你，才会把快要到手的果实给你，他如果都不拿正眼瞧你，还会把好不容易弄到手的真金白银给你？"就如非洲大草原上的豹子，它追到嘴的野羊，如果不是一大群非洲野狗拼命去抢去夺，它会主动放弃？

"那就必须亮出自己巨大的獠牙，狠狠地吓住对方，唬住对手。"接下来该如何行动，阎锡山心中有数了。

双方认真地、详细地商谈西北善后事宜，阎锡山礼貌却坚定地说出一句准备好久的话："我这一次一定要和冯玉祥出洋，看看外面的世界，那里一定很精彩。"

听到这话，蒋介石头脑发晕。

阎锡山十分清楚蒋介石最怕的人是谁，不是冯玉祥，也不是我阎锡山，更不是共产党、人民群众，而是他背后那个蓝眼睛、高鼻梁，手中有钱有枪有炮的高大的身影。"只要我跟冯玉祥与外国政府里的某些洋人紧密携手，蒋介石的屁股就一定比被开水烫了还难受。"

看到蒋介石坐在那里不动声色，看到扔在桌子面上的那句话没有能够逼出那个想要的东西来，阎锡山有一个感觉，"这人还真的不见棺材不流泪。"

借口生病，阎锡山住进德国医院，决意不再跟蒋介石磨嘴皮。

蒋介石反复掂量，感觉阎锡山如果真的与冯玉祥出洋了，变数就一定会像大海底下的礁石，没法看清，没法数清。

蒋介石一手带着礼物，一脸带着笑容，亲自来到医院看望病人，"只要你扣住冯玉祥，软禁在山西，冯的地盘、冯的军队，就由你接管。中央委任你为西北宣慰使，兼职办理西北军善后事宜。"

"我要的就是这块大肥肉。"

阎锡山爽快地答应蒋介石的交换条件，"我已经扣留冯玉祥，现在西北事务这么忙，看来想出洋旅游也没有时间"。

不费一弹一枪，仅仅靠一张算盘、一封电报，阎锡山就得到西北的大地盘、西北的军政大权。

"必须迷惑冯玉祥。"

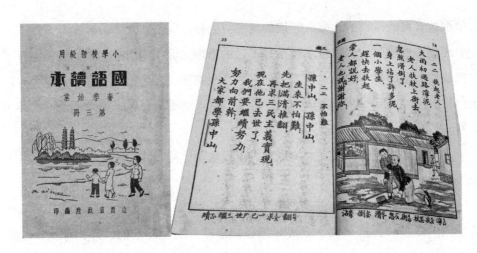

阎锡山统治时期，山西省政府编印的小学国语课本

迷惑一个人并不难，何况是一个被蒙在鼓里的人，然而，要迷惑到他一举一动完全配合自己，那就非常难。毕竟人家的地盘上住着人家的军队，要去把它变成自己的，还得下一番功夫。这其中，就必须要冯玉祥与自己唱配合戏。

犹如赌场的赢家，对手虽然把他的房产、他家里的人都输给了你，契约也签了，但要把那房子、那房子原来的女主人、仆人真正变成自己的，绝不是一件简单的事，这就要输钱的赌徒完全配合。何况手上这位输钱的"赌徒"还不知道他的房产、他房产上的人、财、物已经被他的"上司"过户给别人了。这就要用到一个词：骗，阎锡山立即上演骗剧。

第一场，在外表上，阎锡山装出一副与冯玉祥共沉浮的样子。

当着冯玉祥的面，阎锡山再一次郑重其事电告南京政府，声称自己这一次一定要出洋，"与冯玉祥一起共济艰难""锡山若不同行，冯总司令纵能谅解，岂不卖友自利？其部属众多，岂能求其共谅？"言辞恳切。

说明一下，这场戏是阎锡山与蒋介石先前串通好的，俗称演双簧。蒋介石非常配合，派出人手来到太原，跑到晋祠，当面苦劝冯玉祥不要出洋。

阎锡山、蒋介石的目的只有一个，麻痹冯玉祥，劝住冯玉祥，打消出国的念头。

接着，骗剧第二场上演。阎锡山假装生病，住进医院。他的意思清楚，虽然有出国的行程，但是眼前身体不行。

紧接着，骗剧第三场顺利开演。阎锡山向驻南京各军代表发出通电，"军民危难之秋，维系之道，端在信约"，"我已决定，在重大关键时期，以维护军民利益为重，就不去外国旅游以饱自己私人的眼福"，"此际虽欲力践前言，亦不可得。"这就向冯玉祥解释了这次为什么不能实践跟他一起出国的"前言"的政治原因。

用着冠冕堂皇的言词之后，阎锡山出演了骗剧的第四场，退船票，不谈出洋的事。阎锡山"身体太差"要住院，工作太忙，现在没有一丁点的时间与冯玉祥见面聊天。

阎锡山的算盘敲得精到，然而，无视了一个人——他的对手，这位冯先生、冯总司令，绝不是一般的人，不只是战场上呼风唤雨的人物，也是政治角斗场上几起几落的人物，哪样世道没有见过？哪样的勾当没有干过？

眼下，冯玉祥被迁居到一个偏僻的不起眼的村庄——五台建安村。村子的周围布满警戒部队，差不多与世隔绝。虽然负责保安的人只是卫队级别，然而，带队领导的官职却大得吓人——师长，借保护之名，行监视之实。

还只是听到蒋、阎北平会晤的消息，冯玉祥的慧眼就立即盯住这一场接一场的把戏，吃惊、气愤。让自己感激不已、感天动地的盟兄弟居然是一个卖友求荣、背信弃义的家伙。

冯玉祥做出决定，一定要去太原见阎锡山一面，当面问个究竟，当场弄清曲直。管你师长说尽千般好话万般苦楚也不行。

汽车刚刚开出村子，就看见一个人，卫队师长跪在汽车前行的路上。无论司机说任何话，就是不起身，"只要冯总司令一出村子，我还有整个卫队，就一定会因为没尽到保卫的职责而被军法处死。"

不听还好，越听冯玉祥越生气。忍无可忍中冯玉祥直接接过汽车的方向盘，让保卫下车抱住卫队师长，一踩油门，自己将车开出村子，朝太原方向急驰而去。

卫队师长实在是个极度聪明的人，如果不是脑瓜子好使的人，也得不到这艰难异常的差事。卫队师长立即启动早就准备好的第二方案。电话通知前方驻军，在通往太原的公路上，立即开挖深沟。

真正是毒辣的一招。路断了，又没有马，从这遥远的地方步行去太原，几乎是不可能的事。除了调转车头，还能有什么办法？真是啥办法也没有。

伤心之际，恼怒之中，冯玉祥突然想出一个办法——化装潜逃。只要逃到陕西潼关就成了，那里有西北军驻扎。这的确是一个好计谋，但再细细算计下来，冯玉祥发现这几乎是不可能的事。从五台到潼关有一千多里地，而且，冯玉祥身材高大魁梧，容貌再怎么改装都可以，身高是无法隐蔽的，这样的目标极容易被阎锡山的追兵发现。

恼怒之后，冯玉祥慢慢地冷静下来，开始细细分析当前的局势。

"我之所以被蒋介石、阎锡山捉弄，无非就是这两人由相互猜疑变成相互利用，我成了他们俩的筹码。那么，为何不可以用同样的手法玩弄他们呢？无非也就是我的利益如何排列，改变一下排列方式，一定会立即改变局面。那就从这里下刀子。"

冯玉祥立即给宋哲元（留在陕西主持西北军务）发电报，授意他做一件事，"赶紧派出重要人手去南京，面见蒋介石，表示西北军归附蒋介石。"

"天上掉馅饼，岂有不捡的？"

蒋介石兴奋起来，一边派人手到西安特别慰问冯总司令，一边给西北军发给养，一边将因冯玉祥事件而受到影响的西北军将领鹿钟麟召回南京，授以军政部部长的高级职务。

突然发生的惊天巨变，阎锡山看得目瞪口呆。"如果西北军与蒋介石走到一起，这两家结盟，下一步，被孤立的将一定是我山西。再进一步，蒋、冯联合进攻的话，我阎锡山一定遭受灭顶之灾。"

该如何应对突然而至的寒流？

"还有一条路子可走，挑动冯玉祥去打蒋介石。"

"只要冯、蒋打起来，我一定坐收渔翁之利。"

刚刚打定主意，阎锡山突然接到南京发来的一份会议通知。

在南京，蒋介石正在着手准备召开第二次编遣会议。

阎锡山立即派出代表探听行情。

代表反馈回来的情况十分糟糕。

有了打败桂系的本钱，有了冯系的依附，与第一次编遣会议的口气相比，蒋介石显得底气十足、态度蛮横。蒋介石对外宣传用词："不裁兵的就是新军阀、反革命、历史罪人！"反动的政治大帽子就像冰雹一样往一些人的头上砸过去。蒋介石正面声明："这样的派系，一定要被彻底歼灭。"语气之强硬，没有一丁点商量的余地。

阎锡山感受到阵阵寒意。"太明显了，蒋介石的枪口除了对着我，天底下还有谁呢？"

想来想去，没有能够想出好的办法。阎锡山决定先投石问路，看看蒋介石对自己到底是什么样的态度，是否旧情还在，是否网开一面？

阎锡山轻飘飘地提出"辞去山西省主席职务"。

只要蒋介石还挽留，那就有周旋的余地。毕竟，大家都在同一屋檐下，大大小小的军阀全国还多着呢，虽然自己处于顶级位置。

内容简单的辞呈刚刚递上去，蒋介石当即以最快的速度批准，而且迅速任命商震为山西省主席。

阎锡山彻底明白自己在蒋介石心目中的位置、分量。一只手捏成拳头，狠狠地擂着桌面，阎锡山在心中骂道："蒋介石那个薄情寡义的人，那是一定要彻底推翻我打倒我，而且还要狠命地踩上一脚。""身后已是万丈深渊，除了自己救自己，没有任何的退路。"

"那就只有一条路可走——拉拢冯玉祥"

"一个被我按倒在地上打的人，现在又要去取悦他进而拉拢他，可能吗？"

人只要厚着脸皮，做事成功的概率就大些。当然，做事，特别是难做的事，那是一定要讲求方法的。

对软禁中的冯玉祥，阎锡山志在必得，耐心等待中秋节晚上的来临。

这是一个中国人讲团圆的特别节日，这一天的晚上，阎锡山去看望冯玉祥，就把"兄弟"感情放在了第一位。那些不该说的话，就请放在感情的河沟里烂掉吧。这是一个让中国人动感情的夜晚，塑造一个纯感情为主题的二人世界，大家不再理性地思考。这就行了，今晚只讲兄弟情、朋友谊。

"无论是谁，有多大的怨气，总不会对着大堆的礼品骂娘的，总不好意思对着大堆的礼品发脾气的。"看着阎锡山送来的堆得像小山的礼品，冯玉祥坐在椅子上冷笑了几声，没有起身去迎接。

满脸堆着笑走进门，阎锡山一口一声亲切地喊着"大哥好，中秋节好。"

"小弟是向大哥请罪来了。""我冷落大哥了。""我也是迫不得已啊。因为如果不用这种办法来迷惑南京，我这小小的山西就一定要被南京吃掉。"

"让小弟想不到的是，这事让大哥生疑了。在外人的眼里，我也成了忘恩负义的小人。"说着说着，说到伤心处，阎锡山声泪俱下。

当着冯大哥的面，阎锡山坚决地表示，"大哥肯原谅小弟的话，我跟大哥跟到底，坚决一起反对蒋介石。绝无二心！"

冯玉祥的目标是拆散蒋阎联盟。从阎锡山的"表演"中，冯玉祥看出来了，宋哲元在南京的活动非常成功，"目标已经达到"，那么就顺水推舟，说些不计前嫌、合力反蒋的话吧。

两人商量出一堆想法：1. 冯玉祥继续留在太原，便于随时与阎锡山沟通、协商，共同策划反蒋的具体战争事宜；2. 冯玉祥遥控西北军，首发反蒋战争；3. 阎锡山随即起而响应。

"一前一后两颗重磅炸弹，把蒋介石炸沉在太平洋洋底。"

"吃一堑，长一智"，我们今天的人非常认可的这句话，在冯玉祥这里却没有发挥出作用力。"阎锡山已经耍了一次滑头，不可能再耍滑头，再相信他一次。"

一个油滑的人，真的不能相信。从油滑成性的人嘴里说出来的话，应该打问号，而且要多打几个问号。

冯玉祥已经做好战争部署。

西北军的速度真是快捷。中秋节刚过几天，1929年10月10日，以西北军宋哲元为首，众多将领联名发表通电，"拥冯、拥阎，反蒋。"紧接着，西北军向着驻扎在河南的蒋军猛地扑了过去。

蒋介石见过的战争实在太多太多，而且是一场接一场的战争，实力一步步增强。得到战事再起的消息，蒋介石不慌不忙，第一步，亲任总指挥，第二步，调集部队，部署兵力，迅速投入残酷的战斗。在河南战场，双方随即展开血肉横飞的厮杀。

战场上，相互之间，有进有退。一个多月里，打得不分胜负。战争双方进入胶着状态，即战争相持阶段。这个时候，最需要第三方力量的加入。

"阎锡山的军队去了哪里？"仗打了一个多月，咋就没有看到阎锡山军队的影子，没有听到晋绥军的枪声？真实情况是，晋绥军没有出一兵一卒，甚至没有当西北军的啦啦队，而是当起了旁观者，精准地说，类似于评委。

如果只是评委也就罢了。阎锡山在不停地跟蒋介石暗中做小动作，暗通往来。

"为什么要这样玩冯玉祥？"眼下，蒋介石正在遭受来自西北军的压力，阎锡山认定，"这正是天下难得的好机会，接受蒋介石笼络的大好机会。""鹬蚌相争，我渔翁岂能不得利？"阎锡山的算盘打得精精的。

果然如阎锡山所料，蒋介石将"利"——送到阎锡山的桌上。他先是给阎锡山举荐到南京政府的人授以重要的职位，接着，将内政部长赵戴文升为监察院院长，再接着，授予阎锡山陆海空军副总司令头衔。

阎锡山在冯玉祥面前那些慷慨激昂的誓词、信誓旦旦的承诺呢，他早就丢到太平洋，沉到洋底了。

如果只是忘记也就罢了，现在又有了全新的举措。坐上陆海空军副总司令的交椅后，11月上旬，在北平，在太原，阎锡山相继召开"讨逆大会"，高举拥护南京中央政府的大旗。

任何盟友也经不住这样的打击。听到这些个消息，西北军高层犹如五雷轰顶，一下子失去战斗下去的勇气。

1929年11月22日，西北军宣布失败，全军撤回陕西。四十多天的战争结束。

西北军打了败仗，输家；蒋介石打了胜仗，赢家；阎锡山不费一兵一卒，由原来的冯、蒋联盟的死敌变成胜利者蒋介石的座上客。

护党救国军

阎锡山正在忙着坐收渔翁之利，另一个同样利好的消息送上门来：另一只鹬也在河边与蒋介石这只蚌争起来了。

这只鹬叫唐生智。

就在西北军与蒋介石打得不可开交时，1929年10月，唐生智（北伐战争时任国民革命军前敌总指挥兼第八军军长）下定了反蒋的决心。

为什么当年一起北伐的老同事、老部下、老战友一定要反对蒋介石呢？

两口怨气唐军长无论如何咽不下去：1. 与蒋介石的嫡系比，唐生智部属于"杂牌军"，一直以来受到蒋介石的排斥和算计。唐生智的日子越过越不好过，越过越不是滋味。"日子已经没法过了，人生事业没有一样能熬得出头，想不反都不行。"就像亲娘养的儿子又疼又爱，后娘养的儿子，累事苦事脏事全是他做。2. 蒋桂战争打起来的时候，蒋介石在下达进攻桂系的命令时，给出了一个明确的承诺，"赶走桂系，湖南就归唐生智打理。"桂系赶走了，蒋介石却完全忘记了事先的那个承诺，湖南的事提都不提。唐生智气得大骂，"这都是什么领导？自己大碗吃肉，别人啃根剩下的骨头，本来答应好好的，硬是不给？"这样的人当领导，必须推翻，一个月都不能等。

蒋介石如此这般不把杂牌军当兄弟看，唐生智无论如何都静不下心好好工作。唐生智一直寻找反蒋的机会。突然发现，有一个人从外国回来，唐生智认定，"反蒋的机会上天这一次是送来了。"

汪精卫从国外回来。

在反蒋道路上，唐生智、汪精卫一拍即合。汪精卫需要武力，唐生智需要政治力。两人迅速做出决定，互相取长补短，携手发动反蒋战争。

如何反蒋才能成功？汪精卫盯上阎锡山。

"阎锡山表面上对蒋介石十分恭敬，实际上，军阀的心肠都是一样的，背后一定埋着一根反骨，只不过在等待成熟的条件而已。""我在国民党中的威望值，一定能撬得动阎锡山那个滚动性很强的圆球。"

汪精卫将反蒋的细手缓缓伸出，果然不出所料，阎锡山当即紧紧握住，一口答应"跟定汪精卫做成反蒋大事业。"

阎锡山主动提出，"山西拿出50万元大洋，作为联合反蒋的首笔军费。"

拿到部分钱款，汪精卫立即产生强烈的感觉，"阎锡山反蒋虽然是被动受邀的，却是非常积极、最为坚定的，一定成为反蒋阵营的中流砥柱。"

作为反蒋战争的风险投资人，阎锡山投下50万元大洋的条件还是有的：1. 反蒋通电由阎锡山方面拟定，由唐生智在郑州发出；2. 山西随即响应通电；3. 反蒋军队人事安排：阎锡山为总司令，唐生智任副总司令。

有了阎锡山这个硬招牌，有了阎锡山打到反蒋账户里的资金支持，汪精卫、唐生智便能更高效、更有力地开展地下活动。1929年12月初，蒋介石体系内部，受排挤的杂牌军将领已经有七十多人秘密齐聚汪唐反蒋大旗之下。

所有人都在心热热、意切切盼望阎锡山的秘书部门用他们的神来之笔写出一篇慷慨激昂的反蒋通电檄文，然而情况有点怪，一等再等就是等不来。

"拟篇檄文有这么难吗？阎锡山拿出50万元反蒋资金出手如此之快，而写篇反蒋檄文如此之慢？"唐生智觉得已经没有时间来研究阎锡山深层次的原因，因为这么多杂牌军的首领，已经急不可耐。

"人多嘴杂，时间拖长必定走漏风声，到了蒋介石有所察觉，有所准备之时，反蒋起义就必定走向失败。"在军阀斗争的道路上，蒋介石几乎就没有打过败仗，差不多全是胜仗。"对付运气这么好的人，除了突然袭击，几乎没有第二条取胜的道路。"

"那就不等阎锡山那边，我这就动手寻找写作高手，赶紧写篇反蒋檄文。"

唐生智很快就拟定反蒋通电的檄文，随即在郑州发表。

长长的反蒋檄文里，大量的篇幅大骂蒋介石，在一个短短的段落里，唐生智做了一点手脚，与阎锡山事前的约定有点小小的出入：檄文在结尾处宣布唐生智为"护党救国军"总司令，阎锡山为副总司令。

一个不起眼的变化，除了阎锡山本人外，没有引起任何人的注意。

蒋介石团队高层中，多数人认为，这一次蒋介石一定难逃厄运，"冯蒋局势正在紧张地对峙之中，又突然冒出内部造反。只要阎锡山当即从旁边砍来一刀，三刀下去，他蒋介石能耐再大，也难以孤立应对。""内外交困，他没有出路可走。"

掀翻蒋介石，此时是最好不过的时机。现在一切就看阎锡山如何行动。

"我这里拿出50万元，绝不是拿来玩的，绝不是用这笔钱、用自己的人马来换什么副总司令。"阎锡山标定总司令的价码，也绝不是天上掉下来的无根木。"华北在我的控制之下，北平在我的手上，西北军的首领人物冯玉祥捏在我的手掌心里，国家大舞台上，我已经有充分的资格对蒋介石取而代之。"

"你唐生智那点可怜的地盘，算个什么？你也有资格当总司令？"

阎锡山绝没有想到，唐生智居然念动抢字诀，仓促之间硬生生地抢走了总司令的大帽子。阎锡山痛苦地看到，自己美妙的设想全部落空。"如果反蒋成功了，唐生智成功了，我不还是为你打工？今天我已是蒋介石的超级副手，为啥我要去你那当第二把手？"得到唐生智没有按协议行事的消息，阎锡山极其恼怒。

此时阎锡山正好收到一封电报。

电报来得正是时候。来早了，不会起作用，来迟了，阎锡山或许另有打算。人算不如天算，只能说蒋介石对时机的把握，计算得相当精准。

"弟德薄能鲜，致有今日，不知吾兄何以教我？"蒋介石的这封电报加在一起就是三个字——低姿态，以此来亲近阎、拉拢阎。

与电报一起来的，还有阎的亲信赵戴文。蒋介石特意请他来当拥蒋反唐的说客。

"取代蒋介石，那是一定的，是迟早的事，但是眼前时机还不成熟。"

"利用蒋、唐大战的机会，捞上一票，一定利大于弊，一定有利于壮大晋绥军实力。"

赵戴文的话，句句说到了阎锡山的心坎上。

阎锡山做出决定，复电蒋介石，"拥护中央，共戡唐乱。"

"内外交困的关键时刻，有人拉自己一把，真是天无绝人之路。"蒋介石立即下令，委任阎锡山为讨唐总司令，下令山西"兵出河南，进攻唐生智部"。

接到指令，阎锡山大喜，当即电令晋绥军"直接开到郑州集结"。

阎锡山一直谋划着把势力扩张到河南，就是找不到机会，今天机会终于送上门来。站在山西的角度，控制河南就等于打开了控制中原的"出海口"。现在，阎锡山梦想中向中原发展的大跳板一下子就铺就了。

晋绥军在郑州集结完毕。阎锡山随即发出行动指令"按兵不动"。

他在等待时机，观望形势。蒋军、唐军在战场上拼杀，杀得精疲力竭之时，一方败相初露之时，那时晋绥军再发动兵力，坐收渔翁之利。

得到唐生智节节败退的消息，阎锡山认定，"时机到了"，迅速发出进攻令。1930年元旦，阎锡山在太原隆重召开誓师大会，接着亲赴郑州督战。

捉阎方案

腰挂指挥刀，身着戎装，身边围满亲信，雄赳赳气昂昂，阎锡山双脚踏上郑州的地面，立即召开军事会议。用陆海空军副总司令的名义调兵遣将，集结兵力，部署作战方案。

唐军本来败势已定，这下又有新的力量杀来，岂能抵挡？听到阎锡山率晋绥军抵达河南的消息，唐生智当即算定这场战争的结局，迅速做出决定，赶紧通电下野，抓紧时间抢个空当向国外逃命。

"现在跑还来得及。"

阎锡山成为蒋唐大战真正的大赢家。

蒋唐大战以来，蒋介石一直心弦紧绷，战事结束，终于轻松下来。他慢慢缓过神来，审看战后变化的形势。

"河南落到了阎锡山手中。"蒋介石惊呆了。

"阎锡山控制河南，山西势力必定向东南延伸，必定变成心腹大患，后果不堪设想。"

蒋介石想到了一个人，"这事交给他，必定能办成。"

接到蒋介石的秘密指令，韩复榘立即行动。他在郑州包下高级酒楼，设下高级别酒宴，盛情宴请阎锡山。宴会四周早已暗中埋伏杀手，等到酒酣耳热之际，活捉阎锡山。如果活捉不成，当场将其击毙。

整个方案滴水不漏。

"无论活捉还是干掉阎锡山，晋绥军都会陷入大乱，那时，进入河南的晋绥军必定后撤，山西之患可解。"蒋介石想道。

小心多疑一向是阎锡山的本性，窃取情报是阎锡山的专长。必须佩服阎锡山手下的情报人员，的确有能耐，居然把蒋介石捉阎杀阎方案窃取到手。蒋介石实在是低估了阎锡山的情报收集能力。

看着摆在桌面上的杀阎方案，抢占河南的美好心情烟消云散，阎锡山感觉猛然跌进冰窖。河南四周都是得胜的蒋军，阎锡山得赶紧想办法逃出凶险之地。

算起来这已经是阎锡山第四次跑路。他脱掉戎装，扔掉指挥刀。乔装打扮之时，他立即向部队发出最严密令"守护郑州黄河铁桥"，绝不能让滚滚黄河成为不归路。到达河南新乡时，感觉脚下的地面比较安全，阎锡山胸中的恨意，顿时翻江倒海，难以消除。略为思考之后，他立即给韩复榘发一封电报，"太原人心浮动，弟须返回坐镇，后会有期。"

"蒋介石不是要捉我杀我吗？让你连根毛都看不到。"

得到阎锡山成功脱逃的消息，蒋介石头痛了好几天。从阎锡山拍发给韩复榘的电报中，蒋介石已经看出，阎锡山提前得到了捉阎计划的内容。

蒋介石和阎锡山已撕破脸，现在，除了军事进攻山西，军事毁灭阎锡山，还能有其他的办法吗？

阎蒋生死较量突然之间提前来到蒋介石、阎锡山的眼前。

"蒋介石必定要从肉体上毁灭我"，早先的这个感觉，阎锡山现在觉得越来越鲜明、越来越强烈。从以下两件事可看出：

第一件事，两税分开。1929年11月，宋子文到北平，将北平的税收体制分成国家税与地方税，国家税归国民党政府财政部收取，地方税给阎锡山。

这个做法，阎锡山认为本身没有问题，但是，接下来发生的一件事，阎锡山猛然看出最高领导别有用心。

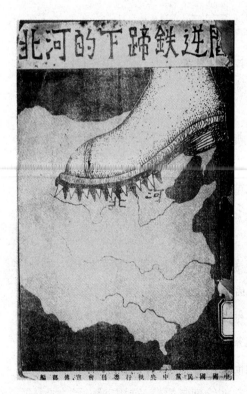

国民党中央执行委员会宣传部编写的《阎逆铁蹄下的河北》

针对两税分开，阎锡山提出，平津部队的饷项应该由财政部拨付。宋子文一口答应。然而，在执行一个月之后，驻守平津的部队就一分钱也收不到了。

气愤之中，阎锡山当即有一种预感，这是蒋介石故意玩出的一手。"人心险恶啊，目的就是从经济上切断山西的经济生命线。""你蒋介石跟一个强盗有什么差异？不但抢走北平的钱财，还要我免费地提供保护，这天下还有公理吗？"

第二件事，发行公债事件。北伐时，军队需要大笔的开销，山西财政曾经垫付军费3000万。阎锡山没有就这笔钱向中央政府提出财政要求，而是提出一个自行解决的方案，申请发行公债，目的就是弥补北伐时那笔军费。

对于这个申请，蒋介石给出了一个明确的答复：不准。

得到这个信息反馈，阎锡山愤怒了。"国家需要用钱时，从我们山西人的口袋里拿，用过了之后，没有说半个还字，我自己想出来的这个不费国家财政一分钱的可行性方案，你还不放行？！你这是什么行径，你这不是用经济手段把我们山西困死饿死的可耻行径还能是什么？"

两件事已经足够了，对于蒋介石是什么人，阎锡山认定自己已经完全看清。"无论政治的、经济的、军事的，一定是要我死，绝不会让我生。"

从得到蒋介石密谋要活捉自己的那一刻起，阎锡山明白，自己已经被逼到死角，在蒋介石那里已经没有回旋的余地。

"现在，除了反蒋，我还有第二条出路吗？"

一个人下定反蒋决心，容易；调动一个团队一致反蒋，困难重重。"在反蒋的征途上，如果团队异心，各怀异志，团队内部有拥蒋板块，两大对立板块互相挤压，最终结果必定是，我死无葬身之地。"

"如何促动身边的团队起而反蒋，如何消融拥蒋板块？"

"反蒋一定是一条不归路，今天反了，明天不可能再回来，蒋介石那里一定只有一样东西等着我们这些反蒋成员：一把砍头刀，一颗要人性命的子弹。"

阎锡山反复思量，没有想出好的办法，最终决定投放一份试剂，做一个试探，看看身边团队的反蒋意志到底如何。

在山西高层会议桌上，阎锡山把蒋介石活捉自己的那份密报摆了出来。

会场上，两个完全相反的声音同时出现。

一派可以称为拥蒋派，以梁航标为首；一派可以称为反蒋派，以贾景德、赵丕廉为首。会上，两派口水成河，相持不下。双方各持己见，都有正当的理由。

"如果这样一直争论下去，成不了事，只会败事。"阎锡山决定，会不开了，大家散会回家。"会上人多嘴杂，讨论不出什么名堂来。"

阎锡山越想越迷糊，心中原有的清晰的思路，被两派的口水喷糊涂了。"反蒋的路到底该如何走？反蒋一定能成功吗？"阎锡山正在一筹莫展之际，梁航标来访。

梁航标身为交际处处长、行营办事处处长，的确是一个见多识广的人。梁处长认定蒋介石有三个宝贝是阎锡山没有的。"蒋介石背后有美英日三个宝物撑腰，你可是没有的啊。即使你今天把他打跑了，下野了，明天他又会爬上台的。既然打不倒，那还不如拥护他好了。"

阎锡山静静地听着，缓缓说道："你说得对啊，可是，我再怎么努力地拥护他，他是一定要我交出军权的。我把军权交出之后，他能容我吗？"

蒋阎恩怨的胶着点是清晰的。蒋介石就是那样的一个人，一方面，他不会容忍别人有实力搞割据；另一方面，搞割据的人一旦失去实力，蒋介石就一定会戏弄他、侮辱他，最后，那样的人一定是落得被消灭的悲惨下场。"天底下都是他的，我除了跑到海外躲起来，中国大地上真的再也没有我的栖身之地。"

"当初，我没有权力为了权力而拼命，没有地盘为了地盘而奋斗，现在，有了权力有了地盘，我的权力、我的地盘居然成了烫手的山芋？如果将权力、地盘交出去了，就等于把生命一把扔掉了。我的手中还有强大的军队，而全国有军队受排挤的军阀还有那么多，这些人、这些实力派又都是我可以结交的盟友、盟军。未到穷途，我何必走末路？"

"在蒋介石面前，我一而再再而三装孙子。事到如今，我很明白，我再怎么装出驯顺的样子，也失去哄骗的作用了。我承认，我的确一次又一次地算计，现在我再精明地算计也没有回旋的余地。我要生存下去，既然我已在山西这块根据地上将根扎下来，为什么全国就不能有我生存的空间？"

梁航标一直低着头在听，再也没有说一句话。

拥蒋派的代表人物沉默了。反蒋的路上，还有挡路的石头吗？

团队意志形成

会下把意见统一了，阎锡山决定再开会，必须在会上形成集体意志。"不是我独自一个人行船，而是要全体人上船。你们有反对的意见说出来，我已没有别的办法，只有一条路可走。如果有第二条路，我绝不会走这条路。"

徐永昌站出来："这个仗打不得"。"不打仗，全天下的军阀们，各个派系的头头脑脑们，都来捧你阎锡山，因为你是一人之下万人之上。仗一打起来，他们一定做同一个动作，向你要枪要炮要子弹，要钱要粮要人手，我们山西能有这么多的真金白银满足他们永远喂不饱的胃？到了那时，一旦哪一点上没有满足他们，他们就转而恨你"。

徐永昌从外围团队的角度出发，思考出来的结论，绝不只是他一个人脑子中的想法。

徐永昌

"永昌说得对，我承认。但是，我这也不是被蒋介石逼得没有办法吗？"

"我们也可以一起来想一想不打仗能解决问题的办法。"

阎锡山说："这个不打仗的办法，是有的，就是我出洋。"

"你走了我们怎么办？"

"你们可以先对付对付。实在没办法，你们就向他投降吧。"

"那不行，向他投降，我们还会有活路吗？"

过了一会儿，再一句话从徐永昌的嘴里说出来："你说打，咱就跟着你，打吧，我把我的话取消。"

我们不能不佩服阎锡山的欲擒故纵招。

不只是阎锡山，所有的军阀，包括军阀团队里的头头脑脑，都深深地明白一个道理：只要不是蒋介石的嫡系，一旦交枪交地盘，到了他那里，最终只有受排斥，走向毁灭这个结果。"那里一定就如黑暗的深渊，越往里走越黑，最后，一丝丝光束全部被黑暗吞噬。唐生智就是最好的例子。"山西军阀团队高层终于完全明白，只有反蒋一条路，哪怕是一路走到黑也必须走下去，除此之外没有别的选择。

团队意志形成。阎锡山立即着手做第一件事，把此时最有实力、最擅于打仗、最具反叛精神的冯玉祥拉进来。

"已经忽悠他两次了，我还能拉得动他嘛？"阎锡山转而一想，"他那个人，恨蒋恨到骨子里了，只要两招就行。"

当时，西北军反蒋战争失败后，得知阎锡山这一次又是在欺骗自己，冯玉祥真的愤怒了。"一次相信你，又一次相信你，给了你机会，你却把我当玩物？"怒发冲冠、悲愤交加，用这样的词来形容冯玉祥的感受一点也不为过。不只是愤怒，冯玉祥爆出最为极端的情绪——绝食抗议。

在朋友一劝再劝之下，冯玉祥感情的波澜这才慢慢平静下来。冷静中恢复理性之后，冯玉祥想出了报复阎锡山的办法。

冯玉祥要鹿钟麟、宋哲元率兵攻打阎锡山。不过，光西北军不行，须联系上已经降蒋的韩复榘、石友三，用这种侧面的办法，把蒋介石的力量卷进来。没有蒋介石力量介入，阎锡山不会惧怕西北军，有了蒋介石力量的介入，加上西北军，就一定是阎锡山的难期。

"如何将这个想法传递过去？"四周都是阎锡山布下的"卫队"，窗外就是阎锡山安排的眼线。

反复琢磨之后，冯玉祥想出一个主意。一直带在身边的《三国演义》可以派上用场，在第一页，用米汤秘密地写信。信的末尾写明一句紧要的话，"千万勿以我为念。只有你们这样做，我才能够有办法。"（米汤信涂碘酒后，呈现蓝色字迹。）

这本书不久就被人传到鹿钟麟、宋哲元的手中。

看着摆在桌面上的米汤信，面对阎锡山几次不守信用的做法，西北军将领个个异常愤慨，恨得咬牙切齿。"阎锡山那人还配做领导？与骗子还有何异？"这样的话，西北军将领已经骂出口了。

面对米汤信，鹿钟麟、宋哲元憋在心头的恶气立即爆发出来。他们随即与南京政府联系，西北军迅速做好攻击晋绥军的战争动员、军事部署，这就要把阎锡山的部队往死里打。

一切就看蒋介石的了。

一听说是要打阎锡山，正合了自己的想法。收拾了唐生智，蒋介石正想着如何收拾阎锡山，现在居然有西北军找上门来要担纲，岂不是天大的好事？蒋介石一口应承下来。

面前有恼怒不已的冯玉祥，背后有拿着刀子追杀他的蒋介石。这两个人正暗中联系，这一次要把阎锡山往死里整。

除了厚着脸皮，阎锡山没有找到更好的办法。阎锡山以万分后悔的姿态，痛哭流涕中，"请冯大哥拉小弟一把。"

要推翻自己在冯玉祥心中的形象，就必须在冯大哥的面前做深刻的反省。阎锡山精心准备了一篇痛彻心扉的说辞。

"大哥来山西后，有两件事，我从心中感觉对不起大哥，一是大哥通电反蒋，我没有立即出兵；二是宋哲元讨蒋，我没有响应。我的确有小人之心，想从中赚点小钱。这让大哥、让西北军蒙受损失。到了今天，帮了蒋介石那么多忙，我那么出死力讨好他，他却还要派人活捉我追杀我，这倒让我终于醒悟过来，只有反蒋到底，才是我最终的、最后的出路，没有第二条路可以走。"

放出这一段反复抽打自己耳光的话，阎锡山发现，冯玉祥愠怒的脸色有些变化，虽然还是一脸严肃的样子。"那就赶紧拿出方案来"，阎锡山相信，方案出手，就有可能撼动冯玉祥那颗结冰的心。

"现在就请大哥速回潼关，组织军队。我们一起行事。从今往后，晋军用什么、穿什么、吃什么，大哥的军队用什么、穿什么、吃什么。"

看到冯玉祥将信将疑的样子，阎锡山摆出镇店之宝。"大哥仍不原谅小弟，在大哥面前，小弟只有自裁，以明心迹。"话都说到这个份儿上，阎锡山都已经在用眼睛四处找刀。

古人说，事不过三，阎锡山早就过三了。那就不如再给他一次机会吧，虽然心里还在厌恶他。

"骑墙政策让你受益，但最终还是害了你。"

"毒蛇螫手，壮士断腕，当断不断，反受其乱。"

批评阎锡山几句后，冯玉祥感觉心里好受了些。再看看眼前的现实，西北军要生存下去，除了联阎反蒋，还能有第二条出路吗？这个世界上，就只有一条路子——反蒋到底。阎锡山的确精明、狡猾，然而，今天已经被蒋介石逼到这个份儿上，还能使出什么骗人的花样来呢？"

想到这一层，冯玉祥答应阎锡山，"这一次务必齐心协力共同倒蒋，过去的事也就让它过去，不必再提。"

1930年2月，寒冷的冬天正在过去，春日来临，阎锡山最终下定倒蒋的决心。

蒋阎政治大战场

汪精卫与蒋介石的争斗，早在1928年就开始了。一批人公开成立组织"中国国民党改组同志会"，领袖人物汪精卫，史称改组派，政治上跟蒋介石对着干。

蒋介石也是政治角斗场的老手，利用国民党"三大"对改组派进行无情地清洗。蒋介石与汪精卫之间，由暗中对峙走向公开对立。

改组派毫不示弱，高喊口号，"反对恶化、腐败势力"，举出大旗"打破军阀割据，实现国家统一"，矛头直指蒋介石。

没有军队实力支撑，改组派一直患"软脚病"。

蒋唐大战中，唐生智失败，汪精卫带着一群意气相投的中央委员，有时蛰居广州，有时逃到香港，四处躲藏。

"如何把国民党这面政治大旗抓在自己的手里？"阎锡山在第一时间想到了改组派，立即派出人手与汪精卫联络。

国民党高层团队中，还有一大厉害的派别——右派，名号：西山会议派，领袖人物戴季陶。1925年，这批人在北京西山碧云寺孙中山的灵前，召开国民党一届四中全会，因而得名。

"如何聚拢这些思想大佬、笔杆健将、反蒋先锋？"这些人绝不是看到阎锡山举着黄金白银就跑来就食的，他们是心中有理想的一群人，他们是为心中的梦想而顽强奋斗、拼力搏击的一群人。

阎锡山发现目标，正在猛抓头皮努力寻找办法，山西省党部委员李冠洋送来一个主意——"在北平组织'新民读书会'"，用这样一个名义上十分高雅、政治上不着边际、外人不明就里、看上去还很低调的组织，招来政治高手、倒蒋明星。

"好主意"，阎锡山当即指示李冠洋迅速成立并立即启动"新民读书会"，联络散落在全国各地乃至世界各地的各路政治旗手。

事实证明，"新民读书会"的主意非常给力，平均三天就成功联络一位政治牛人，在三个多月的活动时间里，李冠洋联络到了国民党高层三十多名反蒋大佬。

高手云集，"新民读书会"迅速开展第二步工作，理论创新。读书会打造出新的建党理论，可以命名为"阎氏国民党理论体系"，取代、推翻蒋氏国民党立党根基。

"中国不存在阶级斗争，只存在大贫与小贫。为什么呢？因为中国没有欧洲那样有着海量资产的大资本家与一无所有的无产阶级，没有如此悬殊的阶级对立，在中国，普天之下都是穷人，只不过有的穷一些、有的略富一些罢了。"

阎氏理论由此导出结论，苏联国家正在运用的阶级斗争学说，不适合于中国；中国当然就不能以此来指导当前的革命运动实践。

阎氏阶级斗争无用论，对人们的思想有相当大的魅惑力，对蒋氏国民党理论有相当大的冲击力。

国民党的基础是什么？是脑力劳动者还是体力劳动者？阎氏理论认定，这两者是同向而行的，都在推动历史前进，少了谁都不行。所以，国民党在政治上应该是全民属性的。

应合了孙中山先生所倡导的理论——党是"管理众人的事"的观点。阎锡山强调"国民党代表的是全体劳动人民的利益，不是某部分人的利益"。国民党不是为蒋介石的亲信们服务的，更不是为蒋介石一个人服务的。

阎锡山炮轰蒋氏"武力统一"论，高高树起"和平统一"论。阎锡山认为"戡乱不如止乱，不止乱而一味戡乱，国内纷乱，乱无已时。"蒋介石搞戡乱，实际结果是制造出更大的战乱来，所以，"蒋介石是天下大乱的祸首、大乱的根源。"

如何止乱呢？当然是蒋介石离开政治最高层，放弃最高政权。

蒋介石不是政治上的软蛋，他身边政治智囊个个都是政治角斗场的精英。对着阎氏大旗，蒋氏智囊团立即给以强有力的回击。

"舍武力制裁，有何能求得和平统一？"

阎锡山立即提出一套解决方案，"中国的大军阀，不就是蒋、阎、冯、李（李宗仁）吗？我们四个人一起引退，都进入元老院，都脱离军队，天下不就团结了吗？"

阎锡山的方案能行吗？

蒋介石的声音很响亮："我进元老院无异于亲手帮助反动者解除革命武装，等于阻止本党革命。"

阎锡山政治团队的成长还需要一个过程。期望他们在下一波政治攻守战中有更精彩的表现。

1930年，阎锡山政治团队策划出新的政治攻势，推出全新的概念"党统问题"，国民党由谁来统领？

"这样的大事，当然要由国民党全体党员说了算"；那么，如何说呢？"全体党员投票表决。"

阎锡山、冯玉祥、李宗仁发起，联合反蒋团队中四十多名国民党高层人物共同签名，要求就党统问题进行全党公投。重量级人物出面的提案，在整个社会中有着相当大的政治影响力。

住在香港的汪精卫起而响应，发表通电表示赞同公投。汪精卫进一步表示，"解决党务纠纷，须用武力制裁。"

实力排行榜

战场即将摆开，我们赶紧看一看这个越来越热闹的反蒋团队实力排行榜。我们先看实力排名第三的桂系。

桂系已经被重创，目前情况也很不佳，被蒋介石高度压制，一直处于衰落的困境中。犹如一个重病在身的人，加上营养不良，缺衣少食，病体难以恢复。

排名第二的冯系的确有着雄厚的兵力。他们经历几次挫败元气大伤。这其中阎锡山的责任不在少数，老是在关键的时候暗中下刀子。别的军队伤了元气或许能短期恢复，独独这支军队不行，没有出海口，有钱也买不到精良的武器装备，生活在贫穷的西北，没有税收，没有工厂，没有经济来源，连军队的经费给养都极其困难更别说花重金购置装备。一位每天靠吃窝窝头艰难度日的人，大病之后，你叫他如何速速恢复元气？

终于到了排名首位的阎系。他们军队数量20多万，地盘广大，占据晋、冀、绥、察、平和津。这才是战场的主角。这个主角有一个明显的特色：防守有余，进攻不足。长期躲在山西，极少出门，过着太平的小日子。

看看他们共同的对手蒋系：军队骨干是广州黄埔军校训练出来的；从北伐开始，蒋军就差不多一直没有歇着，打吴佩孚、张作霖、冯玉祥、唐生智、李宗仁等各个派系的军队，一直在战场上杀伐，刀尖上滚动。而且他们极少有败仗，差不多都是胜仗，军锋正盛，军气正旺。

　　蒋介石的手上有全国税收的支持，资金充足；有美英日的支持，能够从海外购到精良的武器装备。

　　阎锡山的对手可不是尿包，是全中国一流的战场老手、常胜将军，有英美日撑腰，控制了中国最富庶的税源地区。

　　随着政治头脑不断加热，阎锡山已经信心爆棚。1930年3月初，阎锡山主持召开倒蒋会议，做出重大决定：1. 冯玉祥回陕西，指挥西北军与蒋军作战；2. 赠送冯玉祥现款50万元，机枪200挺，面粉2000袋；3. 西北军经费给养由山西提供。

　　带着吃的、穿的、用的，冯玉祥立即打道回潼关。这样看来，冯玉祥的山西之行也算没有白遭罪，带回去的东西还真不少，没有个小型车队根本就拉不动。

　　一路上，冯玉祥在想一个问题，"阎锡山三番两次捉弄我西北军，他的名声在西北军高级将领中一定臭不可闻，现在，我该如何给他'洒香水'，让他由臭转香，至少让大家能接受我的联阎倒蒋主张。"

　　回到潼关，果然不出所料，高级将领们一坐到会议桌边，立即对阎锡山破口大骂。听说自己要跟阎锡山联手去打蒋介石，所有的人都一个劲地摇头。对于联阎主张，将领们没有一丁点儿信心。

　　冯玉祥缓缓拿出一路上精心准备的思想大餐。"谁是我们真正的敌人，谁是我们暂时的朋友？蒋介石是我们头号敌人，我们必须打倒他，因为他不给我们活路。如何打倒他？联合阎锡山是必经的路线图。推倒蒋之后，阎锡山是比较容易对付的。""胜则去南京，组织我们的政府，败则同归于尽。""阎锡山踩了我一脚，如果我不顾一切就踢他一腿，那就不叫从大处着眼，就必定在反阎的小阴沟里翻船。"

　　将领们面面相觑，半信半疑。冯玉祥立即端出"四盆大餐"。

　　第一盆，军事上，有二、三、四集团军联合，对付他一个中央军，等于三人打一个人，打不赢才怪；第二盆，政治上，有汪精卫这块国民党的大招牌，推不倒他蒋介石才怪；第三盆，张学良已经多次对反蒋团队表示出友好，这就叫"得道多助"；第四盆，阎锡山那个人，实力最强，狡诈善变，然而这一次与以往不同，他已经被蒋逼得没有地方退了，除了拼死一搏，他还能咋样？他再能变，还能变出什么花样来？他再善于钻营，还能钻到哪里去？

"对于蒋，已经是人神共愤；倒蒋不胜，天理不容。"冯玉祥态度坚决，意志坚定。

送走冯玉祥，阎锡山立即动手做第二件大事，派出代表到沈阳游说张学良，将拟定的联合讨蒋的通电电文送到张学良的案头。就在双方紧锣密鼓、亲密热烈交流之时，阎锡山的身边突然来了一个人。

这位从蒋介石的身边而来，肩负着蒋介石说客的使命。

来人向阎锡山说了一通话。

"这么多年来，年年都打仗，全国人民厌战情绪非常强烈，哪个都希望过上太平的日子。你来发动大战，天下人骂死你了。我在南京，对于蒋介石那个人很了解，他的内部虽然有这样那样的矛盾，但是有一点，他绝对是赢家——他的团队成员对他的信仰不是一般的深。还有一点，他的军队久经战场，打了许多的胜仗。他的军队力量很强大，你能撼得动他？你认为你联合了不少的人，这些人是些什么人？乌合之众，枪声一响，就像一树的鸟儿，飞得一个不剩。见利则争，这样的人打仗能靠得住？蒋介石的背后有日本、美国、英国，你要打他，不是自取灭亡还是什么？趁早歇手，千万不要瞎折腾。"

换了别人说这些话，阎锡山一准左耳朵进，右耳朵出。现在来讲这些话的人是赵戴文，他对阎锡山绝对是忠心耿耿，绝不是编故事来诓他，一定是他切身的感受、深刻的领悟和高层次上的认识。这些话的分量不是一般的重。

听了这番话，阎锡山的心里闹腾开了。他立即做出第一件事，电告张学良，请他暂缓向全国发表讨蒋电文。

阎锡山接着做第二件事，在《山西日报》上发表一篇文章，内容是自己与赵戴文的谈话。"听了赵次陇的话，才大彻大悟。"

这番谈话，这些结论，在山西整个反蒋团队，一时之间就如水塘突然丢进了炸药，就如狂风突然吹进树林，思想上引起一片大乱。

最高领导人阎锡山，一张嘴里居然发出两个完全相反的声音。一个说要反蒋，一个说不能反蒋——接下来的路到底如何走？所有人都茫然不知所措。

接到阎锡山暂缓发表反蒋通电的电报，张学良心中立即有着异样的感受，感到自己受到了欺骗。"一会说向左转，一会说向右转，到底往哪走？反蒋道路上，作为领军人，你自己思想都不坚定，还值得我信任？"

　　思想混乱渐渐歇息下来，云集太原的军阀代表、西山派、改组派、社会名流住满了太原大大小小的宾馆。大家都是因为不满蒋介石的"三假"政策（假清党以篡党，假统一以窃政，假编遣以扩军）而走到了一起，实际上，又都有各自的利益诉求。

　　经过粗粗的磋商之后，这些住在宾馆的人做出一个决定，"既然北平是国家权力的象征，那我们就干脆全都搬到北平去住，那里树出的旗帜更加耀眼夺目，打出的牌路更加名正言顺。"

　　刚刚住到北京，宾客们很快达成一个共识，迅速做一件重大无比的工作，筹办"中国国民党中央党部扩大会议"。

　　不要小看了这个会议，这就为动手打造阎氏党中央、阎氏国民政府，铺开摊子、扯起旗子、吹起号子，与南京国民政府直面相对，与蒋介石摆开擂台，从思想宣传到组织构架，全面对着干。

　　与此同时，由阎锡山主导的反蒋大战首发阵营西北军登台亮相。1930年3月11日，鹿钟麟发表拥阎反蒋通电，打响反蒋第一枪，接着桂系、阎系跟着发出通电，宣布向蒋介石开战。从4月1日开始，阎锡山、冯玉祥、李宗仁分别在各地宣誓就任总司令、副总司令，唯有张学良（拥兵30万，对战场起举足轻重的作用）保持静默。"对蒋先生这场战争，东北决定中立；但对阎先生，我们要加上善意二字。"

　　一直以来，蒋介石静观待变、暗中准备、积集力量，4月5日，突然发起猛烈还击。

　　第一枪，免去阎锡山所有职务、永远开除阎锡山国民党党籍。第二枪，国民党中央宣传部专门编发《讨伐叛党祸国殃民的阎锡山冯玉祥》一书，开列阎锡山重大罪状11条，如摧残教育实行愚民政策、勾结反动倾危党国；开列冯玉祥罪状7条，如卖国求荣，勾结苏俄，断送蒙古、新疆。这本书中所列的罪状条条都把阎、冯往死路上送，毫不手软。

　　紧接着进入实质性的军事较量阶段。蒋介石

1930年5月19日，阎锡山登上美国《时代》周刊封面

投入兵力60万，分成三大军团。其中，杂牌军占到半数。反蒋军队投入70万，分成8个战斗序列，数量上略占优势。战场摆在河南、山东、山西、陕西。

美丽的五月天到来了。空气温暖而湿润，非常利于人们户外活动。温润舒适的天气里，交战双方头脑冷静，谨慎展开试探性的接触战。阎锡山将行营设在山东北部的晏城，亲自指挥攻打徐州的战役。

即便双方都在小心翼翼地试探，然而阎锡山阵营里，一些小问题开始暴露出来。5月中旬，大规模的战斗相继铺开，先前的小问题变成了大问题，非常激烈地释放出来。

问题的根由：杂牌军。

同样是杂牌军，蒋介石阵营的杂牌军就不是阎锡山阵营的杂牌军能比的，甚至不在一个级别上。

蒋军中的杂牌军，是从北伐开始一步步发展起来的，期间经历了一个重要程序，相互磨合的过程。在磨合期，一些杂牌军渐渐从蒋介石军队序列中逐步退出，如唐生智部。留下来的杂牌军，向心力大大增强。正如一种物体，除去的杂质越多，它本身的纯度就越高。

阎锡山的杂牌军，近期内犹如吹气球一般，迅速聚结而成。由于缺少磨合过程，思想不一，配合行动极其困难。无论哪一支军队，都以保存实力、抢占地盘为目的，不以打败蒋军为目标，表面上大联合，实际上各怀异志。

5月中旬，双方战斗渐趋激烈。阎锡山部中的杂牌军刘茂恩部，在前线倒戈投蒋。在猛烈的战斗中，内部矛盾以如此可怕的方式暴露出来。

刘茂恩部数量不大，倒戈行为对反蒋联盟来说，还不是致命的，然而造成的影响却极其严重。

6月，一心要做出表率的晋军这一次表现突出，反复地争夺之后，终于攻下济南。

7月，受到济南攻城战胜利的鼓舞，反蒋军队在陇海线再一次取得重大军事胜利。

8月，中原地区的天气已经非常燥热，这样的天气极不利于进行大规模的战斗，尤其是进攻方。

有过农村生活经历的人知道，酷热的天气里，即使干农活也只能在早晚进行，如果正午还在毒辣的太阳下劳作，十有八九会中暑，严重的会有生命危险。晚清时李鸿章的父亲就是病死在酷热的战场的。

胜利是好事，但胜利又最容易坏事——容易让胜利者冲昏头脑，失去冷静的思考，在兴奋中发生误判。

受济南攻城战胜利情绪的鼓舞，在炉火炙烤一般的天气里，冯玉祥部发起徐州大战，史称"八月攻势"。蒋军驻扎在徐州城里，城墙上搭起遮阳棚，喝着凉开水，吃着凉粥，小日子过得舒服。而城外进攻的冯玉祥部队，吃尽毒辣阳光的苦头。一顶草帽根本就挡不住什么，他们还要不停地搬运攻城的器械，猛烈地跑动，一次接一次发起进攻。

担任攻城任务的冯军，受到蒋军强大火力的压制，在一次接一次发起的进攻中损失惨重。守城的军队从上到下都很清楚一个简单的道理：这样炎热的天气，冯军的户外活动一定坚持不了多久，只要凭借厚实的城墙打退你的进攻，后面就有戏。

这个简单的道理，不只是守军清楚，攻城的冯军同样清楚。冯玉祥心中最急，发起的进攻一次比一次猛烈，投入的兵力一次比一次多，然而结果摆在那里，徐州城无论如何就是撼不动。

10天过去了，又一个10天过去了，部队越打越泄气。

冯军在一个错误的时间，发动了一场正确的战争。对于战争的发起人来说，时间的选择是多么的重要，可惜心急的人往往无视这个规律。

酷热的"八月攻势"，冯玉祥的军队没有打出一丝战绩，无果而终。顽强的徐州就在那里，似乎在嘲笑冯阎战略里的某些漏洞。

冯军向来以攻势取胜，无奈这一次选择了一个错误的时间。如果在秋高气爽的10月发起进攻，战争的结果就非常难说。然而，历史不能假设。

晋军的特长是守，这一点阎锡山心中非常清楚，所以安排冯军在前边强攻，晋军在后面协攻。这样的安排，另有一番深意，在危险发生时，特别是在对方反攻得势时，后面的晋军就能及时转为守势，发挥守的特长。

这是一个有攻有守的战术协同，这样的安排是科学、合理的。现在，跟在后面的晋军发现前边的冯军攻城不力，时间拖长的话，冯军体力不支，就有可能出现溃势，一旦被城里的守军反攻，就有可能迅速崩溃。为稳妥起见，晋军决定后撤，寻找城池、关隘做好防守前的准备工作。

蒋军一直在等着这一天的到来，就是要利用反蒋联军后撤的机会进行反扑。

发现攻城部队的后部出现后撤的迹象，富有战场经验的蒋军立即行动，冲出城池，向冯军扑了过来。

蒋军反扑非常及时，将对手抓了个正着。冯军已经精疲力竭，当即溃退。

蒋军乘胜追击，不但稳住了徐州，而且把先前一度丢失的济南城夺了回来。

战场形势迅速发生反转，蒋军由守势转为攻势。在大好的形势面前，在初秋的9月，在舒适的空气里，蒋介石迅速实施早就制订好的作战计划，向讨蒋联军发起战略总反攻。

"四九小朝廷"

现在我们终于有时间看看阎锡山在政治上连连发出的一系列动作。

战场上发起一场接一场的激战时，阎锡山的政治攻势不是歇着，而是频频发力。

1930年7月下旬，汪精卫转道日本，安全到达北平。不只是他一个人来了，跟他一起来的还有国民党10名中委，这些人一起来参加"中国国民党中央党部扩大会议"。这就给会议树立了正面、高大的形象，狠狠地顶住蒋介石猛力扔过来的"非法"政治黑帽了。

8月7日，第一次会议在中南海怀仁堂举行，参会代表21人，警戒部队400人。差不多20人保卫一人。保卫级别咋这么高呢？看看会议成果就明白了。

会议通过了宣言、大纲等文件，所有的文件都在做同一件事，用激烈的言辞谴责蒋介石窃权、独裁，"罪不容诛，除了打倒没有第二条路可走"。会议指出，正是蒋介石的种种作为，以致"党既不党，国亦不国"；"分崩离析之祸，皆由此酿成""誓为本党去其败类，为国民去一蟊贼"。真正做到用大会的形式，用政治的手法，将蒋介石的政治形象踢翻在地。

会议选出国民党常务委员会，首领汪精卫；会议宣布成立北平国民政府，阎锡山为主席，冯玉祥、李宗仁、张学良等七人为国民政府委员。

阎锡山当上了"国家元首"，由山西省的督军，一步登天拿到了全国政权。

1930年，中国国民党中央党部扩大会议推举阎锡山为
北平国民政府主席

笔者突然想起推翻明朝的李自成。李自成的身边，没有多少文化人，而阎锡山的身边，挤满了那个时代明星级、大腕级的政治人物、文化名人。

接下来举行就职典礼，阎锡山将时间定为民国十九年9月9日9时，用今天的话讲，是求得长长久久之意。然而，事实与他的期望恰恰相反，阎锡山当主席的时间居然不到一个月，史称"四九小朝廷"。有人说，这是因为四个九相加是三十六，合了"三十六计，走为上"。

9月，蒋介石军队全面反攻。

暑热的天气正一天天地消退，天气越变越凉，户外活动给人的感觉越来越舒服，蒋军的反攻也越战越神勇。

晋军的防守相当有力，虽然节节败退，但每一步撤退都在计划之中，不是兵败如山倒的溃势，这得益于晋军防守方面有着丰富的战场经验。

如果不是张学良走上前来，猛烈地插上一刀子的话，蒋阎大战到底谁是最后的赢家，实在难测。

就在蒋介石反攻略显优势时，一直喊中立的张学良，突然转向宣布加入蒋军阵营作战。张学良手上握有兵力30万，蒋军阵营力量得到倍增式加强。

为什么一直持中立政策的张学良会突然转向？

如此重大的政治决策、军事决断，绝不是一个原因造成的，的确是三个因素共同作用的结果。

原因一，阎锡山一开始时的摇摆政策，让张学良对阎锡山失去了信心。

决策前的审慎，决策后的坚定，是顶尖人物必备的特性。如果决策前草率，决策后摇摆，这样的人虽然有强大的生存空间，但要称王称霸，难度极大。

原因二，张学良方面的原因。思想上，没有冯玉祥那样坚定的反蒋决心。军阀混战中，张学良类同阎锡山，取"骑墙"政策，持观望态度，寻有利时机。

原因三，蒋介石方面的原因。蒋介石控制中国最富庶的江南地区，控制海关关税，税源之大是内陆的阎锡山无法比拟的。蒋介石的口袋里塞满了钱。对比之下，阎锡山就是个穷人，阎锡山的政府是一个穷得叮当响的政府。

政治舞台上的比拼，说到底也是拼资源，有钱好办事。

阎锡山派驻沈阳的代表，活动经费少得可怜，只有五千元。这点钱能做什么呢？连一般的应酬场合都不好意思露面。这样一个缩手缩脚的人，张学良手下的人岂拿正眼看他？

阎锡山一再要求张学良派兵，张学良的秘书提出，军队开拔需要粮饷，山西方面需提供300万元军饷。阎锡山回答，"目前山西方面只能提供50万元军饷。"为什么？阎锡山的口袋里快没有钱了。枪炮一响，银钱万两，绝不是说着玩的。战场其实就是烧钱的地方。扔出去的炮弹，无论炸与未炸都是钱。阎锡山又没有像袁世凯那样到洋人的银行里谋求贷款，哪里有钱？

阎锡山（左一）、蒋介石、张学良（右一）

蒋介石派吴铁城到沈阳活动。第一步，给吴铁城在中国银行开设专门账户，"只要拉住张学良，数目不拘，随时开支票，随时提用。"

吴铁城本来就是一位办事能力极强的人。口袋里塞满黄金白银，一到沈阳他立即使出一招，用成捆的钱拼命地砸张学良身边的人。

这招非常给力。通过张学良的身边人，张学良的每一个动作第一时间就传到吴铁城的耳朵里。得到张学良向阎锡山要军费300万的消息，吴铁城立即提出，南京方面提供500万。

1931年的张学良

接到汇报后，蒋介石夸奖吴铁城"会办事、能办事"，拿出进一步的方案，"从东北的兵工厂购进10万支枪，出价比市场价每支高25元"。今天我们讲送礼送在点子上，这一次蒋介石等于另外送了张学良250万的大礼包。

一方给50万，一方出手就是750万，阎锡山如何能跟蒋介石比拼？

张学良正在谋划出兵，手头缺的就是钱。

看到750万这个数字，张学良一下子意识到，在这个节骨眼上东北军身价并喷式狂涨。张学良做出决定，"暂不出手，等一等，一定还会涨上去。"

看到张学良还在犹豫徘徊，南京政府做出决定，拨给东北军1000万军饷。

看到这个数字，张学良心跳加速，"那就再等一等，除了经济上的，一定还有政治上的礼品送过来。"

蒋介石看出来了，张学良收下这些支票，却迟迟没有动身，那一定是还在等一样东西。"那就将礼物一并送到位，不再挤牙膏。"蒋介石大度地开出三张重磅"支票"：

1. 任命张学良为中华民国陆海空军副总司令。

2. 战争胜利后，张学良的部下担任平津卫戍司令、河北省主席。

3. 胜利后，阎锡山原来的地盘（冀、察、绥、鲁四省、平津地区）交给张学良全权管理。

看着这个大礼包，张学良笑了，"蒋军攻下济南之日，就是我奉系出兵关内之时。如果阎锡山连济南都守不住，那就一定是颓势无疑，那时我奉军出兵，一定是痛打落水狗，一定是醍畅淋漓的感觉。"

为不得罪阎锡山那边的老交情，张学良同时也把这个意思透露给了阎。

虽然拼力抵抗，反蒋联军还是扛不住蒋介石军队的强力攻势，8月中旬，济南落入蒋军手中。

张学良兑现承诺，率领奉军立即从东北杀出，闯进关内，对反蒋联军作战。

南边的蒋军看准形势，加强进攻力度。反蒋联军陷入腹背受敌的可怕境地。

面对危险频生的战场，阎锡山做出两个决定：1．在北平当国家元首的确荣耀，但现在不是时候，那就立即亲自上前线督战，鼓舞士气。阎锡山紧急赶往石家庄战场，那里晋军正吃紧。2．"关键时刻还是需要手中有兵的人出力，而要他们出力，自己就得拿出真金白银来，而眼下没有银两。"阎锡山想出一个办法，"用政府权力、职位做筹码，换来牛力，以此为资本，与蒋军拼死一搏。"具体做法，增补石友三、刘文辉为国民政府委员。

两招下去，战场小有起色。

然而，从9月18日起，阎锡山的运气急转直下。原因简单，源源不断开进关内的奉军，在张学良的指挥下，猛烈地扑向平、津。

平、津两大城市，两个充满诱惑力的大蛋糕，张学良看得真切，真是想不抢都不行，如动作迟缓，就有可能被蒋军抢了先手。

"反蒋联军一定打不过蒋、张联手的大军，那么，就绝不能把家底打得一个子儿不剩。"打定主意，阎锡山立即在石家庄正太大饭店召开紧急会议。

会议名为商讨对策，实际上，阎锡山现在要做的只是一件事，引导。熄灭如火如荼的军事战争、政治斗争，而熄火过程一定要用引导的手法，达到波澜不惊的理想效果。

"让打与不打两种主张在会议上都发泄出来，绝不能压抑这两类人的思想。"会上，汪精卫第一个

1930年，阎锡山与汪精卫在石家庄正太饭店会晤

站出来，提出一套可以简约为"一不做，二不休"的观点，也叫"宁为玉碎，不为瓦全""哪怕退到大西北，也要跟蒋军死磕到底！"一句话，拼光一切。

"哈哈，反正军队又不是他的。"会上，有的人在暗笑。

冯玉祥赞同汪精卫的主张，但看问题的角度完全不同。冯玉祥提出，"张学良进关，目的是什么？一定不是彻底打倒我们反蒋联军，其实张学良的内心也一定希望打倒蒋。他现在抓这个时机进关，无非也就是捞一票，也就是抢平、津地区。""他是不会对我们反蒋联军动真格的，他不会发动真正大规模的进攻，奉军的进攻无非也就是做做样子。张学良那边，从军事上，我们把平、津有节奏地丢给他就行了，不用作其他的考虑。""如果努力地打下去，我们联军能打败蒋介石吗？因为张学良不足为虑，所以，蒋介石这边就只要从军事上考虑。""把倒蒋联军集结在黄河北岸，依凭黄河天险，是完全可以与蒋介石拖下去。只要拖下去，不让他速速向我们进军，那后面的变数就谁也说不准。只要努力地、坚定地打下去，只要坚持下去，我们最差的状况，即使一时胜不了他，也只不过是打个平手，是绝不会输给他的。"

阎锡山心中清楚，仗打到这个程度，天平已经倒向蒋军那边，此时各派各系头头脑脑的想法，一定各打自己的小算盘，绝不会团结一心。这样算下来，即使有黄河天险摆在那里，也一定赢不了蒋军。"说不定有人阵前倒戈，有人背后插刀。"特别是最近截获的冯军参谋长发给冯玉祥的一封电报，阎锡山已经看得脚板底下冒冷气。

"晋南富庶，粮饷充足。陇海路撤下之军队应日夜兼程开入晋南。"

西北军入晋南？山西的半壁江山岂不属于你冯玉祥？

风险口上，阎锡山念动咒语"有多少粉做多大的粑"，一句话，保存实力是第一位，生存是第一位，留得青山在是第一位。

"现在需要的是拿出一套理由，冠冕堂皇的理由，否则，在场的头头脑脑们一定把我阎锡山撕得粉碎。毕竟当初是我把他们卷入这场失败的战争的。"

阎锡山打出第一炮：我们胜利了。"这是国是之争。在军事上，我们虽然失败了，然而在政治上，我们让蒋介石认识到了错误，让他承认错误，这岂不是我们取得的胜利？"

接着打出第二炮：我们不能成为历史罪人。"中国是整个的，如果以黄河为界，划黄河而治，弄成华北、华南两个中国，我们就成了历史的罪人。"

不能不佩服阎锡山偷换概念的逻辑功力。蒋介石咋就承认错误了呢？谁搞南北而治了呢？

最后，阎锡山亮出自己的底牌："仗是无论如何不能再打下去了，一切退回山西再慢慢计议吧。"阎锡山的算盘里，晋绥军退守山西的山川关隘，青山就保住了。

其实晋军一直就是有计划地撤退，现在撤得更快更稳更有计划性，如此而已。

晋军在撤退，在保存实力。晋军明哲保身的结果，实在是害苦了开战以来一直跑在最前边的西北军。当初战场的先锋现如今变成了殿后部队，撤退之中西北军真正的麻烦来了。

已经看出反蒋联军全面撤退的迹象，蒋介石岂肯放过乘胜追杀的大好机会？立即对逃跑动作略慢的西北军实施分割包围。吉鸿昌、梁冠英、葛云龙部最终被迫缴械投降。先前在战场打得最凶最狠的鹿钟麟、宋哲元部现在也不得不快速向西北方向退去。

山西境内，除了晋绥军，还有倒蒋的外省联军十多万人，这些军队也跟着退了进来。突然之间，山西差不多县县驻军。驻军就要吃的、喝的，一切都是钱。而一切的花销都只有向当地摊派。结果阎锡山这场失败的豪赌，给山西人民带来一场浩劫级的灾祸。

既然改变不了这个世界，那就只有改变自己。阎锡山也到了必须做出自我改变的时候。

10月5日，阎锡山、冯玉祥联名致电张学良，希望通过他向蒋介石传达"和平解决"的声音。

15日，阎锡山、冯玉祥一齐通电下野。李宗仁部也早已败退广西。

倒蒋联军为什么会失败呢？当时有人画了一幅漫画，来表述其中的缘由：阎锡山一手抱账本，一手敲算盘；蒋介石一手开飞机，一手捏金钱；冯玉祥一手拎窝窝头，一手举大刀。也可看出，他们的贫富差距，那个大啊；实力相差，那个悬殊惊人啊。

到了这个时候，阎锡山真的应该好好地反思自己到底输在哪儿，是实力不

中原大战结束后蒋介石、冯玉祥、阎锡山合影

行，还是政治手法不够？是国际关系缺少渠道，还是自己的过度聪明导致政策摇摆？是大战前没有与各个军阀实打实地磨合，还是只想着利用别人而故意保存自己的实力？

然而，他已经没有时间细想，逃命要紧，因为蒋介石派出的索命鬼气势汹汹地到了山西的四周，盘旋在太原城上的天空。

三颗烟幕弹

匆匆忙忙中，阎锡山想出两招：1. 赶紧摘掉办公楼前所有的牌子，回五台老家做回平民；2. 不问政治，在西北搞个经济开发区，弄几个大的项目，办点自己的实业，多多赚钱，回归自己的老本行。希望蒋介石今日饶了自己。

多年的政治角斗场，长年的军事战场，蒋介石已经养成一副品性，不把阎锡山斩草除根决不会收手。眼前，收拾阎锡山的机会真的来了，"多年来被阎锡山三番五次作弄要挟的那些账，现在要一并清算"。既然逮着机会，就必定冰冷无情，肉体毁灭，不给阎锡山任何回旋的余地。

蒋介石接连使出三大招。第一招，高调声明"阎逆不离晋，善后难谈判"。一定要把阎锡山赶出山西地面，在阎锡山离开山西的路途实施捕杀。第二招，在阎锡山可能逃跑的路途、沿线发布密令"缉获阎逆，就地正法"。第三招，派出飞机在太原上空盘旋，时不时投下炸弹，促使山西人民将阎锡山赶出山西地面。

狠毒的三招，"只要你阎锡山一离开你的军队，离开你的地盘，你的命就绝不是你能做得了主的"。

看着天上时不时掉炸弹，看看太原城的人民对阎锡山骂声一片，真是想不离晋都不行。"蒋介石一定要把我往死里整，往绝路上追，该怎么办？"现在是决定自己性命的时刻。一步棋走错，就一定性命不保，万劫不复。

虽然心中发慌，阎锡山始终保持头脑不乱，迅速策划出方案。目标明确，迷惑蒋介石，从重重烟幕中逃出蒋介石的魔掌。

第一步，阎锡山正面电告蒋介石，自己已经做出决定，出国求生，时间定在12月1日，目的地是美国或日本，路线图是由太原经石家庄到天津，从天津港口出走海外。"我这都大张旗鼓地跟你说了，你要我的命，我也没有办法啊。"这正是阎锡山放出去的第一颗烟幕弹。

算起来，这已是阎锡山第六次跑路了，这一次极为凶险。一旦被蒋介石手下的追命杀手逮着，必死无疑。

阎锡山逃出山西是真。不逃不行，山西被蒋介石的炸弹炸得真的待不住。蒋介石扔炸弹的损招的确厉害，以太原城无辜者的生命为代价，逼阎锡山出晋，以便在半路设伏。

逃出山西——走这一步棋，虽然被逼无奈，但也早已在阎锡山的算计之中，不然他就不是阎锡山。

在10月5日向张学良发出和平请求的那天，阎锡山就秘密地做一项工作，准备自己的藏身洞穴。"哪里最安全？或者说，在中国国内，哪个位置蒋介石的黑手难以伸到？"沿着这个思路，阎锡山想到了一个城市——日本占领下的大连。"当年自己在日本读书，那些年建立起来的人脉关系，现在不用还等何时？"

阎锡山已经派出亲信，神不知鬼不觉地到大连活动，做好突然"空降"大连的准备工作。

任何行动，不论如何隐秘都有可能引起对手的注意，因为对手已经死死盯上了你。无论你想什么办法，想摆脱对方的盯梢，几乎是不可能的；而你的行踪一旦被对手发觉，那就一定是死亡的降临。你还能有办法吗？

这样的难题，对逃命老手阎锡山来说还不是问题。在这个风险时刻，阎锡山布下了一个疑阵，用一个假象把对手的注意力有意识地引开了。这个疑阵简约地说，就是五个字——扬言去苏联。他不只是故意放出这个风声，还摆下架势，命令航空学校校长带上一个测绘团队，沿途勘察由西北通往苏联的公路情况（第二颗烟幕弹）。

蒋介石已经面向全国发出对阎锡山的通缉令。现在考验阎锡山跑路能力的时候到了。

以前跑路积攒起来的经验，现在必须充分地发挥出来。阎锡山这一次行事非常周密，从化装开始就一丝不苟，还是打扮成一个商人。这应该是他对商人的言行举止非常熟的缘故。头衔"山西省富山水利实业有限公司经理"，姓名"曲容从"，这可不是什么笔名、化名，而是实有其人，阎锡山一个表兄的名字。连一个漏洞都没有给蒋介石的盘查人员留下。

行程时间上，阎锡山做了特意安排，故意比通知蒋介石的日期提前两天，绝不能让蒋介石的杀手逮个正着。

11月29日凌晨，天气格外寒冷。天色还未亮，商人"曲容从"出发了。他青布袍子的外面套着黑缎子马褂，全身裹在毛呢大氅之中，头上耷拉着土耳其套帽，脖子上围着大围巾，看上去是御寒，实际上遮掩脸面。外人看不出一丝军人、官员的味道，是标准的山西商号掌柜模样。

送行的有且仅有父亲阎书堂等四人，整个场面冷冷清清，大家的心头也格外复杂。阎锡山一走，山西反阎锡山势力必定蜂拥而出，老父亲阎书堂也必须赶紧逃命。

不少人已经暗中得到消息，主动来送行的也很多，如山西军政要员徐永昌、商震等，阎锡山有意提前一点时间，没有跟他们见面。车辆行驶路途，阎锡山与他们擦身而过。为了保密，阎锡山故意设下圈套，连身边军政要员也格外防着一手。不让他们看到自己的穿着打扮，故意弄混行动时间，防止内部有人蓄意泄密。在这个节骨眼上，如果有人存心卖掉他，从蒋介石那里一定能得到丰厚的赏钱。

傍晚时分，车子到了大同，"曲容从"住进一家不起眼的客栈。阎锡山一头钻进房间，绝不出房门，连晚饭都没有到餐厅来吃，躲在房里吃随身携带的饼子。

阎锡山吃了饼子，喝了茶水，靠在床头思考的时候，一阵骂声断断续续从虚掩着的门外传了进来。

老板娘正在客厅里对着几个顾客咒骂阎锡山，"为了到金銮殿去上班，还梦想当皇帝，现在把我们山西人害苦了。到处都是兵，天天都催捐逼税，这日子还要人过不？"

接着，又听到一句狠话，"不得好死，迟早总会遭到报应。"

"随从"听了，脸色一下子严肃起来。阎锡山看着他，淡然一笑，就像没有听到一样。其实，阎锡山的心里已经五味杂陈。

自从当都督以来，他已经多次跑路，然而这一次，实在是内心最不好受的一次。这一次离开山西，虽然省里大事都做了安排，也相信手下的这些亲信不会弃他而去，可是，蒋介石那座山看来是推不倒了，而蒋介石一定不会放过自己，那么，未来在哪里？前途太暗淡了。而眼下路途上不测的风险，真是想不恐惧都难。

深夜开往北平的火车到站了。阎锡山摸黑进了车站，匆匆忙忙钻进了漆黑一团的锅炉车躲了起来。这里有一扇关死的门，没有窗户，伸手不见五指，机器轰轰隆隆的声音吵得人头脑发晕，真个是鬼都待不住的地方。如果不是为了活命，打死也不会进这个锅炉房。

第二天大黑时，火车到了北平。阎锡山从这里改乘到天津的火车。

走下锅炉车，在亮光下阎锡山突然发现，车站停靠着一辆装修豪华的列车。"那是一辆再熟悉不过的车，当年西太后坐过的花车，也是我讨伐唐生智时曾经享受过的。车厢里安静、舒适、豪华，不是重要人物，是不可能有资格享用那列车的。"

派随从过去打听，消息传了过来，这车是奉了蒋介石的命令，正准备开往石家庄，到那里接阎总司令到天津出洋。

阎锡山心中猛然吃紧，要是迟走两天后果不堪设想。只要一走进这趟豪华专列，这辈子就不可能逃脱蒋介石的魔掌。

晚上，阎锡山顺利地到达天津法国租界，这下算是暂时安全了。

为什么蒋介石如此粗心大意，居然让差不多要关进笼子的老虎逃脱？

为了从肉体上彻底除掉阎锡山，蒋介石已经布下天罗地网，目标就是要在从山西到天津的路途上捉拿他。"控制阎锡山，山西之患可解。除掉阎锡山，山西军队立即作鸟兽散，不再对我构成任何的威胁。而阎锡山不除，一定是个祸害。"蒋介石下定决心，看准机会，在接到阎锡山出洋的报告后，当即下达捕捉、击毙阎锡山的命令。

蒋介石命令发给张学良，要求他迅速制定、亲自部署捕捉阎锡山的方案，将工作做到阎锡山可能经过的任何一个路段，具体到每一个细节。"务必将阎逆擒获、枪杀"。

捕捉阎锡山、除掉阎锡山更是张学良的目标所在。现在张学良眼下的工作正是着手接收阎锡山的地盘，如果阎锡山的性命捏在了张学良的手上，接收工作岂不是易如反掌？如果除掉阎锡山，岂不是永远地除掉了可能危及张学良的大祸害？

张学良一连发出三道命令：1. 命令陆军部派出部队守住车站，严查进出车站的每一个人员，如果发现阎锡山拒捕或逃离现场，当场开枪射杀。2. 命令宪兵队直接上车，一节节车厢巡视，发现可疑对象，立即"严加保护"，绝不能给阎锡山以逃脱之机。3. 命令铁路警察无论在车站还是在列车上，密切注意来往旅客，发现目标对象，立即缉捕。

真是滴水不漏的天罗地网。

让蒋介石和张学良两个聪明的头脑没有想到的是，用了时间差的套路，用了化装的手段，用了锅炉车的魔法，富有跑路经验的阎锡山并没有费多少周折就混出了山西，跑到了天津的法国租界。

阎锡山成功上演了一剧历史版的"老鼠戏猫"，虽然两只猫用尽了手段，最后老鼠还是轻松脱逃。我们不能不佩服阎锡山的算计力。

蒋介石和张学良

得到阎锡山逃到天津法国租界的消息，蒋介石气得破口大骂。花了这么多的人力、物力，一连几天，动用了军队、宪兵、铁路警察，不但没有捉到他，还被他玩了一把，能不骂吗？太丢面子了，这事摊到谁，谁都要骂娘。

无论是蒋介石还是张学良，冷静下来之后，立即想到同一个问题，"一定要把阎锡山赶出中国，绝不能让他在天津遥控山西。"办法很快就被蒋介石制定出来了，分两大步骤，以达到综合发力的目标。第一步，给法国驻天津租界的领导施压，要他想办法赶人；第二步，派特务上门，瞅准机会在阎锡山住的酒店门前制造事端，让阎锡山明白，天津绝不是他待的地方，赶紧滚蛋，越远越好。

蒋介石的两招是给力的，阎锡山一下子就感受到了突然而来的压力，天津是个好地方，然而无论如何待不下去，一个事实摆在那里，无论住哪家酒店，哪家酒店门口就有黑社会的人闹事。"天下哪有这样的道理，岂不是有人在故意作梗？"

阎锡山决定立即走第二步棋，去大连，那里是日本人的天下，"你蒋介石也好张学良也好，想伸手都伸不过去。虽然离开山西，然而并不远隔重洋，而且事前已与日军方早有联络，早有安排。"

打定主意，阎锡山立即发出请求，请日本军方出面一路保护自己去大连行程的安全。

日本政府早已盯上中国中部最重要的省份山西，正谋划着如何与山西的地方势力搭上线，这下把阎锡山看成从天上掉下来的宝贝，赶紧让日本军队高层行动起来。第一步，与天津法租界联系，由法国租界负责阎锡山从租界到码头的安全保护工作；第二步，派出日本军船"武昌丸"到天津码头迎接。

得到日本军方送来的这个行动方案，阎锡山决定再放一个烟幕弹，以便自己顺利到达大连，防止从天津到大连的海路上出事故（第三颗烟幕弹）。

阎锡山当即动手，给《大公报》记者写了一封信，大说特说自己这次到达天津的目的有且只有一个，就是出洋考察，"游欧美"。

得到阎锡山要出洋到欧洲美国旅游的消息，蒋介石兴奋了。"是的，只要他出了国，他要想再回来翻天，基本上是不可能的了。"蒋介石一颗悬着的心感觉落了地。接着又传来另一则消息，阎锡山到了日本人控制下的大连，再也不走了。

"没办法了。大连那边自己的手够不着。那就只有走第二步棋。"蒋介石决定利用张学良，对晋绥军进行深度改编，将阎锡山的基础先拆除再说。

现在是蒋介石破拆阎锡山在山西牢牢打下的那些"基础设施"的时间，也是远在大连的阎锡山用隔山打牛的手法寻找破解蒋介石黑手的时间，也是阎锡山破解自己这一次大失败原因并寻找终极解决方案的时间。

第九章

跌倒后再爬起来，你以为容易吗？

隔山打牛

从阎锡山离开山西的那一天起，山西的情况立即发生翻天覆地的变化，不是政治上，因为比较平静；不是军事上，至少外人看来很平静；而是经济上，不平静，很不平静。

阎锡山在时，晋钞向山西省外大量流通。各种军事开支都用晋钞采购。现在外省商人不认这些晋钞，于是外省的晋钞大量回流山西，山西省内的钞票极速贬值，山西百姓祖祖辈辈积累的财富，转眼间荡然无存。民怨岂不沸腾，社会岂不动荡？

接下来，张学良向晋绥军挥刀子来了。晋绥军原有14个军、40多个师。张学良一阵猛砍之后，仅剩下了4个军、8个师。如果把山西的军事话语权比作一个刚猛的男性青年的话，张学良这一次是给他彻底去势。晋军要想再一次雄起，几乎是不可能的。这样的动作，为他接下来接管阎锡山在各地的地盘，打下了良好的军事基础。张学良也就没有必要考虑什么可能的、潜在的阎锡山埋伏在军事上的威胁。

阎锡山多少年的心血，这一次差不多被张学良毁于一旦。

政治上，反阎势力一波接一波掀起反攻倒算大狂潮。

国民党山西省党部，在阎锡山时期被解散，党员也遭受压制。现在党部恢复，党员们扬眉吐气，对阎锡山的各种做法，利用各种机会，在各种场合大唱反调，大会批，小会斗。特别是"山西善后促进会"这个组织，简直可以用猖獗这个词形容，频繁地组织反阎锡山的政治活动，要从政治上把阎锡山搞垮、搞臭。

想想看，当初阎锡山开动一切政治机器搞臭山西国民党，现在岂不反攻倒算？

张学良、蒋介石在曾经的阎锡山地盘上大展拳脚；阎锡山也没有歇着，没有心灰意冷，没有埋头睡大觉。现在，他正在大连运作隔山打牛的神功。

这套神功建立在一个基础之上——在山西，他有多年培植起来的亲信势力。就如一棵大树，庞大的根系深深地扎在泥土里，外面树叶遭受火烤雷劈，也能躲过一难。

在山西，对于各项重要的事务，阎锡山已做了精心的人员安排。这就犹如保护一棵大树，为它扎上了一道铁篱笆，外面的任何野兽，任何的食草动物，即便是非洲草原上的长颈鹿来了，也难以冲破铁栅栏，难以对树造成致命的伤害。

"军队你可以砍，但是，只要我的骨干还在亲信还在，我一旦杀回来，就迅速有了启动资金，我还怕什么？何况我的手里还有强力资源。"

商人出身的政客比纯粹的政治玩家，更知道别人需要什么。对于商人来说，看准对方的需求，无论何种情况之下，都能开创出世界、开挖出市场。阎锡山就在这一块大做文章。阎锡山从山西的银行支出一大笔款，然后按等级分别送给那些多年来一直追随他的文武官员，有的三千，有的三万。

当你所在的单位倒闭破产后，你原来的领导远在千里以外还给你寄来如此丰厚的红包，你有什么样的感觉？只要你是有情感的人，你的心能不为之感动吗？如果哪一天他建设新的企业，召唤你时，你能不立即奔向他的身边吗？无论从情感深处还是在利益层面，你都会采取同样的一个行动，而不会是相反，对吧？

虽然树叶烧了，树皮被人刮了，甚至树枝被外力折断了，只要根还在，来年的春光里将重新出土，甚至更加茁壮。张学良、蒋介石再怎么玩，总不会掘地三尺挖土刨根吧？这就行了。

接下来，阎锡山潜心做两件事：1. 细心研究反蒋大失败的原因；2. 寻找下一波重建山西的动力源，从理论上为重新崛起做好准备工作。

在大连，阎锡山闭关修炼9个月。270天里，对人生的起伏，对国家政治军事的大起大落潜心研究，最终在理论上研究出一套全新的系统。这些研究成果，一一记录在日记里。阎锡山的日记就是从大连开始的，为我们后人研究他的个人史积累了资料。阎锡山用大量的篇幅写下了自己对过去的人、过去的事的反思，对过去的检讨。

他到底研究了些什么呢？

笔者将他的研究成果简略开列如下：

1. 阎氏"物劳学说"（后文有详解）。

2. "阎氏哲学"。用阎锡山日记的话讲，"何谓智圆？初以为不必求解亦解，继则深求而不解，今则解之矣——打得过滚，才叫圆。"

3. 以实践经验为证据，论证"在恶浊的现实中求生存"的理念。阎锡山更加坚信、更加明确、更加坚定实用主义的哲学观、方法论。

如果只是埋头"修缮"自身，这人也就不是阎锡山了。现在惊魂已定，没有必要为自己的安全担心，阎锡山考虑的第一问题是如何修理蒋介石，寻找蒋介石的痛处狠下刀子。这样才能变被动挨打为主动出击，而且为将来重返山西创造了条件。

成功向着有准备的人，准备绝不是坐等机会，而是寻找机会，创造条件。

一个机会很快就被发现，蒋介石团队出现裂痕。苍蝇不叮无缝的蛋，对于想成事的人来说，发现对手身上的缝很重要。

中原大战后，蒋介石运作了一个简单粗暴的政治动作，直接将华北这一重要区域的军政、经济大权统统交给张学良，而不是自己去细细消化。蒋介石的想法是好的，将眼前最牛的军阀笼络为自己的干将，成为自己的一个台柱子，而不能因为一些利益上的小事，把他由朋友推到对立面去。这也可以算是接受历次与军阀首领之间发生摩擦的教训，这次就把利益的舍得工作做到位、做彻底。

如果将一件好事做过了头，极容易变成坏事。

蒋介石在华北的做法，使他的军队系统中那些杂牌军的将领感到很不是滋味。"中原大战中，我们为你流汗出力，我们的将士为你阵亡战场，现在，华北打下来了，那么大的地盘，居然没有分给我们一杯羹？就不说大块的肥肉瘦肉，你连骨头都不扔给我们一根？"其中最痛苦的是石友三、韩复榘。

两人强烈感受到在蒋介石的桌边世态变凉的急速变化。当年石友三、韩复榘从冯玉祥的部队里反叛时，蒋介石对他们俩高度重视，而现在有了张学良的合作，蒋对石友三、韩复榘倍加歧视，极度冷淡。

两人实在受不了如此断崖式的变化，受不了就立即想办法。办法很快就被他们找到：1. 与冯玉祥的部队藕断丝连。2. 与张学良暗中对立。类似于一个人被领导歧视了，就跟那些反对领导的人结成对子，而与拥护领导的人暗中作梗。

阎锡山看出了蒋介石团队中这种细微的变化，立即采取两大行动：1. 派人与石、韩暗中联络，约好共同举事。2. 与日本人联系，达成协议，约定联手反蒋，定下共同的目标，"将蒋介石的势力逼出华北。"

计划中的行动步骤：1. 驻河南的石友三部沿平汉线北上。2. 晋绥军出山西配合作战。3. 驻山东的韩复榘部队沿京浦线进军。4. 驻在山西的冯军宋哲元部同时出击。5. 日军出兵东北，抄张学良的后路。

五路大军同时出击，相互配合，趁张学良在华北立足未稳之机，打得他难以应付，最后蒋介石的势力想不撤出华北都不行。

这真正是一巧妙的方案，虽然隔山打牛，理论上仍然能打得牛的屁股千疮百孔，让牛无法安身。

1931年夏天，石友三率先发动进攻，向张学良的部队扑了过去。其余各路兵马已经作好大战前的各项准备，跃跃欲试，正等着石友三进一步的消息。

蒋介石的眼睛从来没有歇着，一直紧盯着阎锡山。阎锡山的动作，虽然机密无比，仍没能逃脱蒋介石的眼线。就在石友三刚刚发动对张学良的攻击时，蒋介石的破拆方案已经成熟。

对着阎锡山五路大军中最容易撼动的部分，蒋介石用诱人的高价收买，破了其中的一路，其他各路立即信心丧失，整个计谋就陷入瘫痪之中。正如一个桌子四条腿，砍了一条腿，这个桌子就容易倾斜，彻底掀翻这个桌子就轻而易举。

仔细寻找之后，宋哲元部进入蒋介石的视线。蒋介石一次提供给宋哲元两只装满"黄金"的袋子。第一只袋子，国民党政府每月向宋提供军费二百万；第二只袋子，在晋军外出时，鼓动他乘虚抢占山西。"山西今后就交给你打理，由你执掌那一块地盘的军政大权。"

在与宋哲元达成协议之后，蒋介石故意做出两手动作。第一手，将这个蒋宋合作的合同故意泄露给晋绥军。第二手，同时将这个合同泄露给韩复榘。

晋绥军、韩复榘得到这个消息，大为吃惊。山西方面立即不肯出兵，因为后院已经被人盯上。韩复榘虽然已经启动进攻程序，但得到这些个消息后，当即按下暂停键。

新反蒋联盟被蒋介石成功破拆。

蒋介石迅速做出决定，给阎逃犯以强力的反击。"这一次一定要击到阎锡山的痛处，虽然他还活在大连，要让他痛不欲生、生不如死。"

"我已烧了阎家树上的叶子，砍了树上的粗枝，现在有必要刨掉埋在泥土里的树根。看他还能蹦到何时？"

沿着这个思路，阎锡山军队系列、亲信圈子中一个关键人物进入蒋介石的视线：山西省主席商震。

多年来，商震一直跟随阎锡山打天下，早就是阎锡山的得力干将。对如此重要的人物，阎锡山无论如何都放心不下，就想了个办法派亲信去监视他、牵制他。

商震感到很不自在。"处处总是有双眼睛盯着我，一举一动，全在他人的监视之中，还要人过日子不？"

"有这样的人在身边秘密地转来转去，我总有一天会被他捉几个不是。这样下去，一定前途难测。行动再怎么周密，总有被阎锡山的眼线抓住把柄、抓住小辫子的时候。到时有嘴也说不清。"

是人都要找出路的。眼下，阎锡山不在山西，商震把眼睛瞄向蒋介石，试探着靠拢。

一方正想着挖阎锡山的树根，另一方阎锡山手下大权在握的重要人物正好配合，这就叫一拍即合。

蒋介石飞速使出两招，一收买、二离间。第一步，将商震拉进国民党中央执行委员会，地位上抬升他；第二步，以中央政府的名义，贷款2000万资助商震，缓解商震遭受中原大战之后山西财政大困难的窘境。

在权与钱面前，商震心领神会，知道蒋介石的意图所在。

看着商震收下这两个大礼包，蒋介石认定，收官的条件已经成熟。

眼前石友三在那里孤掌难鸣，那就派军队去给他彻底一击。蒋介石一边派出军队进攻石友三，一边命令商震出兵娘子关，切断石友三的后路。

前有张学良的军队，侧翼有蒋介石部队的进攻，后面有商震，这一次石友三败定了。

接到命令后，商震决定执行，听从蒋介石的指挥。商震亲自率两个旅打出山西，从此正式脱离阎锡山系列。

此局，蒋介石完胜，阎锡山大败。

机会是在等待中找出来的

"这样下去，埋在山西的树根总有一天会被蒋介石一根一根挖出来然后狠狠地毁掉，那时，我成了孤家寡人就真正彻底玩完了。"现在看来，隔山打牛不但没有打到牛，反而被牛狠狠地踢了一脚。"既然在大连遥控不灵，那就只有一条路可走，返回山西。"

山西绝不是想回去就能回去的地方，人身安全问题，与安全问题同等重要的政治问题——蒋介石会不会容许阎锡山在山西公开活动，这绝不是小问题。

阎锡山向身边的赵戴文说道："愚公都能移掉一座山，面前的这座山，我们这么多脑袋，移不掉它？"

赵戴文、阎锡山、宁超武反复研究后，得出一个结论："只要两根'雷管'，就能炸开回家的路。"

1. 找到一个外国靠山。有外国政府、外国势力做强力靠山，蒋介石即使想要阎锡山的命，也不得不考虑站在阎锡山身后的靠山是谁。2. 寻找一个机会，诸如蒋介石内部分裂、蒋系与其他军阀发生战争。那时蒋介石顾得了头顾不了尾，没有时间、没有精力对阎锡山回晋说三道四。

机会常常是等来的，然而又绝不是仅凭等就能来的，是在等待的过程中寻找出来的。

沿着这个思路，靠山是谁的问题阎锡山很快想到了。

早年在日本读书时，阎锡山结识了土肥原、冈村宁次、板垣征四郎等同窗好友，这些年来这批日本同学已经进入日本军界、政界高层，成为了实权在握的重要人物。阎锡山每一次扩军，需要的大批军火，都是通过日本同学、日本朋友牵线搭桥购买。在天津时，他与日本特务头子土肥原、驻军司令铃木高桥有过深入地沟通，双方达成一致的意向，建立"日阎亲善友好关系"。阎锡山能在日本人控制下的大连安心居住，原因就在于得到了日本政府那份宝贵无比的庇护。

阎锡山与日本人的交流如此之深，既有经济的，又有私人情感的，更有国际政治的，那为何不继续深化一步？

阎锡山立即找到好朋友土肥原，两人密商之后，迅速达成合作协定：1. 日本关东军将来占领中国东北全部，阎锡山必须投赞成票。2. 作为交换，阎锡山将来占据华北，当上华北首领，日本关东军同样支持。3. 日本关东军出面，护送阎锡山回山西。

什么叫互相利用？日本人利用阎锡山来分裂蒋介石，从而削弱中国政府，以达到占领中国的大目标；阎锡山利用日本人叵测的居心，来达到自己的权欲。为了一己之利，不惜与觊觎中国的帝国主义势力作无耻的交易。袁世凯、张作霖、段祺瑞、蒋介石、阎锡山、汪精卫的做法不同，其实质是一模一样的。这些人其实心中都明白，在四分五裂破败不堪的中国，没有洋人做靠山，仅凭自己的力量无论如何都做不大。因此要对靠山必须有所孝敬。日本人喜欢的礼品是什么，当然是中国的权力、土地、海洋、资源。日本眼下看中的，正是能起到分裂蒋介石、削弱蒋介石的阎氏"大炸弹"。在日本政府眼中，这是他们投向蒋介石团队的一个超级大炸弹。现在有了阎锡山主动卖国求荣的好机会，岂不立即旋开拉盖，向蒋介石的天空扔过去？

在军阀们的算盘上，有一个人人遵守的规则，个人的权力与存在，远远高于国家和民族的利益，握在他们手中的公权力只不过是他们达到一己私利的利器而已。

正在大家寻找机会时，机会扑了过来

中原大战全面胜利，蒋介石有一个非常好的感觉："中国的天下，军事上已经无人能与我匹敌，升级的条件已经完全成熟。"蒋介石立即组织人手，制定《训政时期约法》，接着开动国家宣传机器，向天下颁布、施行。

强势的蒋介石霸气十足，傲视天下，有一个人突然站出来说不。孙中山生前的主要助手、孙中山逝后《总理全集》的主编胡汉民，对蒋介石的这套做法，高高地举起了反对的大旗。

"你让我上不了台面，我就让你过不了日子。"蒋介石找了一个正当合理的借口，扣押胡汉民。

蒋介石心中清楚，胡汉民的背后，一定站着一群人，他们这些人一定排着队要来骂自己。"那就杀一儆百，看你们这些人中还有谁敢伸头？"

汪精卫从中发现了机会，立即动手，聚拢力量，在广州成立国民政府，与南京政府叫板。

张学良一直也在寻找蒋介石集团的缝隙。看着机会来了，张学良毫不迟疑，立即行动：第一步，联络冯玉祥、阎锡山旧部。这步工作很快见效，冯、阎旧部正哭得快没有眼泪了，这会儿看到有人伸出手来，立即响应。

第二步，高高地树起一面旗帜，北方六省"大联合"。意思很明白，"南部中国归你蒋先生了，北部中国就归我了，咱们两边扯平，互不拖欠。"

如此恐怖的结果，蒋介石在宣布《训政时期约法》前无论如何也没有想到。

"蒋介石已经自顾不暇，哪有时间盯住我？哪有精力来追杀我？估计眼下正在想着如何拉拢我来对付张学良吧。"阎锡山想道，"如此好的机会，真是想不用起来都难。"

1931年8月5日，阎锡山完成了回山西前所有的准备工作，带着几个亲信，登上日本人特意准备的一架小飞机。

他仍然是扮作商人，头上的帽檐压得很低，脸用大墨镜遮掩起来，身着绸衫，商人职业装。

阎锡山不能不小心谨慎，路途凶险重重。万一被蒋介石的杀手或探子发现，他一定凶多吉少。

回山西令人兴奋，然而，日本人的苛刻条件让阎锡山很闹心。这么个小飞机飞一趟，日本人索要的包机费居然高达四万美金。再加点钱都能买下这么一架小玩意，真是割肉般心痛。还有那个返回山西后立即发动反蒋战争的条件，也实在让阎锡山吃不好、睡不着。"反蒋战争是我想发动就能发动得了的么？"

飞机顺利飞到大同。

一下飞机，接应他的部下神经紧张地问，"蒋先生、张汉卿他们同意总司令回来？"

踏上山西的土地，阎锡山顿时就有了死里逃生的快感。死过几回的人，胆子就往往变得特别大。现在四周布满自己的部队，阎锡山已经卸掉紧张感，心情轻松。他轻描淡写回应道："他们啊，现在顾自己还来不及，哪里还顾得到这里？既然回来，就不怕他们。怕他们的话，还回来做甚？天这就要变，怕是蒋、张要有求于我。"

十年河东，十年河西。那些失败的赌局，已变成记忆，一场新的赌局，又要重新开始。阎锡山手握新的筹码，谁怕谁？一切都要看接下来的棋盘如何布局。

重出江湖

第二天，阎锡山回到老家五台县河边村。暂时以这里为中心，以"黑衣人"的身份，伸出一张隐秘的手，在引起蒋介石注意之前，速速追回那些正在逝去的军权。

努力吧，那个军阀割据混乱不堪的年代，一个还有梦想且执着顽强、有手段又重新积聚起力量的人。

万事开头难。

凭着这些年的经验，阎锡山迅速有了准确判断，"军队是根本。军队抓在了手里，政治力也就随之而生，经济力也可以凭军队去夺取。"

沿着这个思路，他发出第一招，由亲信杨爱源、孙楚出面，搞一个让外人不明就里的组织"晋绥军事整理委员会"，目标明确，通过这个机构，一步一步抓住军队大权。

整理委员会很快建立起来。阎锡山亲自派出"委员"，这些人每月深入驻山西各个部队去考察，具体就做点名、校阅两大工作。

看上去纯粹是搞形式。

决不要小看这种看似形式主义的做法，他们的内涵绝不简单。阎锡山用这种简约的手法，把晋绥军的实权一步一步收拢过来。类似于园艺师的嫁接技艺，在原来母本的基础上，用上亲系的附本，硬性插进去，对接皮层导管，裹上不透气的塑料薄膜，新的枝条就能成活，就能开枝散叶，慢慢地，就能长大成林，开花结果。

阎锡山的工作进展迅速。

尽管保密工作做得非常严密，然而，阎锡山回到山西的消息还是不胫而走。那个时代，消息传播虽然没有今天网络这么快捷，然而那时的市民对重大政治消息的敏感度，绝不亚于今天的网民。

"阎锡山回来了？"

得到消息，国民党山西省党部的领导极度震惊。自恢复以来，党部一直就以反阎锡山为重大政治目标，在山西反阎锡山阵营担当急先锋。他们使尽一切手段，策划种种方案，对阎锡山进行彻底批判。"阎锡山回来了"，在证实这个消息的第一时间，党部头目在万分惊慌中立即向蒋介石报告。

蒋介石迅速发出命令："阎锡山限期离晋。"

山西省国民党党部没有执行这个命令的权力，蒋介石责成张学良、山西省主席徐永昌为命令执行人，立即对阎锡山执行驱逐令。

蒋介石想法是对的，但他没有想到的是，这两个人也执行不了这个命令。道理也简单，阎锡山既然是认真准备之后摸回来了，既然是日本人的飞机送回来了，岂是你想赶就能赶得出去的？

执行人张学良、徐永昌一下子就看出这其中的奥妙。如果用硬性的手段去赶阎锡山出山西，那就必定要跟阎锡山的军队死磕，最终的结果是得罪日本政府，甚至引来日本军队，别无它途。

"这样做下去，岂不是把阎锡山推向敌对的阵营？"在这个节骨眼上，张学良、徐永昌都想拉阎锡山做朋友，来增加自己的实力，来跟蒋介石搞抗衡。只能说，在如此严重的问题上，蒋介石将这样重大的命令责成这两人去执行，真的欠缺考量。

张学良装模作样搞公文往来。徐永昌对蒋介石的指示用起软磨硬拖招，而对被执行人阎锡山则暗中保护。

得到消息，阎锡山立即行动，赶紧给蒋介石写信，深刻表达自己对过去错误做法的忏悔，表示自己一定要悔过自新，从今往后，紧跟蒋介石走，今后绝不做错事。信里有一句话，"锡山治全国而不足，治两省而有余"，寓意深刻。其言外之意是："中国的天下，我没有能力当然也不会去跟你争，但是，晋绥我是有能力治好的，当然也就不会放弃。我的地盘我做主，对山西这块地，你还是歇歇吧。不要对我穷追不舍，兔子逼急了也会咬人。"

眼下，表面来看，阎锡山闲居乡村，看山看水，看月起日落，跟村民海侃，到山脚河边溜达，亲自编写《阎氏家族自治章程》。纯粹闲居乡野，与世无争。暗中，他在做抓军权的大动作，同时，一双眼睛没有歇着，正寻找着机会。

就在这时，除掉身边死对头（山西国民党省党部）的机会猛地扑了上来。

一脚踢掉国民党山西省党部

"九一八"事变突然爆发。日本的军队像野狼群一般冲向中国的东北，向东北重要城市发起猛烈进攻。

中国人民坚决不答应，迅速掀起抗日救亡运动。

太原的热血青年积极行动起来，成立山西省学生抗日救国联合会，接着就搞活动，在大街上举行抗日救亡游行示威。

一切都很正常。

当联合会的学生领袖与教育厅厅长苗培成对话时，问题来了。身为国民党山西省党部常委，苗培成训斥学生，高声指责学生的游行活动是"与政府对着干……"训斥有根有据，因为苗厅长手里捏着南京政府官方的电令。

苗厅长的话在学生中迅速传播开来，学生们被彻底激怒。"日本兵打上门来，我们上街喊几句口号都不行，这都违背中央精神？南京政府是中国人的政府还是日军的政府？"

苗厅长的话持续发酵。学生们也不跟苗厅长理论，直接在大街上喊口号。他们的口号发生了改变，先前喊"打倒日本侵略者"，现在变成"打倒苗培成"。

学生活动方式跟着发生改变，不到大街上搞游行活动，直接来到省政府门前请愿，一部分学生包围苗公馆，站在苗厅长家的门前喊口号。

学生们发现，尽管每天不停地忙活，省政府、省教育厅再也没有人出面讲话。"口号喊了也白喊，活动忙了也白忙"，一部分学生对眼前不温不火的局面郁闷，一部分学生变得急躁起来。

"你们省厅领导不是缩着脑袋不出面吗，那我们就把事情往大里闹。"学生们的想法比较简单，逼政府拿出抗击日军的行动。

游行的学生立即按计划行事，冲击省政府会议室，砸坏省教育厅的门窗，砸坏苗培成公馆前的护栏。

太原城里，最高层仍然没有人敢出头来跟学生对话。原因也简单，公理在学生这边，毕竟日本兵打中国的东北，占领中国的土地，杀死中国的人民，学生表达抗日的意愿没有错。然而南京政府的官方电令国民党山西党部又不能不执行。

　　"总不能让学生就这样一直闹下去吧。"

　　1931年12月17日，处置方案终于制定出来了。"不跟学生来软的，直接来硬的。不跟学生谈大道理，直接拿枪镇压。"

　　12月18日，学生们像往日一样，来到国民党山西省党部门前示威请愿。突然，有人发现情况不对头，这里已经戒备森严。学生们还没有讨论出应对方案，进入院里的学生代表团已经被一群人团团围住，接着是棍棒殴打。

　　看到突然发生的状况，院子外的学生没有扭头就跑，立即大喊口号。一些学生聚拢起来，用身体猛烈地顶撞铁栅栏门，想把这道关死的门撞开。

　　人多力量大，聚集而来的年轻人个个发力，眼看着门就要被撞开。早已埋伏在党部的武装纠察当即开枪射击。枪声大作，犹如战场。当场打死一人，打伤17人。

　　殴打、射杀两个大动作，犹如山洪狂泄而下，学生们在震惊中卷入洪水中，暂时失去了主意。

　　青年人是不会在枪口前、刀棍前沉默的，一场大的风暴在新的酝酿之中。

　　从学生喊出"打倒苗培成"那一天起，阎锡山就盯住了这场学生运动，细细看党部那班人的动作。

　　学生运动从9月一直持续到12月。在长达三个月的时间里，党部那班人一直沉默，想用静默的办法躲过去。党部的人明白，在这样两头不是人的时刻，只要不出声，就不会出大事。然而，随着时间拖长，这群人发现，学生们由街头游行发展成了暴力冲击政府设施，"这样下去，如果不拿出一个抗日的方案，学生们是不会罢休的"。而南京政府态度明确，日军、日本政府不能抵抗也不准抵抗。即使东北军，也依着南京政府的命令，采取不抵抗的做法。山西政府岂能去抗日？"太原城学生提出来的抗日要求，山西地方政府是一定没有办法达到的。"

　　三个月来，党部这班人终日想方设法，终于策划出那个愚蠢的方案，用武力的办法跟学生对着干。"理，我们讲不过你，武力，你们赤手空拳的学生是一定搞不过政府的。"

　　党部这班人的想法是对的。然而，忙乱之中，这班人忽略了一个人——一个正在寻找机会的人。

　　寻找机会是阎锡山的职业长项。他看出来了，党部那班人把自我毁灭的机会这一次真的是亲手送上门来。

得到党部开枪镇压学生的消息，阎锡山对身边的杨爱源说出一句话："有省党部这班愚蠢的人在，山西就不得安宁。这群人是个祸根，现在是除掉他们的时候了。"

杨爱源早就为端掉党部的行动准备了方案。当天下午，他派出军队，直接开到省党部，收缴省党部纠察队的枪械，一并扣押党部要员，将报馆、省党部贴上封条。接着，阎锡山发下命令："全省各地党部，停止一切活动。"

党部这班人一直担心阎锡山会结束自己的命运，就是不知道他何时动手。没有想到的是，这样一个坚决执行南京政府关于学生运动熄火命令的动作，居然成为阎锡山对他们动手的导火索。

没办法，人家手里有军队，行动上有强大的理由，有那帮学生大喊大叫，山西省国民党党部除了举手投降还能有什么办法？毕竟弄出了人命，这是全省人民不答应的，更何况青年学生不是为名不是为利只是为国家的生死存亡。其实这个理，党部这班人个个都是懂得的。

此局，阎锡山完胜。

蒋介石通过国民党山西省党部这只手伸进山西的势力已被扫除，山西实质上回到阎锡山手中，复出的路就此铺开，现在需要的是一个在山西的舞台上打开大门正式亮相的机会。当然，这样的机会不在山西，而在南京。阎锡山清楚，自己的复出，一定要南京政府来拉开这个大幕。

狂风已然停歇，大雨已经过去，虽然满天乌云，现在需要的是太阳冲破乌云的机会。

蒋阎合流

阎锡山把眼光盯向南京政府。

在那里，正在发生一场深刻的变化。

文化界、产业界、商界，各行各业抗日呼声高涨，全国各地抗日的呐喊声一浪高过一浪。

蒋介石背负的政治压力越来越重，努力寻找政治解决方案。

汪精卫从中看到了机会，积极与蒋介石谋求合作。

看着汪精卫伸过来的橄榄枝，蒋介石正在急得跺脚骂娘，心中突然有了主意。"与汪精卫携手，共同树起一面旗帜，精诚团结，共同御侮。"

南京政府跟着进行权力重新分配，蒋介石任军事委员会委员长，汪精卫任南京政府行政院长。

坐上了行政院长这把交椅，汪院长在想一个问题，"绝不是有了行政院长这个行头就能跟蒋介石较量，实力才能决定一切，我的实力在哪里？"

在南京政府这块权力平台上，实力分为两大块：一块叫政治实力，汪精卫能拿到最高分，蒋介石没法比。另一块叫军事实力，蒋介石拿到最高分，汪精卫差不多是零分。

蒋介石借用汪精卫的政治实力为自己政治解围。汪精卫不只是看出这一点，而且想到另一个层面，"我就借地方军阀的军事实力强大自己。"

沿着这条思路，汪精卫把眼光瞄向一位军事上有实力而政治上正处于失势状态的人。

把一个军事实力人物揽到旗下，绝不是一件容易的事。对那位政治上正在失势的人，在他最需要突围，梦想着冲出围墙的时候，拉他一把，岂不是迅速壮大自己的阵营？

周密准备之后，汪精卫找到蒋介石，捧出"华北抗日理论"。

"眼下，日本是进攻东北。那么，日本拿下东北之后，会往哪里打？最大的可能是华北。因为华北是中国历史上的政治心脏，对整个中国有相当大的影响力。"

"如何保住华北不落入日军之手？光靠华北是绝对不行的，靠华东来支撑同样行不通，因为华东地区是平原地带，缺少与日军长期对抗的地理条件。"

"而华北的西边，情况就大不一样。那里的高山正是日军的坟场。而且山西的军队有一个特长，就是他们的防守能力强，不是一般的强。所以，华北存亡在于山西。山西是日军这股洪流的第二防波堤。第二防波堤守住了，日军这股恶浊的洪水要想推翻整个中国，基本就不可能。"

"眼下看，山西那片天，别人还真不行，就阎锡山能管好，那就让阎锡山打理山西好了。"

说完这段话，汪精卫看了看蒋介石，看到蒋介石有些闷闷不乐的样子。

蒋介石的精神状态没有超出汪精卫的预测，早已在汪精卫的盘算里。现在是拿出第二套方案的时候。

第一套方案是理智的分析，第二套方案是感情的诱导，精神的劝慰。

"现在正值用人之际，对于阎锡山那个人就不要计较了，所谓君子不计小人过。把国家大事放在前面，个人恩怨放在后面。现在正是需要委员长放宽心量的时候。"

正如家长骂不争气的孩子一样。爸爸冰冷理智的分析，孩子往往不接受，而妈妈一只温热的手的抚摸，一句暖心话的抚慰，孩子先前铁青的脸色会慢慢转变。

在汪精卫感情招、劝慰话面前，蒋介石慢慢低下高傲的头。

1931年9月，国民党中央政治会议正式做出决议，取消对阎锡山下达的通缉令，恢复其人身自由。

一份会议决议虽看似毫不起眼，但阎锡山看出了大机会，重返山西政坛的大机会。"再努力一把，那个美好的日子一定不会太遥远。那就赶紧想出办法来。"

阎锡山迅速想出两招。第一招，讨好招。由常驻南京亲信赵丕廉执行，讨好对象是汪精卫。"既然汪精卫在蒋介石面前已经替我阎锡山出力了，那么，现在派我的手下扛着感谢的旗子、带着重重的礼品到汪精卫家去，一定大受欢迎。"

第二招，人脉招。派徐永昌到北平去，不论通过何种手法，一定要打通通向宋美龄家的门路。"请宋美龄在蒋介石面前帮我多说好话，在蒋介石的耳边多多美言。"

两招果然发力。1932年1月，蒋介石做出决定，接受汪下属的提议，任命阎锡山为太原绥靖公署主任。蒋介石给出的信任点评语："捐弃前嫌，团结御侮。"

阎锡山选了一个好日子到太原上任。蒋介石特别派出亲信何应钦到太原祝贺。什么叫形式主义？这一次蒋介石对此做出了最好的解释。这份从南京驰往山西的特别祝贺表明，蒋、阎两系军阀，由势不两立的恶劣关系发生重大转变——重新合流。

赶走"蝗虫"，开垦绥西，经营银行

坐到太原绥靖公署主任的位子上，面对新形势，阎锡山细细审视起来，很快得出三大结论：1. 必须在表面上向蒋介石表达出自己特别驯服，而这种特别驯服必须用数字说话，用削减山西驻军的数量来高声说话，用蒋介石看得见摸得着的方式。"这才是上司内心真正的需求，比送任何礼物都更加让他开心。"2. 必须在实质上强化、巩固自己的实力，让自己埋在泥土里的根基迅速膨胀，在看不见的泥里扎稳扎实。3. 最好是把一、二项工作结合起来。

沿着这个思路，具体实施方案迅速策划出台。

阎锡山立即动手做第一件大事，将驻扎在山西的客军"请"出去。

这件事绝不是赶客人出门那样容易的事。客军数量上有10万，而且手里有枪，这段时间以来，在山西的地面不但住习惯了，吃得好喝得好，而且他们住在山西还有正当的理由。"中原大战中，我们跟在阎锡山后面一起反蒋。既然反蒋战争打败了，山西赔点吃的喝的穿的用的，那是应该的。"

客军在山西分布广泛，晋中、晋南和晋东南等地布满军队。客军吃喝拉撒睡，所需要的一切全都用勒索的手段、摊派的手法，向驻军所在地的地方政府死压硬讨，给当地的百姓带来沉重的负担。"他们就像一群蝗虫，落到哪块田里，那块田里的稻子就一定遭殃。得赶紧赶走他们，再不想办法驱赶，那块田里的庄稼必定颗粒无收。"

从政治上来说，这些友军在山西的存在，时时都是一颗潜在的炸弹，某一天某一件事引爆他们，出现客军骚乱，将山西炸得粉碎也有可能。

"毕竟客军是我当年请来打蒋介石的，如今决不能用逼迫的手段逼他们离山西。如果硬逼，极有可能引出麻烦来。那就必须用软鞭子。对付这些在战场出生入死的血性军人，软鞭子能起作用吗？"

一番脑细胞激烈运动后，一个折弹方案策划出来：1. 用分别对待的办法实施各个击破。不能一刀切地驱赶。2. 用劝导的方式促使客军离境，不用威胁、逼迫的手段。3. 树立一个榜样。榜样的力量是无穷的，而这个榜样，一定是"出头鸟"。把"出头鸟"打下来，后面的工作就势如破竹。

"出头鸟"很快就找到，西北军宋哲元部。打鸟的枪跟着也找到，通过游说孔祥熙来做宋哲元的思想工作。游说策略定位在老乡关系上，"都是山西人，应该关心山西地方"。

孔祥熙很给面子，亲自出面沟通，顺利地做通宋哲元的思想工作，这支军队调往平津。接下来，美景出现，驻扎山西其他的友军部队跟着陆续开走。

也有个别"钉子户"。

小小的"钉子户"，阎锡山不放在眼里。冯玉祥部的手枪团，三百多人，这批人好说歹说就是不肯离晋。阎锡山派出军队，对他们实施强行包围，随即缴械，毫不手软。

到1933年，山西再一次成为阎家军的天下，再也看不到往日客军的身影。

阎锡山果断做第二件大事，裁减晋绥军。裁减下来的人员，开进河套平原，变军为民，实施"绥西屯垦"计划，达到"寓兵于农"的目标。

绥西即今天黄河河套平原一带。这里地势平坦，有黄河水提供灌溉的便利，土地肥沃。"万里黄河，唯富一套""塞上江南"，说的都是绥西。

阎锡山把眼光盯上这一块土地，要从这里挖到梦想中的黄金白银。

最早提出、然后实验并且已经实施绥西垦地的人不是阎锡山，而是傅作义。在任绥远省主席期间，傅作义就已经将几支队伍开进河套，在这里搞起屯垦，成果相当好。

阎锡山将傅作义的做法大面积铺开，耕种的土地达1200顷。这个开发项目非常成功，为山西经济发展做出了巨大贡献。

有一点存在争议，阎锡山同意负责屯垦的王靖国在这里大量种植鸦片。当时，各地军阀，包括蒋介石都在暗地里用鸦片收入补充经济来源。大家都没有钱，然而又都在养军队，怎么办？军阀们的做法都差不多，从罪恶的鸦片中寻找出路。

无论是赶走客军，还是自减晋军，无论是屯垦开发，还是种植鸦片，仍然填补不了山西因中原大战失败而形成的经济黑洞。这个黑洞到底有多大？用一组数据来表示。1931年，全省财政收入1100万，开支4100万，赤字3000万。注意，这只是一年的数字。就像某个亲人患了大病的家庭，虽然全家人没日没夜地干活，卖了部分房产，仍然抵不住医院里每天数千元的庞大药费、检查费。

商人的血液在阎锡山的周身激荡，反复思考后他最终决定，用金融手段解决财政难题。具体做法：由山西地方政府出面，用官办的方式设立三家银行，垦业、铁路、盐业银行，与省银并立。既相互竞争，又增加货币发行量。

中原大战时，为购枪购炮购子弹，为解决海量的战费需求，阎锡山的办法之一是让省银行滥发货币，结果省银的信用被彻底搞臭。现在，设立三家银行，最大的难题还是那个相同的难题，要给新的银行在民众、商家中塑造形象，建立信用。

阎锡山开动宣传机器，向全省高频率、大容量宣传一组概念：盐业银行有盐业收入作担保，铁路银行有铁路收入作担保，而垦业银行更是有绥西屯垦收益作担保。

与同时代的其他军阀相比，金融手段上，阎锡山高出来的不是一个级别。阎锡山将自己发明的这套做法，上升为阎氏金融理论，取名物产证券学说。用物产，即生产的实物，如盐业、铁路、屯垦的收入为基数来发行货币。类似于将全省某一个行业的所有政府控股企业捆绑在一起，做成一家超级股份公司，将这家超级公司的股票上市。

阎锡山的经济头脑，实在可以与他的政治头脑、军事头脑拼一拼。以大连生活的那段日子为例。在大连居住的十个月的时间里，阎锡山花掉300万，而他不但没有赔钱，反而在大连大大地赚了一笔。

在大连，阎锡山一项重大的工作就是每天睁大眼睛搜寻发财的路子。

离开山西时，阎锡山的经济大脑就已经发动，从省银行里提了一笔现款。这就是底子，阎锡山相信，到大连一定能找到钱生

阎锡山在山西发行的债券

钱的路子。因为大连在日本的控制中，他去大连差不多就等于到了日本。就如今天的中国人到日本去打工，身上还带了一笔巨款。

不久，阎商人就有了重大发现。眼下日本控制大连，以后有可能占据东北，那么"老头票"（日元）今天不被商家、民众看好，今后，随着日本势力在东北扩张开来，那时，"老头票"一定像美元一样吃香、疯涨。阎锡山从政治上做出推测，立即在生意上出手，以眼下的低价买进一批"老头票"。

就在即将离开大连时，"老头票"忽然大涨。阎锡山立即将"老头票"出手，结果连本带利整整翻了一番。不能不佩服阎锡山对外币汇率波动神一样的预测。或许这得益于他年轻时在五台山周边地区扫白银积累的经验。

暖心工程

阎锡山用了剜骨的决心、疗毒的意志，大打农业战、金融战。此时，在政治战场，阎锡山正在大展拳脚。他正倾力搞好与蒋介石的关系，利用一切可能的机会，摆出俯首听命的超级低姿态，对蒋介石行巴结讨好之术。"蒋介石现在是绝对的强势，我阎锡山这点力量算什么，他一下子就能将山西碾得粉碎。"

1934年11月，阎锡山的实力随着山西军事、经济力量的恢复而渐渐变大变强，迅速成为日本人争夺的重要对象，同时也成为西南军阀势力争取的重要对象。阎锡山再一次变成中国政坛上、军事舞台上炙手可热的人物。

蒋介石看出来了，阎锡山真正成为稳定华北、稳定西南的一支重要平衡力量。"如何拉住这股力量，不让他倒向敌对的阵营？"

反复权衡之后，蒋介石觉得，这个路子不但有而且有一个最省钱、最省力的手法，能紧紧系上阎锡山这驾越跑越快的马车。这个办法必须亲自动身，亲自跑一趟太原，去太原城住几天，到阎锡山家吃几天饭，跟阎锡山一起喝几天酒，跟阎锡山的老爸拉拉家常，聊聊天。蒋介石的这一招就是大搞亲情工程、暖心工程，同时决定带上夫人宋美龄。

这是把一个军阀集团与另一个军阀集团的政治关系，变成一家子人与另一家子人之间亲朋好友级的亲善关系。

宋美龄一直是阎锡山沟通蒋介石的重要桥梁。现在蒋介石亲自带着夫人来了，这层亲密关系，岂不更加密切、更加亲近？

"蒋介石要来太原！"

蒋介石开启"亲善之旅"，先到北平探亲，再转程太原。

"为什么蒋介石会突然光临太原？"阎锡山一个强烈的感觉升上来了，"我的身价已经在日本、西南势力、蒋系的三角角逐中猛涨，就像股票一样，大股东小股民都跑来抢购了。"

接待方案迅速制定出来。"身价越是高，越是要低调，一定要将这个巴结亲近蒋介石的机会用好。"

迎接仪式各项工作迅速铺展开来。

1. 太原全城大动员，大小官员全部出动，大家来全力清扫街道。

2. 在蒋介石可能经过的每个街边路口悬挂旗帜、张贴标语。

3. 中学停课、企业停工，排练标准的欢迎动作。由学生、企业工人、市民组织成欢迎队伍。

太原城中，犹如节假日一般，人人穿着新衣服，个个摆出笑脸，四处洋溢着热烈的气氛。

迎宾车队开过太原市的大街。

看着隆重热烈的欢迎场面，蒋介石十分开心："这一次太原之行、亲善之旅必定收获丰硕。"

20世纪30年代，山西自建了窄轨的同蒲铁路

蒋介石当面提出，这次一定要去阎锡山的老家，专程到乡村农舍拜望阎锡山的老爸阎书堂先生。

蒋介石的这一招，让阎锡山受宠若惊。想想看，如果你在大城市打工，你的上司又是坐飞机又是坐汽车千里迢迢到你的乡村老家去看望你的老爸，你是什么样的感觉？

阎锡山立即派出人手在河边村准备盛大的欢迎仪式。

以河边村的汽车站为中心，四周搭起彩棚，棚内放置休憩用的精致的桌椅、茶具；乡村小路的道路两旁，站满了百姓、学生，大家都穿着漂亮的新衣。他们有的手持彩旗，有的手举鲜花，有的打着欢迎的标语，早早就等候着。

蒋介石一到，欢迎的人群立即沸腾起来，人们欢呼雀跃，欢迎声此起彼伏。鼓乐声中，蒋介石面带微笑，频频向道路两旁的群众挥手。鲜花丛中，蒋介石突然产生一个从未有过的感觉，身边陪着自己的阎下属该是一个多么可靠、多么忠诚、多么值得信任的部属。

走进阎府，看到阎书堂，蒋介石连忙走上前去，深深鞠了三个躬。阎书堂赶紧起身迎接，嘴里直喊"不敢当，不敢当"。

在河边村村头的大树下，阎锡山、蒋介石围绕着家长里短的小话题，愉快地聊着。

蒋介石取得了空前的大胜利。从阎锡山这里，蒋介石收获了宝贵无比的至少十年的和平发展间歇期。因为蒋介石前脚刚刚离开山西，阎锡山就调动身边的智库，策划完成"十年建设计划"，目标是发展山西经济、增强山西实力。按照阎锡山的想法，要用十年的时间，一心一意打造山西，将山西建设成一个经济强省。

阎锡山的想法是好的，计划是详细的、宏大的，然而，历史已经不再给他哪怕是一年的时间。两股势力正在那里迎面扑来。一股是日本。日本政府已经制定坚定不移的目标，迅速灭亡中国。日本已拿下东北，接下来就是华北，毗邻华北的山西已经在日本的算盘上在劫难逃。一股是中国共产党领导下的红军。1935年10月，红军已经到达陕北，高高地举起抗日的旗帜，得到民众拥护，力量发展迅猛，发展速度远远超出一般人的想象。陕北的红军要开赴抗日的前线，山西是必经之路。红军已下定决心，一定要打开东进抗日的道路。阎锡山与红军之间，军事冲突、政治冲突势在必行。

在阎锡山的敌对阵营图上，还有一股势力是必须小心防备的：身后的蒋介石。只要有机会，蒋介石决不会放过阎锡山。山西实在是太重要，而且阎锡山又是三番五次在蒋介石背后、当面下刀子。不彻底毁灭阎锡山，蒋介石是绝对不安心的。虽然河边村的拜望让人感受到无限的亲情友情，然而现实是驻扎在陕西、河北的蒋氏嫡系部队，随时可以闪电般杀奔山西。

阎锡山开始盘算摆在身边的三股力量，"哪一股都得罪不起"，眼下山西的力量实在太弱小。然而山西有一个空间——生存的空间，这个空间就在于阎锡山如何玩转这三股力量。其中最为关键的在于，这三股力量相互之间水火不容。"这就行了，只要其中某两股不会联手来对付弱势的山西，我阎锡山就有空隙可钻，有余地可回旋，有机会的话，还可以利用，还可以发展壮大。"

第十章

与中共由战场大较量转向深度合作

引进红军的"天敌"

1936年年初，中国共产党组建新的军事组织中国人民抗日先锋队（以下简称先锋队）。这支部队迅速渡过黄河，按照计划，要在山西建立抗日根据地。以根据地为基础，与日军展开面对面的战争。根据地，在围棋里叫眼。只有有"眼"，大龙才能做活，才能避免被对手"闭气"。中国人民抗日先锋队采用的正是这种"围棋战略"，先做眼，再摆龙。

先锋队在山西刚一露头，阎锡山就死死地盯上了。"共产党的军队到我山西地面来干什么？""你们不是搞什么抗日吧。估计抗日只不过是一个噱头，真实目的是要侵占我们山西吧。"

误会，常常在缺少沟通中产生。

沿着这个想当然的结论，阎锡山的团队很快制定出应对方案："把共产党军队赶出山西。"

先锋队是在万里长征中磨炼出来的队伍，是在井冈山时期多次反"围剿"大大小小的战争中打出来的队伍，长期蛰伏在山西的晋绥军岂是对手？一场战斗下来，胜负就分出来了。先锋队全歼晋绥军一个团，其中，晋绥军引以为傲的重火力，整整一个炮兵连，全连被红军俘获。

得到消息，阎锡山大为震惊："这辈子虽然也打过不少败仗，在自家的主战场，首战就败得这么惨，还从来没有过。"

"看来不给先锋队一点颜色看看，他们就不知道我军的厉害。"阎锡山亲自主持召开军事会议，迅速做出部署，投入7个师14个旅的兵力，将军队集中起来，编为4个作战纵队，与先锋队厮杀。

只能说阎锡山实在不了解他的对手，今天称先锋队昨天叫红军的这支部队，是在大大小小的战斗中锻炼成长的。

与晋绥军比，先锋队武器装备处于劣势。然而有一个方面是晋绥军无法相比的，共产党的部队得到了广大人民群众的拥护、支持。绝不要小看这一点，用生意人的话讲，这就叫一招鲜、吃遍天。

历经一个多月的战斗，胜负一步步分出来，晋绥军一败再败，阎锡山的地盘一丢再丢。先锋队占领阎锡山近四分之一的区域。

"在南边被蒋介石追得往北跑的红军，一到了北方，就像彻底换了一支军队，这其中到底是什么原因？"阎锡山实在想不通。

万里长征，红军绝不只是战略转移，在最高层，从思想建设到组织体系，已经经历一个脱胎换骨的过程。从四渡赤水开始，蒋介石用了围追堵截四大手法，全部失败，其实就已经宣告，蒋介石领导的国民党军队，已经由第六次"围剿"时的胜利者，变成红军的手下败将。

阎锡山还停留在原有的认识上，停留在蒋介石"围剿"红军最后一次胜利的认识上，认为"蒋介石是红军的克星"。沿着这个认识，一个貌似能对付红军的方案终于被想出来，"引进蒋系军队来对付先锋队"。

"会不会引狼入室？""有这个风险，但是更大的可能是先锋队与蒋系军队两败俱伤，到时我捡拾身边的胜利果实。"

这样看来，阎锡山真的不了解蒋介石。

晋绥军与先锋队打响第一枪时，蒋介石就盯住山西地面上这场愈演愈烈的战争。看着阎锡山被先锋队打得晕头转向，蒋介石心中一刻不停地盘算着接下来可能属于自己的机会。

接到阎锡山的邀请函，蒋介石立即聚集10万大军，沿正太、同蒲路向山西腹心插进去。随即成立"剿匪"总指挥部，任命亲信陈诚当总指挥。

看到蒋介石派来的大军，阎锡山突然清醒过来，"我这岂不是前门驱狼，后门进虎？"

先锋队进军山西的真实目的是抗日，并不是抢山西的地盘，当然，要抗日就必须在山西建立根据地。现在如果跟蒋介石的10万大军打下去，无论胜败与否，对于真正的敌人——日军而言，都只是大大地削弱中国现有的战争资源，都是中国军队的重大损失。那时真正受伤的，就一定是中国；真正得利受益的，就一定是日军。

先锋队果断做出决定，主动撤回陕北。

"趁着先锋队回撤过程中立足未稳之机，一举消灭它"，蒋介石看到了大机会，做出决定："晋军为前锋，入陕作战。"

蒋介石当即发出作战指令，"命令山西军队组成十大前锋作战军团，立即尾随先锋队，全力追杀。""命令李生达（蒋介石重金收买的晋军将领）任总指挥，汤恩伯任监军。"

大军浩浩荡荡向陕西方向进发。

听到先锋队回撤的消息，阎锡山感到全身轻松。"先锋队都走了，蒋军就没有任何的理由待在山西。"

随即得到蒋介石命令山西军队悉数调往陕西作战的消息。"你那是要把我的军队往死路上送，让我军与先锋队死拼，你们在后面捡现成的果实。"

又一个重大的消息传来，蒋介石任命李生达为前线总指挥。

"李生达"，听到这个名字，阎锡山头发上就要着火。他早就派人盯着这位下属，早就知道李生达收下了蒋介石的黄金。

愤怒中，阎锡山突然有了一个主意。拿出重金暗中收买李生达身边的卫士，在人部队即将渡黄河的当天凌晨，卫士成功刺杀李生达。

阎锡山扮出一副悲痛万分的模样，重重地厚葬李生达。"大将遇刺，军心不稳，我看还是暂缓入陕作战。"

"你家连大将都死了，你的意思这不是明摆着嘛？你说暂缓就暂缓吧。"蒋介石还是笑了，"不论如何，你的山西，我这中央军这一次是一脚踏进来，缩回去是绝不可能的。"

"如何赶走蒋介石摆在山西的中央军？"想来想去，阎锡山想到了一个人——张学良。

张学良正在极度郁闷之中。自从听了蒋介石的命令，东北三省丢给日本，还背上了不抗日的"黑锅"，被全国人民指着脊梁骨骂。

张学良服从蒋介石的命令，东北军开到陕西"剿共"，不但没有尝到一点点

"剿共"成功的甜头，还吃尽了失败的苦头。

张学良一步步清醒过来，"原来这蒋介石是借日军的刀子削我东北军的生命线，再借红军的刀子来断我的命根子。蒋介石，你好歹毒啊。"

"这个痛，这笔巨债，我要深深地埋在心里，总有一天，总能找到机会，你必须加倍偿还。"

张学良私下已经接受共产党"停止内战，一致对外"的主张，偷偷地与红军签订抗日联盟协议。

张学良心中清楚，自己这样做下去总有一天会被蒋介石发现。那就再找几个人，多人联手，这就叫法不责众。

四处张望时，张学良发现，有个人眼前正处在痛苦之中。"蒋介石的中央军插进了山西，想必阎锡山一定心痛无比吧。那么，不找别人，单单就找阎锡山。"

三股抗日力量合拢

张学良、阎锡山两个内心痛苦的人，两位内心有重大追求的人，在太原城两次碰头。深入交谈之后，两人找到了一个共同语言："劝蒋介石抗日。"

"这个主张一定让蒋介石想推也推不掉，毕竟全国人民的眼睛是雪亮的，全国抗日的情绪无比激昂；毕竟日本鬼子是摆在中国地面上的，不只是摆在了家门口，而是占了中国的前院。再不行动，日军就要进到堂屋，占了卧室，那时成了气候，中国的所有军阀，包括蒋介石的中央军，无论是谁，都逃不了重创甚至毁灭的厄运。"

突然，阎锡山收到一封毛泽东的亲笔信。

这是毛泽东托一名被俘的晋绥军团长带给阎锡山等人的信。"敝军西渡，表示停止内战，促使贵部及蒋氏觉悟，达到共同抗日之目的。……救国大计，料先生终有觉悟的一日。"（《毛泽东书信选集》，人民出版社，1983年12月版，第34页）

从毛泽东的这封亲笔信里，阎锡山看出一个机会。

"我在军事上输了一仗，让蒋介石的军队插入了山西，现在为什么不可以在政治上狠狠地赢回一局呢？既然已经与张学良达成联手劝蒋抗日的意向，为什么不可以再加上共产党的力量？这样一来，在抗日这个政治棋局上，我岂不是胜出一大步？"

阎锡山立即行动，向共产党方面传达一个意向，"愿意进行谈判"，约请中国共产党派代表来太原。

这一次的沟通，双方取得了实质性的成果。阎锡山做出重大决定，联共抗日。

联合了共产党，在当前的形势下，在政治上就一定胜出一步。联合了共产党，在军事上就能对蒋介石插在山西的中央军形成威胁，让中央军不敢为所欲为。

阎锡山刚刚打定主意，1936年10月，日军向绥远扑了过来。

日军没有亲自动手，而是使用了唆使招。日军提醒蒙奸德王等人，"你们看到了吧，'九一八'事变中，那些个貌似强大的东北军实在不堪一击，一打就跑。与东北军比，绥远军就更不在一个级别上，打都不用打，只要出兵吓唬，那就一定会出现奇异的美景，一吓唬就跑。"

在日军的唆使下，经过日本政府武装的蒙军即伪蒙军，当即向绥远扑了过去。果然如日军所料，伪蒙军一举占领了大庙子，接着又成功占领绥北战略要地百灵庙。

军事上的两人成功，大大地鼓动起伪蒙军最高层各种美好的想法。这些人立即行动，继续指挥伪蒙军向绥远腹心推进。意思很清楚，这么容易得手的辽阔地域，不要白不要，白拿谁不拿？

绥远并非无守兵之境，其实是一个狠人35军军长傅作义守护的地盘，行政职务是绥远省主席。只是由于日伪军队来得太突然，武器装备又先进，一下子打得他措手不及。傅作义缓过神来，立即下定抵抗的决心。

傅作义迅速作了三件事。

1. 亲自到战场前线视察，鼓舞士气。在这个连续吃了败仗的关键时刻，部队已经变成惊弓之鸟。作为最高领导，亲赴前线，才能坚定部队堵住敌军的信心。这比什么都重要。2. 傅作义提出两大抗日口号，"誓保国土，以尽责任""决心牺牲，以雪国耻"，前一句，激起部队的军人激情，后一句，激起部队将士的爱国激情。危险时期，除了要树立信心，还要有非常规的手段——激情。如果没有壮士的激情，没有牺牲精神，在强敌面前，就腿脚发软，迈不开步子，更谈不上堵住敌人的枪眼。3. 迅速集结部队，策划一个大的反击行动。主动出击，狠狠地打掉敌军的嚣张气焰，鼓起晋绥军的士气。

细看傅作义"主动出击"的请示，阎锡山看出傅氏作战方案中存在一个小小的漏洞。晋绥军最擅长的是守，而不是攻，傅作义本人也是以守城而闻名天下。"现在不搞守而用攻，岂不是舍长取短？"

阎锡山立即做出批示，"抱着弱国的态度，守土抗战。"两层意思，一是要守，而不是攻，不要主动出击。发挥自己的长处，利用有利的地形，打好守土战。二是要坚决抗战，而不是逃跑。

最高领导蒋介石的批示完全相反，"对德王要忍让，给点地方也是可以的。"蒋介石强调"攘外必先安内"，意思明确，"目前的主要敌人不是日军，而是红军"。

要是在以往，对于蒋介石的指示，阎锡山要么拥护，要么沉默。可是今天不同，阎锡山坐在太原，正在那里瞪着眼睛，寻找从政治上向蒋介石发起进攻的机会。

现在机会摆在了这里，岂有不抓的道理？阎锡山立即发表讲话，"国事前途，中央仍抱有限度的委曲求全之救国宗旨，努力折冲。"指责的态度已经相当鲜明。

阎锡山话音刚落，蒋介石还没有来得及对他的话做出点评，11月上旬，伪蒙军向绥远发起了第二波进犯，动作之大，远远超过第一波。

政治进攻

"上次被你们搞了突然袭击，这次还能再让你们得手？"犯了一次错误的人，警惕性就大大提高。傅作义早部署军队做好大战前的准备工作，对来犯的敌军，早就张网以待。

第一步，选择有利的作战地点，正面进行阻击；第二步，派出军队实施侧面包抄。正面阻击的军队与侧翼进攻的军队相配合，一次性歼灭伪匪军5000多人。

傅作义打了漂亮的大胜仗。

就在大家等着最高领导蒋介石来表扬的时候，11月17日蒋介石亲自来到太原。他做出最高指示，"阎锡山，还有你傅作义，赶紧给我停火""以免'共匪'借题发挥，影响中央誓死'剿共'政策。"

"这是一个大好的机会，向蒋介石发起政治进攻的大好机会。"阎锡山想道，当即挺直腰板说："本人对绥事感想，认为纯是责任问题，守土是军人的责任，晋省军民人等，对'剿匪'御侮极具决心。"也就是，"守土抗日是军人的责任，与你蒋介石宣讲的'剿共'是两码子事，一码归一码，没有必要硬捆在一起。"

阎锡山就事论事，蒋介石想发火，却找不到理由。

阎锡山命令晋绥军独立第七旅立即动身，"开赴绥远，增援抗日部队"。

"时机来了，必须好好运作绥远抗日大平台，重重地唱出一台政治大戏"，"不正面与蒋介石冲突，用侧面的手法，打赢政治上的一战。"

阎锡山的父亲过世时，遗留下一笔钱款。阎锡山决定，用其中87万巨款，做出一篇大大的抗日文章。

"捐出遗产。以我母亲的名义，以一个年迈的老母亲的名义支持军队抗日，更能感动天下。"

阎锡山将87万砸下去，民众的抗日热情猛烈地激发出来。山西各阶层高级干部纷纷举办抗日捐款活动，学校、商界积极向抗日部队捐钱捐物。

阎锡山的政治影响力持续发酵，从太原到山西其他各地，从山西到全国，形成规模大、声势高的援绥抗日运动。

在政治高台上阎锡山给蒋介石狠狠地捅进一刀。

有人早就想从政治上跟蒋介石斗争，只是一直找不到下手的地方。

从阎锡山的动作中，国民政府行政院长汪精卫突然看出机会。"阎锡山站出来从政治上反蒋，我为何不可顺势而为？在政治上跟进，狠狠地踹他蒋介石一脚，一齐着力，政治上把蒋介石往火坑里推。"

汪精卫立即行动，亲自率领国民政府高层团队中持抗日主张的官员，前往绥远前线慰问抗日官兵。

汪精卫的这一招十分给力，全国各大城市的人们，甚至海外华侨纷纷加入抗日大潮，有的举办"以一日所得援绥"活动，有的举办"万件皮衣"募捐活动。各地纷纷组成慰问团、医疗队赶往绥远抗日前线。

表达爱国热情的人越来越多，一批身份特殊的人——共产党员参与了进来。

以上海电影演员陈波儿为例，她是年轻人的偶像，社会上粉丝众多，影响力强劲。陈波儿带着抗日慰问团到绥远前线慰问的消息，在阎锡山集团上层立刻引起激烈争论。

反对的人认定，陈波儿是共产党员，部队就不应该接待有共产党员参加的慰问团，不能给共产党树立正面的抗战形象。

干部会上，阎锡山摆出一套阎氏抗日理论。"天下第一等的好事，你却不做，第一等的好人，岂不离开你？天下第二等的好事，你也不做，第二等的好人，还会跟紧你？天下第三等的好事，你也不做，第三等的好人，那也就离开你了啊。现在，抗日是不是第一等的好事？别人来抗日，就送给人家一顶大帽子，说人家是共产党，你是在做什么？岂不是把第一等的好人一巴掌推到共产党那边去了。有名望的人到绥东慰问伤员，你就扣人家共产党的帽子，结果是，只会让有名望的人速速离开你。这样的做法，就等于把长着四条腿的动物全都看成老虎了。"

把抗日这面政治大旗高高地举起来，把有名望的人拉到自己这边来。

排除困难、干扰，通过抗日这面大旗，阎锡山把自己的政治影响力往前推。

向共产党开放

从民众越来越高涨的抗日热情里，阎锡山愈来愈看出一个趋势："树起抗日这面大旗，在政治战场必定能打出一场漂亮仗。"一个想法越来越坚定："把抗日大事做足做强，做出声势。"

"建立一个抗战的团体，用这个团体来达到发动群众、组织群众的远大目标，从民众之中挖黄金。"阎锡山指示梁化之具体负责组建工作。

梁化之立即动手做第一件大事，给这个组织起一个响当当的名字。最好的名字当是"抗日救国"，然而这已是共产党的口号，想来想去，想到了阎锡山曾经说过的一句话"牺牲救国"。沿着这个思路，一个让人热血沸腾的名字横空出世："牺牲救国同盟会。"（以下简称"牺盟会"）

梁化之接着给牺盟会制定行动纲领，"不分党派、不分男女、不分职业，只要不愿做亡国奴的人们，一齐动员起来，积极参加一切救亡运动。"

"不分党派？这意思岂不是说放开对共产党的高压政策？岂不是与南京中央精神相违背？"阎锡山领导集团高层立即争论开了。

阎锡山再一次发挥高屋建瓴的智慧，摆出第二套阎氏抗日理论。"冬天穿皮袄，夏天穿汗衫，需要什么就来什么。现在是需要牺牲救国的时候。""难道说，在日军的炮火面前，还要分出你是共产党员，还是国民党员，才有牺牲的资格不成？"一根禁锢人们思想的政治绳索，被阎锡山用剪刀一把剪开。

1936年9月18日，"九一八"国耻五周年纪念日大会上，山西牺牲救国同盟会正式成立。会长阎锡山，总干事梁化之（阎锡山表侄）。

牺盟会成立，是阎锡山政治上发生重大转向的标志。在抗战工作中，在山西，共产党员可以用公开的身份开展工作。

阎锡山心中七上八下。摸着石头过河的感觉绝不是什么好感觉。每天紧盯山西的政治形势变化，就像股票大户，眼睛盯着电脑屏幕上的股票行情上下波动。

这可绝不是闹着玩的。亲手打开这个被蒋介石标定为"恐怖"的笼子，到底会有怎样的结果？"一定要看清楚，共产党到底是个什么样的组织，会不会翻转山西的天。"

看得越久，一个感觉就越强，共产党员、共产党的组织，没有在山西翻天，只是在做抗日救国的工作，另一个感觉同样强劲：共产党抗日救亡的那一套做法，对于民众有着特殊的魔力，有着超强的吸引力。就像超级磁铁，再大的铁块也能吸住；就如超级胶水，附着力、胶粘力特别强劲。

共产党的手法，怎么就这么给力？这其中有什么妙招不成？就如观看一个奇妙无比、变化万端的万花筒，努力想弄清楚这其中到底隐藏着怎样的玄机。

既然共产党动员民众抗日、组织民众抗日，这么给力，那么，为何山西只是停留在羡慕的级别，而不是利用共产党呢？

沿着这个思路，阎锡山想到了一个人：住在北平的山西籍共产党员薄一波。

公开地请薄一波回山西，一堵墙摆在那里：反对者。如何堵住那帮人的嘴巴？阎锡山想出一个办法。

阎锡山放出几句话来，"晋人治晋，共策保晋大业""发展山西，必须要有高级人才""请山西的能人为山西发展做贡献"。一面叫"乡情旗"，一面叫"人才旗"，两面旗帜被阎锡山树了起来。如此高大上的理由，狠狠地封住了反对者的嘴巴。

铺垫工作做好，阎锡山立即发出邀请函，盛情邀请薄一波到山西主持抗战工作。

薄一波到了山西，中共中央北方局立即跟进，派出杨献珍参加牺盟会。紧接着，山西省公开工作委员会（以下简称公委会）成立，薄一波被任命为书记。

公委会迅速开展工作，在全省范围内公开举行抗日救亡运动。绝不要小看共产党开展群众运动的能力，无论阎锡山还是蒋介石，都是无法比拟的。正所谓得人心者得天下。

公委会接着开展统战工作，工作对象定为阎锡山集团的上层人物。

两大工作非常给力，没过太长的时间，山西牺盟会在本质上发生根本性的变化，变成中国共产党领导下的抗日群众组织。

从此，山西有了共产党领导的合法组织机构，这个机构有着强大的发动群众、组织群众的力量。

用借力打力、借壳上市、借船出海的特殊方式，在全国抗日激情高涨的特殊时期，山西这块地面上，共产党的力量一步步发展起来。

共产党在山西的力量，之前是先锋队空降山西，与阎锡山的军队死磕，之后先锋队主动退出山西地面；这一次，转换了方式，以种子发芽的手法，由地底起根，以竹笋遇春雨之势迅猛发展。这或许是阎锡山当初没有料想到的。

山西境内伴之而来的，将是一场接一场轰轰烈烈的抗日救亡运动。在抗日政治舞台上，共产党的力量、阎锡山的力量，将日月同辉，双星闪耀。

从卷蒋抗日到联共抗日

张学良的一个感觉越来越强烈：自己的老家东北、将士们的老家东北，越来越遥远、越来越模糊。如果再不去跟日军战斗，以后真的回不去。失去根据地的人，就如无根木，就如水中浮萍，没有税收来源，他的军事实力一定无法强大。

共产党旗帜鲜明提出抗日的主张，这跟自己的利益多么契合。只有抗日，才有回家的路。不抗日，东北军的力量一定是往灭亡的路上走。

阎锡山的一个感觉也同样猛烈。日军今天没有打下绥远，明天呢？后天呢？那是一定天天在谋划着下一步如何进攻绥远。那么，要保住绥远这块地盘的话，就一定要跟日军战斗。抗日是必须的。绝不单单是军事问题，已经是一个政治问题。蒋介石已经听任日军灭掉了东北军的家，他下一个要灭掉的，会不会是利用绥远战场，利用日军，来削弱甚至灭掉我晋绥军的家园？

中国东北、华北正在发生军事实力大变化，蒋介石越来越看出一个有利于自己的政治局面：日军毁灭了东北军阀张学良的老巢，而在绥远战场，也正在毁灭阎锡山的军事实力，正在抢占晋绥军的地盘。这些地方军阀跟日军战斗，他们一定全都打得精疲力竭。我现在要做的工作是什么？不是什么抗日，而是在政治上高高地挥舞"剿共"的大旗就完全够了。张学良、阎锡山、冯玉祥，你们跟红军打，跟日军战斗吧。

蒋介石在等待渔翁之利，他这点小算计，能逃过阎锡山的眼睛？阎锡山不只是看在眼里，已经着手策划一个卷蒋抗日的方案。简单地说，就是利用全国民众的呼声，把蒋介石的力量卷进来。

如何卷是个难题。

就在阎锡山寻找机会的时候，突然发现，一个机会出现了。

1936年10月31日，这 天是蒋介石50岁寿辰。

理论上，人在最高兴最幸福的时候，往往最容易放松警惕，容易接受别人的规劝。

阎锡山、张学良研究后，决定利用这个机会。

10月31日这天，蒋介石满面春风，心中储满欢乐和幸福。

两人一起来到蒋介石面前，向蒋介石缓缓提出，"祝您生日快乐。停止内战，与共产党一起，形成蒋介石、共产党、张学良、阎锡山一起抗日的军事局面。""一定得到全国人民的欢迎。得人心者得天下。"

在抗日问题上，对于阎、张联手，共同施压这个可能性，蒋介石早就有预见，早早做好了思想准备，早早准备好了反击的预案。

认真听完阎、张大谈特谈"军事力量联手""民众抗日呼声"两个大观点，蒋介石轻轻地提醒两人注意一个摆在桌子面上的事实，"共产党已成强弩之末。红军跑了两万五千里，还能有什么军事力量？胖子都跑成了瘦子，这样的时刻还不给他们最为致命的一击？还放虎归山、养虎为患？"接着，蒋介石摆出行动路线图，"只要你阎锡山、你张学良和我一起努力，在短期内消灭已经弱不禁风的共产党，这绝不是什么难事。这才是永绝后患的大事。"

看到阎、张完全不为自己的言语所动，蒋介石开始发脾气，大声训斥两人"不明大势，还不懂行情"。

阎、张完全没有料想到会是这样的结果。蒋介石就像一头牛，它不想喝水，你就是按下它的脖子也没有用。除了沮丧地退回来，还能有什么办法呢？啥办法也没有了。

在寿宴的欢庆气氛中，两人讨了个没趣，只得各人埋头想自己的心事。

张学良得出一个结论。"既然与阎锡山联手，借全国人民抗日的呼声，都撼动不了蒋介石那个花岗岩一般的脑袋，那么还能有什么力量能撬得动他吗？那就只有一个力量，这个力量叫子弹，用枪逼着蒋介石抗日。除此之外，别无他法。而要用枪逼，那就必得要有一个机会。这个机会在哪里？那就等吧，机会有时是等出来的。"就像买股票一样，等到行情跌到底时，我才出手买入。而股票行情是我个人无能为力的，那就耐下心来，慢慢地等。

从这次碰壁中，阎锡山也得出一个结论。

"既然你蒋介石铁定意志不去打日军，而我的绥远是一定要挨日军的打，那我阎锡山即使一股力量也要想出办法来打日军。不打不行啊，不打的话，我的绥远就一定成了日军的囊中之物。我单打独斗是一定打不过日军的，而共产党要打日军，那我为何不与共产党联手，一起打日军呢？"

"难道打日军还要分什么党派不成？日本国进攻我中国，难道不是中华民族与日本政府的生死较量吗？在这样的关键时刻，在求军事胜利的关键时刻，在子弹面前，还分什么党派？"

阎锡山打定主意，与共产党力量联手。只有这条路，才有可能保住绥远的天空是中国人的，是我阎锡山的。

"立即对共产党放手，对共产党采取更为宽松的开放政策，放共抗日。"

"山西对共产党实施开放政策。"得到确切消息，牺盟会立即大展拳脚。办军政训练班，办民训干部团，办村政协助员训练班，办牺盟特派员训练班……

只要你主张抗日，只要你觉得有必要抗日，牺盟会就为你提供培训的机会。用"培训"的手法，牺盟会在一年的时间里培训了万名骨干，为山西抗战打下了人才基础。

培训让很多人不只是学到了技术，而且在思想上脱胎换骨，听到了以前从未听到过的理论和观点。

牺盟会迅速着手第二大"工程"项目，组建抗日武装。大批地吸收青年学生、工厂工人。牺盟会的政治团体身份迅速发生变化，一跃成为一支军事力量。

随着培训人员数量增多，握笔杆子写文章的人越来越多，牺盟会收到成堆的抗日稿件。利用丰富的稿源，牺盟会动员一批编辑人员，编辑、印刷、发行宣传抗日的期刊、书籍、传单、宣传册，从太原向全国发行。牺盟会在全国的影响力越来越大。

一时间山西吸引了大批的抗日青年，引来了大量的偶像级的人物（抗日名士）。他们有的参加抗日培训活动，有的搞抗日宣传活动，有的直接参加牺盟会领导下的军队，大搞抗日军事训练。

当时的情形，引用一位抗日名将的点评。他写道："以一隅之地，进行守土抗战，山西吸收了全国的进步青年。成立牺牲救国同盟会，开设生活书店，山西思想有了自由。我看见了光明，虽然燃烧的只是一支蜡烛。即便如此，我和众多爱国青年一起，像扑火的蛾儿，围着这点点光明，不肯弃他去了。"

因为痛恨蒋介石的不抵抗政策，此人在南京中山陵曾剖腹自杀过。他是国民党爱国将领续范亭将军。

无论政治的算盘珠子如何拨弄，在阎锡山面前，一个现实的问题摆在那里："日军接下来必定发动新的进攻，如何保住绥远？"

任何军队，再怎么厉害，都怕狠人。沿着这个思路，绥远守军将领傅作义设计了一套奇袭百灵庙的方案。对日军来狠的，把日军的嚣张气焰打下去。"把日军打得抬不起头来，把日军征服绥远的信心彻底打破。"

对参战部队，傅作义大搞战前攻城演练，让每支参战部队明确作战任务，明确每一步的作战目标。从增加将士的信心着手，提高部队攻城能力。通过演练，将晋绥军转化成具有一定攻城能力的部队。

傅作义制定出三天攻下百灵庙的计划。如果计划定为一到两天攻入，显然不切合实际；如果时间拖长，日军救援部队赶到，战场风险就大大增强。切合实际的攻城方案才是最好的方案。

傅作义命令部队在百灵庙四周，在日军实施长途救援可能经过的路上，选择地形，提前设下伏兵，打断日军的救援路线。

11月21日，傅作义指挥部队对百灵庙的日伪驻军发动突然袭击，集中绝对优势兵力，集中绝对优势的火力，力求速战速决。

成功向着有准备的人，经过三天激战，11月24日，傅作义指挥部队成功拿下百灵庙。

这一仗，打死、俘虏日伪军2000多人，缴获面粉2万袋，缴获大批轻重武器。

这一仗达到了目标，遏制了日军进攻的势头。

这一仗打破日军不可战胜的神话，增强了全国人民对于抗日战争胜利的信心，进一步掀起全国民众的抗日热浪；更为重要的是，给一个人的刺激特别大。

兵谏

这位一直在陕西"剿共"，一直背着不抵抗"黑锅"的将领，受到百灵庙战斗胜利消息的强烈刺激，认定日军并非以前判定的"不可战胜"。

夜深人静，张学良无法入睡，提笔凝思，写成《援绥请缨抗敌书》，"晋绥军能抗日，能打败日军，东北军不也同样可以去打日军吗？不也同样可以打败日军吗？"

1936年11月27日，蒋介石收到这份请缨抗敌书。只用一眼就看出了张学良的用意。"抗日梦你就别做了，诚心竭力'剿共'吧。"蒋介石的声音是硬硬的，没有一丝回旋的余地。

批示意见发下去了，一个感觉却挥之不去。张学良"剿共"情绪越来越不稳，共产党的抗日宣传，傅作义百灵庙袭击战的胜利对张学良的刺激一定不小。

如何安抚张学良的情绪？对张学良这个人，必须软硬兼施。不能只是大声呵斥就了事，还必须做情绪上的安抚工作。

反复把捏，蒋介石得出一个结论：张学良需要的是一颗心，一颗真诚安抚的心。给张学良送真诚，这才是送到关键点上。

什么叫真诚？我亲自走一遭，面对面地沟通。情感上融洽，真诚自然会产生。

接到蒋介石"别做抗日梦"的批示，张学良感觉自己的头变得像稻箩那么大。"我们东北军，难道就这样在憋屈中走向没落？"

正在茫然无绪，突然卫兵送来一封蒋介石亲自来西安"剿共"前线慰问的电报。

张学良眼前一亮，一条先前看似不可能的路，突然之间，就被蒋介石亲自铺就了。

这将必定是风险度极高的棋。把蒋介石那个"花岗岩脑袋"用子弹凿开，有可能被别有用心的人炒作为东北军与南京的决裂，极有可能遭到蒋介石的恶毒报复，极有可能引来蒋介石的中央军。张学良细细地想着。那将给自己的人生、东北军的前途带来毁灭性的灾难。然而这一步棋，却又极有可能改变中国的命运，极有可能改变东北军的命运，当然能一举摔掉不抗日的"黑帽子"。

有没有办法降低风险？

张学良想到了一个人。

找到他，两股重要的军事力量捆在一个战车上，合二为一，既在蒋介石面前加重分量，又为自己系上一根保险带。张学良望着蓝蓝的天空，缓缓地想着。即使将来蒋介石对我张学良、对东北军辣手摧花，也不得不考虑到另一支军阀势力的存在——西北军。

张学良找到一起在陕西受命"剿共"的西北军领导人杨虎城。

后来两人一拍即合，做出重大决定，对蒋介石发动一场抗日兵谏。暗中策划当即展开，方案、人手迅速准备到位。

12月12日，"蒋介石突然失去人身自由，已经被张学良、杨虎城控制"，如此重大的消息立即成为全国所有媒体头条，成为重大新闻。

张学良、杨虎城绝没有想到，蒋介石对于抗日的主张，油盐不进。任张学良说一千道一万，蒋介石就是一个动作，摆出一副死猪不怕开水烫的架势，对张学良、杨虎城的抗日主张，不理不睬。

1936年12月，蒋介石到达西安时，张学良、杨虎城前往迎接

消息传到南京政府，官员们迅速分成两大派，对日主战派、对日主和派。两派互不相让，整日争吵不休。

得到消息，阎锡山一眼就发现一个超级巨大的机会。连夜召开高级官员会议。几番热烈讨论之后，得出结论，"中国如果没有蒋介石，各个军阀之间，一定争抢最高权力，一定内战再起。这样的话，晋绥抗战的良好形势只会立即逆转，晋绥军的风险就会成倍地增加。"

阎锡山做出决定，发表通电，谴责张、杨，营救蒋介石。

阎锡山账本里的算式法则：通过营救活动，在蒋介石那里，在众多军阀眼前，大大抬高自己的身价。这是一笔千载难逢的大生意。

阎锡山通电，立即引起三个方面强烈反响。

1. 中国共产党（以下沿用历史著述常用简称：中共）高声点赞。（通电）有"共维大局之语，至理名言。"中共的电文里有一句话，让阎锡山找到很好的感觉，"目前宁军攻陕甚急，愿阎公出以有力之调停手段。"阎锡山想的就是当上中间调停人，博取全国的政治眼球。

2. 张学良迅速回电。驳斥阎锡山的责难，要他保持中立，警告他这个时候不要对东北军、西北军动什么歪点子。

3. 由于西安方面掐断了与南京政府的联系，南京政府认定只有请阎锡山出

西安事变翌日，《西北文化日报》的报道

面，才能救出蒋介石。代行政院长孔祥熙在收到阎电当天就回电，授予他营救蒋介石的全权。

阎锡山迅速派人到西安打听蒋介石的情况。

张学良得知消息，当即派专人到太原向阎锡山送来一句话："蒋介石在西安绝对安全，请南京方面放心。"

得了这句话，阎锡山立即将这个重大消息向南京报告，同时发动太原各大报刊在头版头条位置刊登消息，渲染阎锡山正出面调停的气氛。

阎锡山向张学良提出解决事变的四大原则，"爱护国家，爱护领袖，爱护副司令（指张学良），爱护东北军。"

阎锡山捧着香茶，嗑着瓜子，静静等着西安方面的答复。

第一波答复很快就来了。以周恩来为团长的中共代表团已经到达西安，开始和平调解工作。

看着阎锡山的四大原则，张学良窝了一肚子的火，"四大原则里看不到抗日

参与西安事变谈判的中共代表周恩来、叶剑英、秦邦宪（右起）

的半个字眼。" "难道我这不是在爱护国家？难道我不爱护领袖？想踩着我的肩膀上？" "决不让阎锡山做成这一桩买卖。"

"共产党能调解蒋、张矛盾？怕是只会越帮越忙吧？"阎锡山没把这事放在眼里。

阎锡山正忙着策划如何进一步与西安、与南京周旋，在周旋中如何将自己的利益做到最大化，突然听到第二波消息，蒋介石已经安全地返回南京。

正在办公室里踱着方步想主意的阎锡山一下子坐在厚实的沙发里，半晌没有回过神来。"煮熟的鸭子，就这样被突然出现的共产党赶飞了"，"这么好的一

西安事变后第三天，张学良阅读蒋介石的顾问端纳带来的宋美龄的信

票生意，就这样被共产党硬生生地搅局。"

不打不成交。这一次与共产党侧面交手、空中接招，阎锡山产生了一个感觉，"必须重视共产党的分量。共产党出手之快，让人吃惊；共产党做事果断勇猛，让人震撼。"

阎锡山快速推算出，接下来的形势，极有可能是国共合作、共同抗日。"一定是蒋介石接受共产党抗日的主张，不然，蒋介石岂能如此快速地脱身？"

蒋介石的算盘接下来会如何打呢？阎锡山有一个模糊的感觉蒋介石的做法，应该是保存中央军的实力，而将其他的军阀、共产党的军队推到抗日战场前线，让这些军队在与日军的战争中首先消耗掉。

"那么，接下来我该怎么办？"

方案渐渐清晰。与共产党多方合作，深度融合，这样一来，蒋介石就难以从山西捞到好处。共产党的力量，看样子极有可能成为蒋介石的一个大克星。

思路清晰了，阎锡山一系列的行动便迅速展开。

12月下旬，阎锡山与中共之间，在共同抗日的大原则上达成共识。

阎锡山解除对红军的经济封锁，允许两边生意往来，允许客商人员往来。

1937年2月，双方设立电台开展直线联系，不再依靠人工通信站点，共享抗日信息。

阎锡山亲自提出抗日口号："宣传民众，组织民众，训练民众，武装民众。"着手在山西进行抗日全民总动员。相比其他省份，山西更早进入抗战动员阶段。

7月15日，也就是在"七七事变"后，蒋介石宣布对日作战。"地无分南北，人无分老幼，无论何人均有守土抗战之责任。"蒋介石从正面承认中共领导下的陕甘宁边区在抗战中的地位。阎锡山抓住机会，立即向中共代表做出正式表态，"从今往后，在山西，红军和中共中央代表，可以用自己的名义，开展活动。"

有了合作的政治基础，中共立即跟进，八路军驻太原办事处随即挂牌成立，正式运行。中国共产党与阎锡山之间的抗日统一战线终于建立起来了。

引入共产党组建军队

从1937年"七七事变"开始，日军向华北大举进攻，日本政府侵占整个中国的意图已经暴露无遗。蒋介石领导国民政府做出整体抗日军事部署，汇集全国的军事资源与日军较量。蒋介石将全国分为五大战区。

阎锡山任第二战区司令，红军总司令朱德兼任第二战区副司令。山西、绥远和察哈尔的部队由阎锡山负责指挥。红军改编为第八路军，朱德任总指挥。

日本眼前的目标是拿下平原地貌的华北。而要占据华北，必定要占领多山地貌的山西。山西是华北防守的要塞。中国部队将来要想夺回华北，一定首先在山西集结。

"山西必定成为日军重点战略目标。"

蒋介石明白，阎锡山更明白。"凭山西的这点兵、这点枪，能抵住重装备、严格训练而且长年在战场杀伐的日军吗？"

反复思考后，阎锡山拿出一套方案：发动全民族的力量抗敌。抗日战争是一场"民族革命战争"，必须调动全民族的力量，"我们这次对日抗战，不是国与国的战争，也不是民族与民族的战争，而是民族革命的战争。民族革命战争是政治性的全面全民抗战。在此生死关头，唯有发动民族革命战争，举我全力作最后一拼。"

如何发动全民族的力量？

"全民思想、政治、军事、经济大动员，高速度扩充军队。"

与先锋队的那场较量中，阎锡山印象太深了，"红军的力量实在强劲，我军远不是对手。""在组建军队、训练军队、组织军队作战方面，引进共产党。借别人

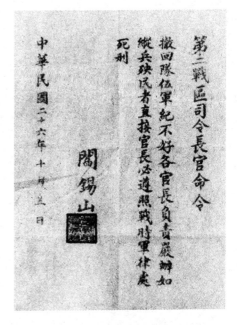

1937年，阎锡山下达整肃军纪的命令

的手，借别人的脑袋，成就自己的事业。"

牺盟会立即行动，1937年8月，山西青年抗日决死总队组建完成，有四个纵队，由薄一波全权负责。决死队采用共产党军队的政治委员制，军队的政治权由政治委员负责。

政治委员，当然是政治能手。牺盟会派出的各层级的政治委员绝大多数是共产党员。

军队组建过程中，阎锡山仅仅提出一个要求："政治委员必须是山西籍人士。"

很快，日军的战火就烧到了山西地面。

第十一章

平型关大战、忻口大战、太原保卫战

在大同准备决一死战

拿下北平、天津后，集结在华北的日军最高层做出决定，立即兵分三路拓展空间。

东路，向山东推进。路线图：沿津浦路南下。

南路，向河南推进。路线图：沿平汉路往前推。

西路，目标为晋、察、绥，重点是山西。路线图：沿平绥路推进。

我们把镜头对准山西。因为这本书的主角正站在山西的地面上看着眼前发生的一切，努力地盘算出山西的未来。

"山西即将面临一场大鏖战、大劫难、大灾难。"

支持的论据有两个：

1. 山西特殊的地形。

山西地处黄土高原东部，由太行、吕梁、恒山、中条四大山系形成的山脉众多，山西整体形成群山环绕的地理形势，是"华北之锁钥"。无论在中国军人还是在日军人的眼里，山西就是华北大地的天然堡垒，想不争夺都不行。

2. 山西特殊的地理位置。

对中国军队而言，如果能守住山西，对已经侵入华北的日军形成严重威胁。在华北日军的侧背部位，中国军队轻易就能对华北日军最大的软肋下刀子。

对占领平津的日军队而言，要保住已经取得的战果，要进一步向山东、河南进攻，就必须解决侧背的威胁。侧背之忧，必须解除，那就必须控制山西。

山西成为中日军队必争之地。

1937年8月下旬，日军相继攻下南口、张家口。之后，马不停蹄地向西推进。

山西的东北部突然之间战云密布。这里集结的日军越来越多。这些得胜之军，乘着胜利的锐气，这就要张开血盆大口，一定要将山西吞入自己的腹中。

最难对付的军队就是得胜之军。从朝鲜到中国，从中国的东北到华北，日军一路得胜，信心满满。日军拥有大量先进的武器，有先进的交通工具，兵精粮足，军纪严明，训练有素。日军创下的"不可战胜"的神话，绝不是浪得虚名。

从东北到华北，日军已经打了多场仗，像一股决堤的洪水，在中国的地面滚滚而来。

阎锡山将作战计划摆在山西军队最高领导层的面前，"全力准备大同会战"。阎锡山已经算定，日军必定进攻大同。

阎锡山一方面制定大同会战计划的具体方案，一方面加紧实施，落实到每一支参战部队，每一个战斗单元。阎锡山亲自来到大同前线，不是视察一下就往回跑，而是把自己的行营设在战场前沿，具体位置在雁门关下的太和岭口。不只是设下了行营，还放出风去，在大小媒体上放言，这一次一定要把入侵的日军埋葬在大同。"大同就是日军的坟场。"

阎锡山下定大战必胜的决心，把山西的军队摆在了日军的枪口。在阎锡山的算盘上，四道精准的算术，摆了出来。

1. 不论晋军打与不打日军，日军是一定要进攻大同的。这里是山西的门户，日军岂有不攻之理？

2. 打上一仗，即使不能胜利，也应该是个平局。晋军不会大败而逃。晋军最擅长就是一个"守"字。把日军拦在山西的门口就成了。

3. 好好地打上一仗，敲打一下日军，让日军对山西不敢轻举妄动。如果不狠狠地打击他一下，日军一定很放肆。狠狠地打他，哪怕打不死，也要让他们知道山西军的厉害，这就够了。

4. 打日军，一定会在全国获得支持，更为重要的是，可以依此向蒋介石要钱要枪要粮，向中央提出的要求就名正言顺。理论上，蒋介石想不给都不行。这笔经济账，一定是赢的。

果然如阎锡山所料，接到大同作战方案，蒋介石立即做出正面回应，答应向阎锡山送钱送枪。

蒋介石的算盘同样精到。如果阎锡山不出力抵抗的话，山西屏障一旦失去，日军就可以轻易从山西杀向湖北，从山西杀往四川，那时自己的麻烦就真正大了。

钱、粮、枪、人全都到位，大同张开一张大网，等着骄横的日军来闯。

阎锡山布下一道坚实牢固的防线，利用地理优势，以逸待劳，以主场作战的姿态，在家门口等着日军送命上门。"叫花子门前二尺硬地，这一次一定要让强势的日军好好认认别人家门前的硬地硬到什么程度。"

果然如阎锡山所料，1937年9月初，日军沿平绥路向山西大同方向扑了过来。晋绥军与日军的战斗，首先在雁北重镇天镇展开。

在天镇，阎锡山布下两步棋，一狙击，二放行。这里不便于战场展开，但是可以利用这里的地形狠狠地阻击一下日军的先头部队，让他们吃点苦头，丢下尸体，打击日军那颗狂妄的军心，这就达到目的。狙击的同时，做好有序撤退的工作，部队安全地撤出战场，将日军主力引到大同来打，大同才是正面战场。

所以，我们看到历史资料的记载是"顽强抵抗""天镇失守"这样的一些词。

阎锡山算出日军要进攻大同，而日军也的确要进攻大同，不过，日军高层中也有跟阎锡山一样聪明的人。日军情报人员早已将大同设下重兵的情报递到了华北西路日军的最高层。日军最高层立即策划一个方案：避实就虚，暂时不进攻大

1937年9月13日，日军骑兵部队从大同北门入城

1937年9月13日，日军士兵在山西大同城楼上警戒

同，转而攻战兵力薄弱的平型关。

日军将这个计划严格保密，直到攻下天镇，阎锡山对日军的这一计划还一无所知。当阎锡山得到消息，日军没有向大同方向开进，而是转向平型关时，他简直不相信自己的耳朵。

日军的战术大大超出阎锡山的路线图。

日军的动作极其迅速，利用便捷的交通工具，突然之间向平型关猛扑过去。

日军的新动作，不只是打乱了阎锡山的部署这么简单，严重的是，日本一旦攻下平型关，就等于在山西的背后插进一把刀。虽然这把刀不是在山西咽喉——大同。但背上的刀同样是刀，插进谁的后背，谁都不好受。这该怎么办？

其实日军的目的是把阎锡山的军队主力往平型关拉，大同就必定空虚，即使大同有防守，原来所有严密的部署必定全部被打乱。到那时再进攻大同，就容易得多了。

日军杀向平型关，不只是在山西的背上插刀，还为下一步在山西的咽喉大同横砍一刀做了强力铺垫。阎锡山无论怎样精心算计，也无法两头应付。日军拥有交通的优势，完全能够抢在山西军队的前边，将兵力从平型关拉向大同。山西军纯靠人力必然跑不过日军的车轮子。那时阎锡山的军队无法跑回来，这个时间差、速度差，就是日军拿下大同的胜算所在。

阎锡山本已在大同布下重兵，无奈日本鬼子更狡猾。

日军避重就虚，阎锡山还能怎么办？平型关不能不保，阎锡山没有时间想第二步棋、第三步棋，赶紧制订新的作战计划，放弃大同会战方案，将兵力重新部署，赶紧调往平型关那边去。

对于大同会战，阎锡山多少还是有些信心，大同是精心布置的战阵，而且经过了战前长时间的训练、演习，对于战局进展的每一步，阎锡山差不多已经了然于心。而对于平型关，阎锡山是匆忙之中被迫应对的，对于能不能取胜，或能不能打个平局，或打败之后如何撤出战场，心中完全没谱。没有战前的演练，就这样被日军牵着鼻子跑路的感觉，阎锡山从心里感到特别别扭。

五大主题词

在平型关抵抗日军，阎锡山没有思想准备，没有物资准备，更没有人手准备。没有任何把握，一切动作都是被迫做出的仓促应对。在这样的情况下，阎锡山能下定战斗的决心吗？如果一直摇摆不定，平型关一定会被日军轻易拿下，整个山西就可能没戏，整个中国的核心部位，也即中国的腹部，就完全暴露在日军的枪口底下。而中国的抗日战争，将一定是一场持久战，而持久战就需要一个前提——把日军挡在国门口，至少，中国的腹心不能完全暴露在日军面前，否则，抗日战争失败的风险就一定大大地增加。

对于抗日战争，周恩来、彭德怀、彭雪枫等坚定持久战思想的八路军高层，看出了阎锡山在大敌面前犹豫徘徊的心态。看出问题来了就必须立即行动，一刻钟都不能等，他们正在以最快的速度向平型关方向集结。

三人迅速找到阎锡山，进行面对面的沟通。

在阎锡山面前，周恩来推出五大主题词。

第一个主题词：坚持。

"目前的情况，的确是敌强我弱。日本的国力、军事力量不是一般的强大，中国表面上看，似乎不是日本国、日军的对手。但是，笑到最后的一定是中国。这其中最为重要的一个条件就是坚持。在困难面前，中国人、中国的军队一定要坚持住，绝不能放弃。"

为什么这个账算来算去，会是"中国最后胜利"这样的结果呢？原因在于第

二、三、四个主题词。

第二个主词题：团结。

"要打败日本，中国军队要团结起来，不能再是军阀内部混战。有团结才有力量。劲往一处使，中国的能量才会最大程度地迸发出来。"

第三个主题词：全民动员。

"这一场抗日的战争，不能单单是军队之间的战争。中国如果只是拼军队，或者说仅仅靠军队拼，中国军队不是日军队的对手。中国的力量，在于整个民族之中。动员全民族，全民皆兵，陷日军于中国民族反抗的汪洋大海，再牛的日军，也只能四处扑腾。这样就给了中国军队无限的契机。这才是中国军队最终取胜的条件所在。"

第四个主题词：抵抗。

"在日军的进攻面前，一定要抵抗，一定要坚决抵抗；但是绝不能是盲目抵抗，要把我国现有的有限力量用在刀刃上，绝不能无谓地牺牲宝贵的抗日资源。"

"如果不抵抗，一味地逃跑或投降，就不能削弱日军的力量；抵抗才能一步步地削弱日军。从眼前的敌强我弱，步步转化，最后转化为敌弱我强，这其中最重要的条件就是中国军队、中国人民顽强地抵抗。"

第五个主题词：时间。

"当我们前边的四个要素实现时，我们就赢得了一个最为关键的军事要素——时间，就能拖住日军，就能拉长日军在中国战场的战线，就有机会从敌人的前方到敌人的后方对敌人四处放火、八处开花，让日军防不胜防。最后，胜利一定属于中国，属于中国的人民。"

周恩来一行人说得在理吗？

阎锡山给出一个响亮的答案："在理。"

阎锡山做出决定，与周恩来等人一起办公，大家多个脑袋一起发力，一起制定一个绝非一般的作战方案：平型关作战方案。

平型关之战

不要高看日军的军事实力而小看周恩来、阎锡山、彭德怀、彭雪枫这些人的军事策划能力，这几位绝不是一般的人，周、彭都是北伐战场、反"围剿"战场、长征战场一路打过来的，从多场失败中一步一步成长起来的，真正是战场上成长的；阎锡山也经历了多次大大小小的军阀战争的考验，才走到了今天，满脑子都是战场的经验与教训。

日军高层可以看不起中国军队的武器，因为西方对中国实行重武器禁售，中国的军队没有什么大炮、重机枪之类的高性能杀伤性武器，而中国官办军工企业造的武器，质量的确十分低劣；但是，日军高层实在不应该小看中国这批牛人的军事策划能耐，发生在中国地面多年的军阀战争、"围剿"与反"围剿"战争已经锻炼出一批那个时代的军事牛人。这些人如果团结起来，就是日军吃苦头的时候。

快来看看这个方案。

1. 诱敌深入，把敌军引导到设伏的地点；2. 提前埋伏重兵，日军进了口袋后，发动猛烈地进攻；3. 截断日军退路，让日军后援无法到达。

即"口袋阵"战法。充分地利用地形优势，利用日军胜利者骄狂轻敌的心理，从而把敌人诱进峡谷，然后扎紧口袋，居高临下，让日军充分地见识一下什么是真正的中国军队。

真是一个滴水不漏的方案。理论上没有悬念，照着方案做，前来进攻平型关的日军没有几个能活着回家。

往往现实与理论之间相差的不是一点点的远，有时十分遥远。所以在方案制定后，一定要多多假设可能的、例外的甚至是特殊情况下有可能发生的问题。

这一次搞出特殊状况的是高桂滋部。

9月24日，日军进攻平型关的战斗打响。日军最高层非常清楚，阎锡山这一次一定会利用平型关特殊的地形在山头上设下埋伏。为此，日军制定了详细的、高明的破解方案。

日军的破解方案并不复杂，军队开进平型关大峡谷地段后，并不立即散开，当然也不逃跑，而是找到制高点，集中火力打下那个制高点，然后利用制高点的地形优势，从高处向低处拓展。

日军一进平型关，立即选择了高桂滋部控制的制高点，迅速集中最猛烈的火力，发疯一般地发起进攻。

日军的这个打法大大超出高桂滋的想象。

高桂滋原以为自己的部队占据了平型关最高的山头，是最有利的，因而也是最安全的了，现在反而成为日军火力集中攻击的目标。惊慌之中，高桂滋没有考虑许多，只考虑了在关键时刻如何保存自己的实力。显然，如果拼下去，自己的这点实力一定拼光，自己这点人手、武器，岂是日军的对手？虽然有地形优势，但日军集中重型火力发疯一般炮轰、扫射，自己的这点力量一定被日军轰得稀巴烂。

怎么办？

高桂滋迅速做出决定，放弃阵地。

战场上，有的阵地可以放弃，而有的阵地万万放弃不得。现在，高桂滋的那块阵地，就是整个战场的制高点，万万放弃不得。然而，高桂滋却轻易放弃了。

日军当即占据这一有利的地形地势，利用制高点的优势，对晋绥军的郭宗汾部形成包围的态势。现在，如果郭宗汾再一垮掉，平型关的整个口袋阵计划就一定全部泡汤。如日军占据战场主动权，中国军队的风险就随即陡然之间增加万倍。

关键时刻，配合作战的八路军115师最高层做出决定，向已进入伏击圈的日军板垣师团发起进攻，打掉日军嚣张的气焰。

9月25日（战斗的第二天），经过一整天的激战，115师歼灭日军1000多人，一下子把本来还是趾高气扬的日军打入混乱的境地。

日军遇到如此毁灭性的打击，变成惊弓之鸟。日军的军胆被打破。阎锡山的机会——向进入埋伏圈的日军发起进攻的机会，这一次是真的来了。

阎锡山是一个最善于抓机会的人。先前还在惊慌之中，这下发现属于自己的机会来了，岂不立即动手？阎锡山当即指挥晋绥军向伏击圈里的日军展开进攻。

在晋绥军猛烈攻势下，不但解了郭宗汾部的围，而且取得重大胜利。抗日战争以来，全国真正第一个大胜仗。

日军，那时日本人自称"皇军"，从东北打到华北，差不多仗仗得胜，一直由中国的北方往南推进。无论中国的军队如何顽强抵抗，最终中国军队统统成了"皇军"的手下败军。现在，平型关之战一下子就打破了"皇军"创造的不可战胜的神话，增强了全国人民抗战胜利的信心。

阎锡山的想法跟着就有了。要改变原来的作战路线图（把敌人放进关内再打），采取新的作战方案，"御敌于关外，集中兵力出击平型关外的敌军。"首定的作战目标是歼灭游荡在平型关外的板垣师团。

从平型关的失败里，日军高层看出阎锡山兵力部署的弱项——大同兵力空虚。

"我们用速度优势，迅速出兵大同，即使你阎锡山发现我军新的动向，也来不及调集军队。"

这一次，日军算法精准，迅速拿下大同，让阎锡山只能眼睁睁地看着丢了大同却毫无办法。中国的军队缺少汽车这样的高速运输工具，谈不上什么机械化移动。日军高层这一次用速度跑赢阎锡山。

日军没有歇着，立即开动充足的兵力迅速南下，一举占领繁峙县城。对平型关战场侧后方当即形成新的威胁。

阎锡山看清新形势。"迅速撤出平型关。重新寻找新的对自己绝对有利的作战地点。反正山西这样的地点还真不少。"

新的地点，迅速出现在阎锡山的视线之中——忻口。

忻口会战

忻口，位于太原北边，距离太原城一百公里。

日军的主要目标之一就是要占领山西太原，如果能守住忻口，太原的安全就有保障。

"守住忻口，我们有着相当大的把握。"

阎锡山握在手里这个硬实的信心有三大支撑点：

1. 有国民党中央军的支持。

忻口位于崞县和忻县之间，这里是云中山、五台山两山峡谷之间的一个隘口，外界通往太原的公路、同蒲铁路都从这里通过，无论是古代还是近代，这里都是晋北通往太原的必经之地。

日军进犯太原，就必经忻口。对于这一点，蒋介石跟阎锡山一样清楚。假如日军占领太原，就一定会从山西进击湖北，直捣武汉。蒋介石这一次派出强大的中央军，大力支持忻口保卫战。具体负责这次战斗任务的是卫立煌的第14集团军。大军从石家庄出发，迅速开赴山西，参加忻口保卫战。

2. 有共产党八路军的支持。

这支力量不能算大，而且也没有派军队到忻口正面参战，然而由于八路军在五台山一带活动，牵制日军，不停地骚扰日军的物资供应链，使日军的机动能力大大削弱。这样一来，就使晋绥军能按计划完成战斗部署，也给随后赶来的中央军完成战斗部署迎得了宝贵的时间。

时间是战场最重要的因素，不可小看。正是八路军的动作，让晋绥军、中央军赢得了时间，从而赢得整个忻口战场的第一局，取得开门红。

3. 阎锡山自己的看家资本。

正是由于忻口是进太原的必经之路，还在军阀混战时期，为保卫太原，阎锡山把这里看作关系太原安危的咽喉，因而在这里投下血本，修筑大量的军事工事、堡垒设施。现在，这些长期经营的宝贝疙瘩这一次一定发挥重要的作用。

太原兵工厂正在制造仿日式重机枪

1937年10月14日，日军炮兵部队进攻山西忻口

10月10日，忻口会战打响。

双方投入兵力比较：

日军：主力板垣师团，人数5万多。

中国方面：晋绥军、中央军，人数10万。建制：8个军16个师。

战场状况：战线东西走向，呈峡长的带状，全长50里。

火力比较：日军投入飞机、坦克、大炮，炮火猛烈。中国守军由太原兵工厂供应八万多发炮弹，发挥强大的威力。

日军每次发起冲锋前，先用大炮轰击中国守军阵地。接着，在飞机、坦克的掩护下，以整营整连的兵力向中国守军的前沿阵地发起进攻；日军的进攻反复进行。

在敌方炮火过后，中国守军立即从掩体钻出来，出现在阵地前沿，对冲到阵前的日军，首先用各种枪支集中射击，接着手榴弹齐发，再接着，冲出战壕与冲到眼前的日军进行白刃战。中国守军一次接一次将反复攻入阵地的日军击退。中国守军不但人在，而且阵地在。

中国守军的支持力量强劲，数以千计的老百姓自愿上前线提供支援，他们出人力挖战壕，送水送粮送弹药，冒着炮火抬运受伤的士兵。军民同仇敌忾，士气旺盛。日军虽然出动飞机、坦克、大炮，却没有能在中国守军面前前进一步。

日军虽然占有武器的绝对优势，却遭遇一堵中国军人用血肉之躯筑成的人肉墙，遭遇中国百姓与中国军队一起筑成的人心墙。多日来，战争一直持续而激烈，中国守军寸土不让，守军驻守的阵地虽然多次被日军占领，但一次次被中国军队夺了回来。

激烈的战斗中，由于日军手握先进的杀伤性武器，中国军队伤亡惨重、代价高昂。战斗最激烈的一天，在名为南怀化（忻口正面约三里宽）的阵地争夺战中，阵地一天之内易手13次，中国守军牺牲了十个团、十个团长。从团长到炊事员，非死即伤，差不多一个小时牺牲一个团。阵地前的地面，已经被鲜血染红，这里个个都是真正的英雄，为国为民视死如归！

每一次剧烈的阵地拉锯战，中国军队就有巨大的人员伤亡。与日军比，中国军队不只是缺少武器，还缺少这种阵地战的战前训练。日军战争准备时间长，多年来一直做侵占中国的战争准备，军队训练有针对性，纪律严明，技术过硬。而中国军队事起仓促，多为应付，训练不够，训练中缺少实弹射击，技术差，结果只能以人员重大伤亡为代价与日军硬拼、死磕。

日军拼技术、拼武器，中国军队拼人力、拼人心。不论如何，中国军队始终保住了自己的阵地。在前线，中国军队中将军长郝梦龄在指挥时，被日军炮弹击中，当场阵亡。

什么叫"视死如归"？郝梦龄军长死前一天写给妻子的信作了最好的说明。郝军长写道："余自武汉出发之时，留有遗嘱与诸子女等。此次抗战乃民族国家生存之最后关头，抱定牺牲决心，不能成功即成仁。为争取最后胜利，使中华民族永存世界上，故成功不必在我，我先牺牲。我即牺牲后，只要国家存在，诸子女教育当然不成问题。别无所念……倘吾牺牲后，望汝好好孝顺吾老母及教育子女，对于兄弟姐妹等亦要照拂。故余牺牲亦有荣，为军人者为国家战亡，死可谓得其所矣！书与纫秋贤内助，拙夫龄字。双十节于忻口。"

在延安举行的追悼抗敌阵亡将士大会上，毛泽东在赞扬郝梦龄时说："中华民族绝不是一群绵羊，而是富于民族自尊心与人类正义心的伟大民族。"称赞郝将军为"崇高伟大的模范"。

中国守军如此顽强地抵抗，让手握先进武器的日军也一筹莫展。对于中国战场信心十足的日军高层，绝不相信一个小小的忻口就能将日军的铁蹄挡住。一番研究之后，华北日军高层做出决定，从北京、天津的守备部队中抽调兵力，增援忻口。

日军队伍哗啦啦地向忻口开过来，更多的轻重武器也跟着用军车拉过来。新的进攻一次、再一次地组织起来。

让日军高层大为吃惊的是，中国守军似乎吃了秤砣铁了心，这一次一定要守住阵地。日军虽然组织一次又一次的进攻，中国守军还是守在阵地上，日军在阵前丝毫不能前进。

日军高层这一次也发了狠劲，三次更换现场最高指挥官。高手不行来狠的，狠的不行，来更狠的。然而结果还是那个结果，日军没法前行，双方就在那里你不让我、我不让你地对峙着。

就在双方对峙中，日军发现一个大问题：时间越拖长，越对自己不利，原因不在日军身上，也不在中国守军身上，而是在八路军身上。那些在敌后搞游击战的八路军，接到高层指示，在日军的占领区一刻不停地搞破坏活动。只要是连接京津与忻口的公路，就有八路军的身影，他们在不同的地段、不同的时间段来无影去无踪地搞破坏、搞袭击。八路军不贪战、不恋战，不以消灭日军为目标，而是不停地挖断公路、铁路，毁坏桥梁，袭击日军储存粮食、弹药的仓库。在代县的阳明堡机场，八路军129师的一支部队，一次就烧毁20多架日军飞机。八路军的游击战、运动战让日军大大受伤。

面对毫无进展的战局，日本华北战区最高层开始清醒过来。"既然打忻口只是手段，占领太原才是目的，那么，为什么一定要走忻口入太原呢？不走直线，从其他地方绕道进攻太原，不也行吗？

华北日军高层决定放弃正面进攻忻口的计划，改为攻打娘子关。

娘子关之战

沿河北南下的日军部队，在占领石家庄和邯郸后，立即集聚散布在平汉线上的所有兵力，向娘子关扑过去。

日军这一招，大大超出阎锡山的意料。阎锡山还死死盯着忻口一线，从各地向忻口增兵、调运武器弹药军粮。而娘子关那边，兵力薄弱。日军突然之间向娘子关扑来，阎锡山感到自己实在找不出应对的办法，毕竟分身无术。

当大批的日军主力大部队出现在娘子关时，娘子关的守军当即慌了手脚。不只是日军来得突然，日军来的兵力如此之厚实，武装弹药如此充实先进，娘子关的这点守关部队根本不是眼前日军大部队的对手。

一场激战之后，日军顺利拿下娘子关。

娘子关是另一道通向太原的天然屏障，这道屏障被日军拿下，一条通向太原的大道就如念动芝麻开门的口诀一般，在日军的面前一下子打开了。

现在摆在阎锡山面前的战局突然之间发生翻天覆地的变化，日军哗啦啦地开过娘子关，从东面迅速向太原逼近。这就意味着忻口的中国守军即将陷入一种新的可怕境地——腹背受敌。

现在，如果不赶紧从忻口撤出，就有可能正面遭受日军进攻，同时背面被赶过来的日军包了饺子。阎锡山、卫立煌紧急研究，迅速决定放弃忻口，退守太原。

11月2日，各路军队陆续南撤，转入太原附近的阵地。

太原保卫战就这样慌慌忙忙中摆到了阎锡山眼前。

太原保卫战打响之前，我们还有一点点时间，来对忻口战役作一个小结。

战斗持续时间：20多天。

中国军队伤亡：5万余人。

日军伤亡：2万余人。

战斗结局：平局。

对于中国的意义：用一个主题词来归纳，叫团结。近代中国，各党派、各

阎锡山发明的重达九斤多的手榴弹

251

军阀之间极少有团结的时候，而这一次，在华北规模最大、战况最烈的对日作战中，中央军、晋绥军和共产党领导下的八路军在战斗中高度团结一致；不是相互扯皮，而是相互配合；不是畏缩不前，而是不怕牺牲，英勇顽强地抗击凶狠的日军。这一民族大团结的精神，对全国人民的抗战来说，对鼓舞全国人民的抗日热情、抗日精神来说，起到了极大的促进作用。

前边说了正面的意义，下边来说负面的。

虽然打了个平局，然而，中国军队付出五万人的惨重代价。而最后不得不撤出忻口，太原也处于危急之中。总体来说，战局向着有利于日军的方向发展。

为什么中国军队在自身地理条件有利的情势下，还是吃了一个闷亏？这与阎锡山的思路有关。

阎锡山忻口阻击战的思路，是片面的军事抗战。具体来说，就是以单纯的阵地战对日军进行防御。用阵地战的办法，防御日军的进攻，本来没有问题。然而，一定要研究敌我双方的情况，在知己知彼的情况下策划相应的方案。阎锡山面对的情况是敌强我弱，日军显然处于强势，而且是超强。这个"强"字表现在日军的士气上，是得胜之军，锐气正盛，与这样的军队绝不可硬碰、死磕，而必须智取，以打掉对手的锐气为首要目标。在武器装备上，在机动性能上，在战斗人员的军事素质上，参战的日军都大大超越阎锡山手头的部队。

面对敌强我弱的情形，最佳方案为运动战，如太平天国后期力量弱小的捻军跟强大的清军、富有作战经验的湘军那一场接一场的运动战，把清军、湘军一次次打得晕头转向。山西军在运动中极有可能把日军拖累、拖疲最后拖垮在山地上，在运动过程中，抓住战机，策划阵地战、游击战，消灭日军的有生力量就有更大的可能；中国军队损失也可能大大地减少。当然，历史不能假设。

太原保卫战

太原，阎锡山的老窝，岂有不拼死力保的道理？

然而两个现实的难题让阎锡山哭笑不得：一是手中握有中央军的卫立煌，坚决不同意用他手上的军队帮阎锡山守太原。他也不跟阎锡山争辩，带着中央军向南撤走了。他率领的中央军，阎锡山既没有所有权更没有使用权，人家不帮这个忙，除了眼睁睁地看着他们开走外，还能有什么办法呢？

二是晋绥军中的王靖国部，大概是看到中央军南撤，也认定太原是孤掌难鸣，立即带着部队临阵脱逃。

这两支大军一撤一逃，立即使太原城成为一座孤城，成为汹涌而来的日军洪流面前的一座战争中的孤岛。面对来势汹汹的日军，谁也不敢待在这里。

阎锡山自己也不敢住太原，迅速向着临汾逃走。

在日军面前，并不是所有人都脚底下抹油，唱溜字诀，有一个人坚决留了下来——傅作义。他不但主动请缨，而且立即着手布置守城的各项工作。然而一个现实摆在他面前：只有6000人马，虽然个个都是精兵，但日军来攻城的达10万人，太原如何能守得住？

傅作义守了三天，实在扛不住，不得不迅速撤退。太原城落入日军手中。

11月，阎锡山在临汾安顿下来。这里迅速成为山西的抗战中心、华北的抗战中心。在这里，可以看到这样一些门牌：十八集团军总部、中共中央北方局、八路军驻晋办事处。

坐在临汾，阎锡山心中很不是滋味，"大半个山西，70%的山西，就这样被日军占了吗？有没有办法收些回来呢？特别是太原，当时由于匆忙，由于这样那样的原因，来不及细细地布置，那么现在是不是有时间有精力有条件来好好地策划呢？"

反复研究仔细琢磨之后，1938年2月，阎锡山做出重大决定：反攻日军，收复太原城。

此时的日军没有停歇，正在积极地巩固成果、扩大战果，不只是在太原城一带集结雄厚的兵力，而且开始由北向南推进，军事目标——晋南。日军不但要消化已经吞到肚子里的70%，还对剩下的30%已经了做好狂抢猛啃的准备动作。

阎锡山收复太原的计划跟日军南进的方案怼上了。

双方开始第一波较量，开展小规模的接触战。

晋绥军与日军几次小规模的接触战打下来，阎锡山有一个强烈的感觉，日军太强劲，锐气正盛。在这样的情势下硬攻太原城，除了大量的人员伤亡，是不可能有别的成果的。

阎锡山决定修改计划，放弃反攻太原城的方案，"避敌锋芒，将军队从各个地方城镇转移到山区，在山林里隐藏起来。"

几次小规模的战斗之后，日军突然发现，刚才还十分活跃的晋绥军，一时之间突然销声匿迹，变得无影无踪。日军感觉不可思议，慢慢地又有了新的发现，原来这些晋绥军都钻到深山沟里休整去了。

日军立即开始两大动作：1. 以最快的速度抢占交通沿线的大小城市。2. 组织力量，向藏身在山区的晋绥军发动进攻。日军与晋绥军之间，由先前的大城镇争夺战，变换成一种新的作战方式，开始一种全新作战体验——山林争霸战。

第十二章

艰难时世与光辉岁月

奋激派与希望派

面对日军的强势，面对突然而至的日军的蹂躏，面对恶浊的现实，躲进深山老林的山西军队高层是如何想的？又是如何做的？

有两个典型人物。这两个人，一个可以称为奋激派，一个可以称为希望派。

在一次精心组织的战斗——川口战役中，晋绥军计划利用有利的地势，与嚣张的日军狠狠地打一仗，打掉日军的气焰。

战场的关键部位，安排给了第19军军长王靖国。王军长是阎锡山的亲信。在战场上，领导的亲信当然是挑急难险重的任务上，别人想争资格还不够。

王军长当然是头脑聪明的人。抢到这样的地方，就是发财——如果仗一定能胜的话，到时功劳自己必定"最大""最多"。如果仗要打失败呢？那也别怕，因为最高领导的想法，王军长心中清楚，那就是务必保存手中的这点实力。想想看，如果手中军队全部拼光，即使打了胜仗，对于最高领导来说，又有何用？在这样的战争年头，保住实力、保住战斗力量才是第一要务。简约地说，有胜仗的把握，就一定狠狠地把日军往死里打，打不过，那就一定飞快地逃，逃得越安全越好。

王靖国

当日军出现在阵地前沿时，王军长没有立即下令对敌进入攻击状态，而是认真、细致地进行观察，听取一线汇报，从中掂量取胜与失败的概率。

很快，王军长的计算有了结果：此仗必败无疑。得出这样的结论后，王军长当即下达指令，全部军队以最快的速度撤出作战阵地，撤到深山老林休整，重新寻找新的战机。

不只是王军长的部下盯着王军长的一举一动，战场上几乎所有军官的眼睛都在盯着他，没有别的原因，王靖国军长是阎锡山的亲信，他的一举一动，就潜在地说明阎锡山的意图。王军长拼死命出击的话，大家明白，出死力的时候到了。现在王军长的命令是撤，王军长的部队比哪一支跑得都快，大家还不赶紧跟上趟？一时间，所有的军官、战士差不多都采取同一个动作，全都丢下原来挖好的战壕，扛起摆在地上的轻重武器，一个劲地往后面跑。

日军指挥官早就探听清楚这里埋伏重兵，做好了狠狠地打上一仗的充分准备，这下看见晋绥军一枪未放就朝后撤，立即发疯一般地追上去。显然，从背后追击就能轻易取胜。

结果山西军队全线败退。

没有损兵折将，这件战事到这里就算结束了。如果阎锡山不出来说话的话，而阎锡山本人似乎也不想说什么话。然而有人要站出来，而且要高声地说话，以生命为代价来说这件事。

张培梅（第二战区执法总监）看到王军长如此恣意妄为，对整个战斗计划毫不在意，视同儿戏，轻易之间就将精心准备的战斗方案撕得粉碎，不由得怒火中烧。“如果大家都像你王军长这样搞下去，晋绥军还要不要一点规矩？既然你阎锡山看到这样的情况也像没有看到一个样，身为执法总监，那我就要行使我的职责了。我别的人不抓，单单就要拿你王军长开刀，刹一刹这股歪风。”

张培梅提出，要对王靖国进行军法处置。就一个字：杀，而且要当着全军的面叫他人头落地。

接到张培梅的报告，阎锡山认真地看了。不用多想，这就有了自己的批示意见：不同意。不过阎锡山没有把这三个字写上去，只是将那份报告扣在自己的手上，不说为什么。准备就这样将这份报告悄无声息地“烂掉”。

张培梅等阎锡山的批复。一等再等，这份报告送上去，就如石沉大海，没有一点响动。终于，张培梅下属领悟到了阎锡山的意图。

"你不批示杀他，有你的理由，有你不好明说的理由；我也有杀他的充足的理由。作为下属，我不能强力按下你的手来批示杀王军长，但是，我必须为这件事做点什么，否则，这样下去，晋绥军在强大的日军面前就一定抬不起头来。"

"在日军进攻面前，我们晋绥军绝不能一败再败，否则，整个山西就一定彻底完蛋。我的手上有一套办法，这套办法叫杀一儆百、严肃军纪、振奋士气。然而现在我实现不了，你阎锡山也实现不了。我也知道你阎锡山不是不想实现，实在是情非所愿，毕竟实力也一定要保存下来的。"

"既要保存实力，又要严肃军纪，保证军队在下一场、下下场战斗中听上层的指挥，该怎么办？还有办法吗？"

反复思考之后，怀着对阎锡山一生忠贞不贰的强烈情感，张培梅痛苦地做出了人生中最后一个重大决定，自杀以警示众人——以自己宝贵的性命为代价，唤起军队高层对阎锡山的敬畏之心，唤起军人对战斗决策的敬畏之心。

在隰县午城镇，张培梅吞下大量大烟土，献出自己宝贵的生命。

听到张培梅的死讯，看着案头那份报告，阎锡山一眼就看出张培梅的良苦用心，"他是在用生命警示我，一定要重振军威，刻不容缓！他是在用宝贵的生命警示我，如果不这样做，晋绥军一定溃散难收。多么忠良的下属。这不是以死明志，还是什么？这样的人才，这样的精神，难能可贵啊！"

阎锡山决定，亲自动笔写祭文，在文章中一定要表达自己那份悲痛无比的感情，而且……

"你很爱国，你很壮烈，你以为晋民苦矣，国家危矣，不忍睹，不堪睹，君乃自了！……我则不作如是感。我国有二千年大一统之光荣，亦随有二千年大一统之遗毒，即使维新革命均无大效。经此疯狂自损之日军阀一打击，必能去旧鼎新，而成现代之国家。我不悲观……"

看出来了吗？从这场战争中，阎锡山看出了比一般人深得多的东西，用一句话来说，"危机也是机遇。"

日军侵略中华，造成中华民族的危机。然而，这次危机同时又是剔除中华民族固有遗毒的机遇。

虽然山西处于危亡之际，整个山西在日军进攻面前，已经危在旦夕，然而此时，阎锡山的目光是远大的，对于眼前的抗战，对于抗战后的中国前途，他抱有信心。他是抗战时期希望派代表人物。

张培梅则是抗战时期奋激派代表人物。

同一屋檐下，活法却不同

日军如此强势，阎锡山感到非常郁闷。类似于自己的家，居然被邻居强抢了客厅、卧室，留给自己的只有书房、厨房和卫生间。这日子还是人过的吗？有没有办法将客厅、卧室抢回来呢？

就在阎锡山寻找办法的时候，突然发现，有一个人就很有办法。这里的"人"是一个形象的说法，指的是一个党派、一支军队，这个党派是共产党，这个党领导下的军队是八路军。

共产党领导的八路军用了什么有力的办法？

邻居跑到你家来了，抢了你家客厅、卧室，共产党的做法，不是在自家与对方面对面地打架，而是晚上跑到对方的家里去，一把火点了对方家里的柴房；将对方家里的水井挖了。

开始时，阎锡山觉得共产党这套打法完全"不守规矩""不伦不类"，然而眼前的现实逼得阎锡山深入地思考。与晋绥军四面挨打、八处冒烟、人员减少、军队削弱相反，八路军跑到日军占领的后方，不断地发展根据地，迅速地壮大队伍。

"难道我们的阵地战、防御战真的错了吗？"

阎锡山用商人的头脑反复思考细细掂量之后，得出一个结论，"我的做法，的确是错了，我这里一直是被动挨打，从来就没有主动地跟日军打过仗；而日军方面，火力强劲，虽然他们人生地不熟；我们的阵地战、防御战的结果摆在了那里，损失大，丢了客厅、卧室，连厨房都快要丢了。而共产党、八路军用的游击战手法，我一向是瞧不起的，认为那是穷人的穷主意，然而现在看来，穷人居然用穷办法发财了，而且发大财了！真是让人眼红啊。我阎锡山与日军打仗，军队越打越少，弹药越打越少，越打越往山上跑，而共产党、八路军用了运动战的打法，越打越大，地盘弄得越来越大不说，人数也发展得越来越多，缴获的枪支、弹药、粮食、药品，多得让人吃惊。日军差不多成了八路军的免费供货商。"

我们看看阎锡山接下来的做法。

保卫山西方案

无论事业的哪个时期，阎锡山一直都在做同一件事——寻找靠山。袁世凯、段祺瑞、蒋介石均先后成为阎锡山的靠山。日军杀奔山西而来时，阎锡山眼中的靠山是国民党中央军。现在，蒋介石那边已经被日军打得自顾不暇，不可能顾得上阎锡山。

"我的靠山在哪里？"

就在阎锡山发出大声呼喊时，看到了眼前的那位曾经的"穷人"——共产党、八路军。

"他们能成为我的靠山吗？"

权衡之后，阎锡山得出了一个结论："可以"。在晋绥军遭受重创，在阎锡山的力量元气大伤的情况下，在寻找出路之际，在看到国民党蒋介石自顾不暇之时，不得不向共产党寻求支持、寻找依靠。

阎锡山产生了与共产党全面合作的想法，就是从军事到政治，从经济到办学，多方位进行合作。这样的全面合作类似于兄弟结盟。

得到这个"利好"的消息，毛泽东立即进行研判，迅速制定方案。

通过彭雪枫，毛泽东向阎锡山提出保卫山西的意见。意见分三部分。

1. 对日军的战争，分前期和后期；前期，即眼前，要用游击战争的形式。也就是否定了现阶段运用阵地战、防御战的作战思想与作战手法。

2. 后期，将运用包围战的形式围歼日军。后期的围歼战，必将是农村包围城市的作战手法。由我方占据的根据地、外围地带，对进入中心城市的日军，对占据交通要道的日军，采取四面包围的姿态。那时，更多地用袭击战、围歼战的手法。

3. 眼前的游击战，地理位置上，应处于日本的侧翼、后方。日军的侧翼连接着我方的根据地；而日军的后方，将有一个根据地建设或缓慢或速进的过程。

"毛泽东提供过来的这一套全新的作战思想、作战方法真的管用吗？"

一番激烈的脑细胞运动之后，阎锡山对毛泽东的建议表示赞赏。点赞之后，还提出自己的意见，"同意八路军以太行山、吕梁山、五台山、管涔山为依托，在日军的侧翼和后方，多多建立根据地，搞游击战。"搞得日军在山脚下安不了身、立不了足，搞得日军只能缩在中心城市、交通线两旁。"这样一来，后面的戏，就有我阎锡山唱的了"。

靠着决死队，靠着八路军，有了这两座小靠山，再加上渐渐缓过劲来的晋绥军，在山西，中国军队与日军之间，没有形成日本绝对胜利的局面，而是形成了相互对峙的局面。晋绥军与八路军、决死队一起，在日军的后院放火、四周放炮，搞得日军的日子不好过。阎、共与日就这样在山西的山林里、田野里、交通线上、中心城市耗上了。在日军侧翼、日军后方迅速展开的游击战，将日军猖獗进攻的势头遏制了下来。日军在山西的活动范围，局限在中心城镇、交通线两侧。

政治靠山改变

整个山西原来的政治格局已经被日军的进攻打得破破烂烂，"如何面对山西新来的这股恶浊的政治力量——日军的统治？"在军事上略微获得一点喘息的机会时，阎锡山立即考虑政治上的出路。

"这个时候必须给散落各地的原来的山西政治系统、行政系统的人员一个明确指示，否则，各行各业的人一定各占山头，各行其是，各定行动路线，那样的话，山西必定乱上加乱。"

政治出路问题，归根结底，还是向哪个党派靠近的问题。现在国民党领导下的军事力量已经被日军打得抬不起头来，蒋介石当初"攘外必先安内"的政治主张，已经被日本用血淋淋的现实撕得粉碎，蒋介石被全国人民骂得抬不起头来。更加现实的是，军事上国民党军队节节败退，除了几个特殊的战场外几乎就没有什么大的胜利。"把这样的党执掌的政府拿来做靠山，他们自己都歪歪倒倒的了，如何能靠得住？"

在这个全国战火纷飞的时节，靠上一个军事上靠谱的靠山才有可能找到出路。

反复思考之后，阎锡山决定在政治上暂时抛掉国民党，向共产党强力靠拢。

下定决心后，阎锡山立即行动起来。

他仔细审看薄一波起草的《山西民族革命十大纲领》，用第二战区司令长官的名义，全文公布。要求各机关、各部门、各部队认真学习，相关单位贯彻执行。阎锡山将这个文件提到了"行动纲领"的高贵地位。

赶紧来看看，共产党人起草的《十大纲领》到底是什么样的纲领。

1. 全民抗战。与国民党主张的片面抗战路线对着干。片面抗战即纯军队抗战，抗战是军队的事，与中国百姓无关。共产党主张全民抗战，大力强调调动人民的力量，强调人民在抗战中觉醒，让人民大众参加到抗日的洪流中来，陷日军于人民战争的汪洋大海。

看出来了吧，共产党的主张，跟阎锡山的抗战观点——抗战之民族革命论，有共同语言。

蒋介石害怕人民觉醒，用愚昧民众的手法，谋求社会局势稳定；共产党唤醒民众，将民众觉醒与抗日战争强力地联结起来。

2. 组织自卫队和游击队。国民党政府的做法是用国家征兵的办法，组织正规部队。共产党的做法相反，用宣传和思想动员的手法，让民众自愿参军，让他们自己组织自己，自己武装自己，自己训练自己；这样组织起来的队伍，称自卫队、游击队。共产党的这套做法，成功有效，能达到零成本、大队伍的目标。这套花小钱、办大事的做法，阎锡山越来越看好，越来越赞赏。

3. 开展游击战争。国民党正规军的作战方式是阵地战、防御战，在敌后是特务战。主要是与日本争夺领土，特别是保卫大城市、中心城市。共产党主推的作战方式是游击战，不在乎一城一地的得失，而以消灭日军的有生力量、破坏日军的生存能力为目标。

4. 铲除汉奸卖国贼。

5. 执行合理负担，改善人民生活。

……

在对《十大纲领》强劲宣传之后，阎锡山以牺盟会为试点单位，在试验成功的基础上，在军队建设中全面推开，大力建设游击队、自卫队。

"如何才能最为广泛地动员群众来参加抗日队伍？"对牺盟会来说，实在是一个极大的挑战。在战争年代，叫男人来打仗，比今天招工难一万倍。虽然参军也能换来工钱，但那毕竟是要拿命去换。而且日军强大、武器先进、训练有素、作战经验丰富，只要是男人，谁都怕跟日军打仗，说不怕是假话。

深入地谋划后，牺盟会的领导层策划出一个极具影响力的口号："为保卫山西血战到底。"

牺盟会打造出来的这个口号，让山西人热血沸腾。在山西省内，通过动员、组织，牺盟会员、抗日游击队员、人民自卫队员、农救会员由原来的几万人，猛增到100万人。国民政府大费财力、物力、人力，大搞征兵活动，四处抓壮丁，各家各户摊派，征来的人数在任何一个省都难以达到百万数量级。

牺盟会领导下的决死纵队进行了大力的扩编，人员数量翻倍增长。决死纵队不是孤军作战，而是与活跃在山西各地的八路军沟通信息，相互协调配合，运用游击战术、运动战术与日军周旋，在运动中寻找战机、制造战机，达到很好的作战效果。山西决死纵队在艰苦卓绝的抗日战争、救国战争史上写下浓重的一笔。

光辉岁月

我们一直在忙于叙述日军进攻山西，另两路日军已经从上海、山东向中国腹地推进，占领南京，推进到武汉。国民政府迁到重庆。

中日战争进入战略相持阶段。

眼睁睁看着气焰腾腾的日军一步步占领山西的中心城市、交通线，再看着嚣张跋扈的日军进攻势头慢慢缓了下来，痛苦、慌乱之中，阎锡山慢慢冷静头脑，着手清理眼前的乱局。

清理工作很快有了一个结论性的成果，"作为全国抗战前线的二战区，现在最需要的是什么？政治力和人才力。"

"发起一场全国性的政治大支持、人才大支持，山西就一定不愁没有将来。"

算定这笔账，阎锡山立即行动，倡议开办"民族革命大学"。

战争时期，战火纷飞，军队都躲到山上去了，还能办成大学？"不但要办，还要赋予它抗战的特性，抗日战争是一场民族革命。"

阎锡山的倡议迅速得到文化界的热烈响应，得到进步人士的大力支持。其中一些人的名字，很多读者都熟悉：沈钧儒、潘汉年、邓初民。

1938年1月，"民族革命大学"在临汾正式开学。第一期招收到了5000名学生。大学开设一个分院、四个分校。当代，新建一所民办大学，第一学期就能招到5000名学生的，也相当困难。当年的山西，民族革命大学处在日军的包围之中，军事封锁严密，首次就招到5000名学生。

学生的来源不局限于山西，南到珠江，北到长白山，有各地的学生来这里求学。统计资料显示，大学里有来自18个省份的青年。能看到归国参战的南洋华侨的身影，他们有的来这里参加讨论，有的来这里主持讲座。

大学的政治包容性，让人震惊。国民党员、共产党员、三青团员、宗教人士、无党派人士、昔日的政治对头，今天坐在一个教室里，就抗日的议题展开讨论。

山西的天空仍然战云密布，山西抗战的前途仍然让人失望。来自五湖四海的热血青年涌到了山西，为抗击日寇侵略而来，为争取民族独立而来，一批接一批来到山西的抗战大学生，成了山西的一大盛事。他们的到来，就如一阵阵狂风，缓缓吹散人们心头的阴霾；就如一波波海浪，轻轻冲击人们对于山西抗日前途失望的感伤。

大学生不单单是学生，他们就像一群群宣传员，每当过年过节返回到各自的家乡，不停地宣传山西抗日的精神，激励全国各地的人们对于山西抗日的热情、激情。

教师队伍中，能看到从全国各地赶来的著名人士、偶像级的学者。李公朴、江隆基、施复亮、侯外庐……阎锡山兼任校长，可以看出他对于这所大学重视的程度，可以看出他对这所大学寄予极大的希望。

大学的课程有极大的包容性。可以听到阎锡山的理论"物产证券""中的哲学"，可以听到马克思主义的唯物辩证法、政治经济学、社会科学论、社会发展史。大学还专门为抗日定制科目，如抗日军队政治工作、抗日民族统一战线、抗日群众工作、日本帝国主义侵华史。大学有着鲜明、强烈的抗日特征，为抗日的实践服务。

山西南部以前不怎么出名的临汾，突然之间，随着大学的创办，发生翻天巨变，变成全国抗日救国运动的中心之一。

为抗战建功，与共产党共舞，有史家称之为阎锡山的光辉岁月。

第十三章

阎王定下杀马计，跑了马儿又折兵

庆生会与追悼会

有八路军、决死队、牺盟会对付日军，阎锡山有一个感觉，山西的大局基本上还能维持，然而另一个现实的问题让他焦虑：晋绥军只剩下三万人马。

"这是危机，恐怖的危机，摆在眼前的危机。有没有解决方案？如果有的话，这个方案是什么？"

"确实存在一个现成的解决方案：共产党。正是在共产党的领导下，山西一支新起的军队，决死队由原来小小的不起眼的四个总队（相当于3个团），一下子发展到了四个纵队（相当于12个团）。在战火中，一下子壮大了四倍。"

"同样的时间，同样的地点，同样的条件，为什么晋绥军缩了一半而决死队扩张四倍？共产党到底用了一套什么样的办法？"

阎锡山突然有了一个可怕的发现。

1938年6月，在吉县古贤村，阎锡山召开秘密军事会议。会上，阎锡山说道："今天，我要跟大家算一笔账。最近坐在办公室里我反复推敲、反复计算一笔账。这笔账算清了，今天的会就是庆生会；这个道理如果没有理清，这个会就是追悼会。"

"从抗战开始算起，某友军，人员增加了四倍，我军人员减少了一半。"

"按这个比例，依着时间推算：再过10个月，这个数字就会发生这样的变化：该友军又要增加四倍，由原来的4，变成16；我军也随着时间的推移发生相应的变化，由原来的二分之一，变成四分之一。"

"他们剧烈地膨胀，我们剧烈地缩小，这个变化可怕吗？恐怖吗？坐在这里诸位汗淋淋吗？当我算到这一步时，我的手掌心已经捏了一把冷汗。"

　　"随着抗战时间的推移，如果这样的变化继续下去的话，总有那么一天我们的晋绥军在抗日战场打光了，而八路军没有减少，反而会大大地增加。不只是八路军啊，在我们山西，数量在增加的还有牺盟会、决死队。大家现在看出来了吧，这样的情形不改变的话，到了某一天，山西一定是共产党的天下，晋绥军无立锥之地。"

　　在日军猖獗进攻时，八路军、牺盟会、决死队是阎锡山抗击日军的得力帮手，随着日军进攻的势头暂时停了下来，在阎锡山眼中，八路军、牺盟会、决死队已经由帮手的角色变成了一块他的心病，必须去之而后快。特别是决死队、牺盟会，名义上是阎锡山的，实际上完全由共产党控制。

　　阎锡山随即敲起了另一个算盘，"有没有办法将这两大块正在变大变肥的肉贴到我们已经瘦弱、正在进一步变瘦变弱的身上来？"

　　阎锡山召开第二次古贤村会议，通过并执行《抗战人员必戒二十条》。

　　"言论足以挑动阶级斗争者必戒""滥委人员，成立游击队者必戒""军队妨碍行政者必戒。"

　　阎锡山将手伸向牺盟会、决死队。"二的利害成不了一的团结，二的认识成不了一的行为。"

　　什么是二？阎锡山的力量、共产党的力量。什么是一，就是阎锡山的军队、思想、组织体系。

　　阎锡山的话，简约地说，就是不要二只要一。砍了二边上的那个一，保留、巩固阎锡山这个唯一。换用当代说法，一加一不等于二，而是小于一。所以不要一加一，只能让自己的这个一存在。

　　用什么手法来合二为一？阎锡山策划出一套方案。"怒而消之以处善，缩而灭之以惩恶。"这个"恶者"是日军吗？显然不是；是国民党政府吗，更不是；用上排除法之后，这个"恶者"指的就是共产党。

　　阎锡山正在做准备动作，调集人手，准备对共产党狠下辣手，突然又有了新的发现。

"唤醒党魂"

住在重庆,放眼中国,蒋介石突然有了恐怖的发现。

日军就如一股突然之间冲进中国的大祸水,国民政府的军队,在这股祸水前,组织阻击战、阵地战,不停地堵水筑坝,结果不但没有挡住洪水,反而自身丧师失地。财产损失严重,人员伤亡惨重,弹药消耗巨大。

在这股超级洪水面前,共产党的做法有点怪,深入敌后,派出游击队,在日军占领的广阔地区,打日军的交通线、补给线,从日军那里获取粮食、弹药、药材,破坏日军的生存能力。多么类似于孙悟空,钻到了妖精的肚子里。也好似在洪水之中捞鱼吃。那些收获,蒋介石十分羡慕。共产党的那一套做法,不只是从日军那里获得了财物、弹药,还开辟了根据地,赢得了广泛的民众支持,扩展了队伍。

在日本大军面前,国民党与共产党不同的做法,造成两个必须重视的结果。国民党的队伍越打越少、控制的面积越来越小,弹药消耗越来越多;共产党相反,深入敌人后方,人口增多、面积增加,日军的补给线,成了共产党军队的变相供货商。

反复思考,蒋介石想出办法来,"遏制共产党的发展"。"如果从日军那里下手,太难太难。而对付共产党,虽然不一定容易多少,但成本一定低许多。"

蒋介石迅速动手。1939年1月,蒋介石在重庆召开国民党五届五中全会。会议提出"整理党务"提案,策划"唤醒党魂"的政治口号,制定出"溶共、防共、限共、反共"八字方针。

阎锡山正在深一脚浅一脚由联共向"反共"转变,心中没有谱,不知道这一套做法在蒋介石那里能不能卖个好价钱,抑或得到一顿臭骂,甚或遭受一场猛烈的批斗。

突然得到蒋介石制定"溶共、防共、限共、反共"政策的重大消息,阎锡山顿时感觉从迷茫之中走了出来,一块悬在空中的石头突然着了地。

踌躇满志中一个新的想法产生了,"在正确的大道上,不能女人小脚走小路,要迈大步,跑到蒋介石的前边,执'反共'潮流的牛耳。"

独具特色的阎氏"反共"新方案在紧锣密鼓中策划出台。

"共产党太左，国民党太右。在土地问题上，共产党让贫农分房分地，驱赶地主扫地出门，不公道；国民党对土地这个大问题，一袭旧制，让老百姓交了粮银便了事。我主张土地公有，实现耕者有其田，不赞成搞阶级斗争。"

"蒋先生重视军事反共，我则重视思想'防共'。思想'防共'，才是釜底抽薪的办法。"

耕者有其田，不搞阶级斗争，听起来很美好很理想，问题是，田都控制在地主的手里，山西好多的田地都控制在大地主阎锡山的手里，如果不用阶级斗争的方式的话，用什么方法让有土地的人家拱手送出他们的田地来让无地的人耕种？

秋林会议

1939年3月，"第二战区军政民高级干部会议"在陕西宜川县秋林镇召开（以下简称秋林会议）。

阎锡山亲自安排会议的第一项议题，要求与会者精准认清当前极其复杂的政治形势、军事形势，必须认识到当前"日军不是最可怕的敌人，蒋介石也不是，那么，谁才是最可怕的敌人呢？"阎锡山给出了标准答案。

"我们现在已处于抗日的最前线，陷入日军攻击与八路军包围之中。蒋介石不足畏，毛泽东……倒是个可怕人物。现在的形势是，蒋要抛弃异己。处在这样的环境里，抗日只是第二，'防共'才是第一，只有'防共'才能立足。"

上面是站在现实的角度进行分析，接下来，阎锡山从"抗战前途"的远景进行前瞻性预测，认定抗日战争的结局将一定是"中日不议而和，国共不宣而战"。

我们后人看出来了，阎锡山这一次政治算盘敲对了一半，敲错了另一半（日本最后投降）。但是，那个时期他的预测就是那样，神仙也帮不了他。阎氏错误政治预报最终导致他把自己的力量引到错误的道路上去。眼前，阎锡山正沿着这个预测中的"国共不宣而战"的道路向前狂奔。

阎锡山不得不面对一个难题。这个难题的出题人在阎锡山领导团队内部。

参会的高级干部中，在是否坚决"反共"、彻底"反共"的问题上，存在严重分歧。不少人觉得奇怪，"日军就在眼前，还在拿着枪杆子抢粮、抢财物，对中国人实行烧光、杀光、抢光的三光政策，为何不抗击日军？共产党在抗击日军，为何不是团结的对象？"领导团队中一部分人被这个命题困扰，阎锡山必须面对现实中的这个难题，必须给出一个明确的、有战斗力的答复，否则，就有可能造成团队上层思想上的大分裂。不同的思想如果任其发展下去，后果极其可怕，会议就有可能在争吵不休中无法收场。

在重大问题上，出现思想上的分歧，即使今天，这样的现象在任何一个团队中都存在，原因简单，领导上层与团队中层、下层看问题的角度不一样，掌握的信息不对称。比如是否给员工涨工资，最高层从成本利润考虑，中层领导从激发员工积极性考虑，考虑的出发点不同，得出的结论完全相反的可能性都有。

反复考虑之后，阎锡山认定，这次会议非常有必要策划出三大口号，作为会议的第二大议题，以此来统一思想。

第一口号，"抗战已走上最高峰"。

任何山，当你爬上最高峰之后，接下来的路线图，就一定是走下坡路。阎锡山的这一口号，的确描绘出了时代的特征，日军大规模攻势作战已经结束。这已是事实。那么接下来晋绥军的道路如何走？

第二口号，"无条件生存"。

日本军队、共产党军队、蒋介石军队全都挤到山西的地面，类似于被三大不事压力机强力挤压，在这样的空间里，山西的军队如何生存就成大问题。阎锡山解决这一问题的答案是"无条件"。

无条件，换话说就是不择手段。就如人在沙漠里旅行，某一天，带在身边的水全部喝光，在这样恐怖的情况下，哪怕是自己撒的尿也要喝下去，这才有可能走出沙漠，才有可能生存下去。

第三口号，"抗战只是手段，复兴才是目的"。

三大口号非常有力，三把火烧到关键点上，达到了统一思想的目的，最终将阎锡山的团队推上另一条道路：彻底将"防共反共"放在抗日之上。

早就对牺盟会恨之入骨的一群人，特别是阎锡山手下的一批军政要员，发现属于自己的机会来了，立刻行动起来。这批人的方式很直接，对着牺盟会，找到砖头的扔砖头，找不到砖头的扔石头，扔泥巴，群起而攻之。

　　另一批人是地主豪绅，他们手中有土地，惧怕穷人搞阶级斗争，担心手中的土地出问题，迅速想出一个办法：组织一批代表团，向阎锡山，向会议领导层，用海量的眼泪，哭诉牺盟会、决死队的所谓"暴行"。

　　秋林会议做出多项决议，其中两项决议看上去不怎么显眼，然而，对阎锡山来说却意义重大：取消新军决死队的政治委员制度；文官不得兼任军职。

　　注意一下共产党军队体制与国民党军队体制上一个重大的不同点。红军建立了党领导枪的体制。在对长征作总结时，毛泽东说过一句话，"长征是宣言书，长征是宣传队，长征是播种机"，说明共产党的军队，不只是有战斗功能，还有非常强大的宣传功能、政治功能。就如人的嘴巴，不只是有吃饭的功能，还有很强大的说话交流的功能。共产党军队的这些功能正是通过政治委员制度、文官兼任军职的方式实行的。与国民党的军队有着明显的不同。

　　从表面上看，阎锡山取消新军决死队这两大制度，只是使这支军队变成一支纯军事上的军队，实际上，不只是削弱共产党在山西地面的影响力、控制力，更为重要的是，这为他控制这支军队走出了一大步——把共产党的力量从这支军队中挤出去。为了达到这一重大政治目标，阎锡山抬出一个说法，"新军决死队的这个决议案，不是我要这样做的，而是蒋委员长的命令"，山西必须执行。

　　面对如此复杂的政治局面，薄一波迅速做出决定，与阎锡山作针锋相对的斗争。

　　薄一波之所以要毫不留情、毫不手软与阎锡山斗，两个条件摆在那里：1. 在山西，共产党控制的军事力量、群众力量、政治力量，已经与阎锡山势均力敌，在某些方面，还占有上风。跟阎锡山斗，有胜利的把握。2. 现在日本大敌当前，阎锡山却来破坏"共同抗日"的政治局面，阎锡山输了理，"那我就理直气壮地跟你斗。这就叫有理走遍天下，无理寸步难行。"

　　薄一波把自己的想法向中共中央汇报。

　　中共中央最高层认真考虑之后，做出指示，与阎锡山之间暂不摊牌，"为了维护抗日大局"。

　　此局阎锡山胜出，薄一波等一批共产党员的决死纵队政治委员职务被解除。

　　"共产党居然没有反击？"阎锡山一下子找到了很好的感觉，决定进一步扩大战果。具体分两步走：第一步，制定并通过"五统一"方案。统一编制、统一训练、统一指挥、统一人事、统一待遇。方案听起来非常的"正能量"。第二步，执行"五统一"政策，取消决死队原有的番号，把新军统一到旧军之中。阎锡山"限共""反共"的真实意图彻底暴露出来。

"新军敢死队，要彻底地拿捏在我们的手里，就绝不只是番号的问题，也绝不只是'政治委员'这样的体制问题。前边两步棋算是探水，现在必须施行实质性的步骤，已到了必须换人这个关键性的问题了。"

如何换人？阎计划分三步完成。

第一步，调虎离山计。吩咐手下的人，寻找一切可用的借口，将共产党的干部调离原单位。打掉一个是一个，解决一批是一批。

第二步，从阎锡山的团队中，派出大批的人手到新军中去活动，去接手军队领导职务，生成阎氏根系。安插进新军的人，个个戴着一顶大大的帽子：上级派遣的"联络员""视察员"。

第三步，将新军中共产党的干部，分期分批抽调到秋林来"受训"。用洗脑的手法，对共产党的干部进行突击性分化瓦解。

三个步骤做下来，阎锡山坐在家里等着听消息。

各方面的汇报最后都变成一个词："冥顽不灵"。共产党干部的头脑就像花岗岩一样，无论如何利诱、洗脑，就是油盐不进；在新军中工作的"联络员""视察员"完全是"英雄白跑路"。

阎锡山没有花太多的时间进行什么深入的思考，也没有开会议搞民主的讨论，一个新方案迅速被想出来。"软的不行就来硬的""要破除情面、大刀阔斧，实行突击""霸道不行，就实行恐怖""哪个部队阻碍进步，阻挠革命，就毫不客气地铲除""要饿死八路军，困死八路军，赶走八路军""咱的粮食绝不能供给别人"。

这些话绝不是说一说就过去了，一个接一个的大案要案接连不断地在三个方向发生。1. 新军中的旧军官接连不断地发动叛变。2. 新军中的一些政工干部突然在某一个深夜不明不白地死去，凶手却无论如何查不出来。3. 地方上某位进步人士，突然在某一天被人杀害，政府却查不出真凶是谁。

新军高层，无论是政工干部还是进步人士，在突然而至的危局面前，全都加强戒备，警惕性越来越高。

阎锡山从背后下黑手越来越难。

反复考虑之后，一个彻底毁灭新军的方案——借刀杀人计被阎锡山高层团队构思出来。这里的刀指的是日军。这就需要制定一个严格保密的实施计划，做到滴水不漏。绝不能让共产党抓住把柄，千万不可搞得天下皆知。

借刀杀人

1939年10月，借刀杀人计秘密部署会议在秋林召开，出席会议的达到三百多人。会议打出一个迷惑眼目的名称"民族革命同志临时代表大会"，实际上，这些人全部由阎锡山亲自指派，没有一人是选出来的代表，完全是阎锡山团队高层内部核心机密会议。

虽然会议机密无比，经过了思想统一、严密布置、高度保密的工作流程，然而，还是有人偷偷地放出风声。会议期间的一个深夜，有人在秋林街头贴出了一张匿名的漫画：席尚谦牵着一头毛驴，阎锡山骑在背上，嘴里吹着一个喇叭。喇叭口上写着"反共"。在他的后面，跟着手握手枪、腰插板斧的杨吉贞。板斧上写着"特务"。

阎锡山高层团队中，仍然有一些明眼人，认定阎锡山的这一套做法与抗日爱国背道而驰。这幅漫画入木三分地批评阎锡山的思想、做法，隐隐地透出阎锡山的大阴谋。

经过两个月的人员训练，军事准备工作完成。阎锡山睁着一双眼睛，努力地寻找机会。毕竟日军的刀不是那么好借的。

功夫不负有心人。1939年12月，机会来了。确切的消息表明，日军兵分三路，正在向决死二纵队的驻地集结，准备发起进攻。合围的态势正在形成之中。阎锡山立即发出三道命令。

第一道命令给决死二纵队韩钧、张文昂部，阎锡山以第二战区司令长官的名义，命令他们率所部向同蒲路霍县至灵石段的日军发起进攻，给出的理由是发起"冬季攻势"。

第一道命令，表面上看没有问题。关键是第二、第三道命令。

第二道命令给晋绥军的两个军。命令两个军作为这一次冬季攻势的"总预备队"。给出的真正任务是，在决死二纵队进攻日军时，从后面夹攻决死二纵队。"如果日军没有能够消灭决死队，晋绥军就从后面扑上去，从背后开刀，一举将决死二纵队彻底消灭。"

第三道命令仍是给晋绥军，"如果决死二纵队拒不执行第一条命令，不向日军发起冬季攻势作战，就以'叛军'为理由，将他们予以公开歼灭。"

多么精明的算盘，理论上，这一次决死二纵队一定从地球上被彻底抹掉。

晋绥军执行阎锡山的命令是努力的。得到指令，晋绥军立即钻出深山老林，开进战斗一线。

一番研判后，晋绥军指挥官得出结论，认定"决死二纵队没有执行冬季攻势命令"，便迅速做出重大决定，用"先发制人招"，在对方毫无准备的情况下，用突然袭击的方式，在12月5日向决死二纵队的196旅旅部发起猛烈的攻击。

决死队发现晋绥军快速向自己靠近，立即警惕起来。虽然是友军，防范是必要的。

发现晋绥军向自己发起进攻，决死二纵队迅速进行武力自卫。

不只是让晋绥军军事上占不到便宜，二纵队政治部主任韩钧决定发起政治出击。韩钧当即向阎锡山发出一封电报："伯川先生，王（靖国）、陈（长捷）两贼，欺我太甚，我不能不实行自卫，将在外君命有所不受。学生韩钧。"

这封电报你能看出"叛乱"的字眼或是迹象吗？阎锡山从中看出来了。接到电报，阎锡山立即召集高级干部会议。会议的目的就是一个，立即发动"讨叛"战争。

会上，阎锡山首先展示韩钧的电报，接着丢出一句话："我是司令长官，他却称我先生；他是我部下，反而自称学生。什么意思？岂不是明白地表示与我不相隶属？韩钧反了。"

你阎锡山不也称蒋介石为先生吗？凭什么你能称蒋介石为先生，而韩钧对你自称学生时，你就认定人家是反叛了呢？阎锡山狡诈、卑鄙无耻的手法，让人吃惊。

扣上"韩钧叛变"的大帽子，阎锡山当即宣布晋绥军不只是要坚决地向决死队发起进攻，而且要向共产党在山西的力量全面开战。会上，现场任命陈长捷为"讨叛"总指挥，宣布投入47个团的兵力。

阎锡山算定，晋绥军投入大量的兵力，在实力上胜过决死队，又有日军的夹击，而决死队枪支弹药缺乏，晋绥军必胜无疑。

这一次，阎锡山只想到自己胜利后的美景，没有认真地研究"对手"，注定要吃大亏。

晋绥军经过了长时间的军事准备、思想准备、人手准备，但是，共产党决死队方面的领导不也在认真地准备吗？自从阎锡山打响针对共产党的第一枪，共产党立即提高警惕，加强戒备，从政治思想、军事情报，到人员调配、武力配制，不也认真地做细致的准备工作吗？阎锡山向抗日的共产党军队发起进攻，如此倒行逆施，岂不丢掉人心？军官听阎锡山的，而军队的士兵呢？其实大家心里明白，当前的大敌到底是谁。共产党的军队，对倒行逆施的糊涂虫从上到下充满愤慨，下定决心，一定要狠狠地教训教训阎锡山。

在晋西北战场，晋绥军被守地以待的新军打得大败而逃。在晋东北，八路军的力量占有绝对的优势，结果，阎锡山的部队不但没捞到一丁点的好处，反而损失惨重。只有在晋东南，阎锡山略有小胜，决死队和抗日民主政权受到伤害。

看着连连失利的前线战场，看着共产党的军队把晋绥军打得如此大败，看着自己事前的策划案被对手撕得粉碎，阎锡山绝没有想到会是这样的结果。

阎锡山睁大眼睛寻找解决方案，突然发现，有人已经打上了山西地盘的主意，而且这人还不是一般的人，是蒋介石。

三封鸡毛信

蒋介石一刻也没有忘记山西。发现阎锡山军事上连连失利，蒋介石认定机会来了，连连发出两大招。第一招，提出一个倡议，新军由国民党中央改编。"那个力量你阎锡山既然要不到，也就不要去想了，还是送给我吧。"第二招，派出胡宗南的部队。该部已经胜利东渡黄河，成功占领晋西。

"你在这个时候向我下刀子？我这螳螂还没有捕到蝉，正在大吃苦头，你居然玩黄雀在后招？"突然之间，阎锡山感受到空前的压力，日军、共产党、蒋介石的军事力量，一时之间全都向他扑了过来。"没有打到狐狸，反而惹了一身臊。咋办？"

望眼欲穿时，阎锡山突然发现，一道解决难题的方案落在眼前。提供这道解决方案的不是别人，居然是自己选定的"对手"共产党。

共产党领导的新军部队在军事上，给进攻的晋绥军以重重的还击，在政治上大力开展政治战，口诛笔伐。在政治战中，故意将矛盾绕过阎锡山，对准直接率领军队的晋绥军军队领导人，如王靖国、陈长捷。树起一面拥护阎锡山的政治大旗，"抗日、拥阎、讨逆。"

阎锡山一下子看穿了共产党的意图。"共产党在军事上狠狠地反击晋绥军，不给一丝的机会，政治上，倒是给我阎锡山留下回旋的余地。"

"共产党给我留了一个台阶下？"

共产党高层认定，眼前虽然共产党与阎、蒋的矛盾依然存在，但是中华民族与日军的矛盾，才是主要的矛盾。不能将阎锡山推到敌方阵营，非常有必要把晋绥军留在抗日统一战线内。这样做对抗战大局有利。否则就一定是亲者痛仇者快。对阎锡山的部队发起的军事进攻，军事上一定要打，政治上一定要拉。

看着共产党摆出来的那个台阶，阎锡山心中忐忑不安，不知下一步如何走。

举棋不定之际，1940年2月的一天，阎锡山突然收到一封来信。信的落款是毛泽东。"近来山西境内发生某些不幸事件，然大势所趋，终必和平解决，尤因先生领导提挈至明至慎，必能处理悉当，益臻进步、团结之途，无可疑者。"

阎锡山从中看出三大关键词：和平、进步、团结。

再看看送信的人，萧劲光、王若飞，在共产党领导团队高层，这两位绝不是一般的人。阎锡山看出来了，这一次共产党真的是求"和解"来了。不是来欺骗的，更不是来下战书的。

在面对面的沟通中，阎锡山迅速拿到了共产党提出来的和解条件：1. 拥阎抗日。2. 新军仍属晋绥序列，不接受国民党中央政府改编。3. 稳定并巩固阎的地位（翻译成今天的网络语言：共产党不挖阎锡山的墙脚）。4. 新军、旧军之间，不要进攻，要团结。

看着共产党开出来的优惠条件，阎锡山心中万分痛苦。不痛苦不行啊，"那些曾经是我阎锡山的地盘，曾经是我的晋西北、晋东北、晋东南，现在，你们共产党占了。如果这次我在你们开出来的这些个优惠条款上签字的话，你们也就永远地占了，我将再也不能指挥我的军队去抢回来。"

"天啊，我该怎么办？谁来帮我一把。"

叫天天不应，喊地地不灵。

抓耳挠腮之际，他又收到两封信。

一封是周恩来的亲笔信。周恩来的信通过八路军驻秋林办事处送到阎锡山手中。信的内容，可以归结为两个字。第一个字是"劝"，劝他坚持抗日，不要动摇抗日的信心；第二个字是"指"，向他指明一条出路，团结抗日才有真正的出路。

看着这封信，阎锡山心中矛盾万分。第一个矛盾，抗日真的有出路吗？"你们共产党打不败日军，他蒋介石也打不败日军，我阎锡山当然也打不败日军，那么，我跟日军打下去，出路在哪里？现在你们共产党欺负我，他蒋介石欺负我，日军欺负我，我的出路为什么一定是跟日军战斗呢？"阎锡山的心中矛盾着。第二个矛盾，"你们共产党是在团结我，可是，我所看到的是你们共产党在我的山西，后一步比前一步更急更密地发展你们的势力啊。我能静下心来跟你们搞团结吗？"

阎锡山心中矛盾痛苦、摇摆不定，突然得到一个消息，渡过黄河的胡宗南的部队正在晋西疯狂地扩展势力、抢占地盘。

阎锡山猛然惊醒过来。"蒋介石一定要我的地盘，日军也是在天天忙着抢我的地盘，共产党虽然在努力扩展在山西的力量，但毕竟还是伸出一只团结、合作的手。那么，与弱者联合，与强者抗争，有何不可呢？"

想到这一层，阎锡山拆开另一封信，山西新军总指挥续范亭的来信。他猛然发现，在这里找到了自己正在努力寻找的答案。

"新军是山西之子弟兵，不能离开山西之怀抱，更不能离开钧座之领导。"

"共产党对于统一战线的认知是长期的，不但抗战需此，建国亦需此。"

"蒋介石做法始终是清一色、一把抓的作风。这是全国最害怕的。"

"蒋介石领导的地区到处特务横行，如此下去是危险的。现在是特务乱政，将来怕要特务乱国。今天主要是开放民主，罢除特务，才可以图存。"

"有些人说，到重庆才觉山西进步不少。这是事实。深信钧座于时局逆转、风雨飘摇之时，始终为国家民族之中流砥柱也。"

看到自己在新军中安插的爱将续范亭如此定位新军，阎锡山感觉吃了一颗定心丸。至于续范亭提到的蒋介石的新动向——特务政治，阎锡山有自己的看法。眼下，阎锡山正在着力策划"特务政治体制""特务系统建设方案"。现在阎锡山跟共产党的特殊使者围绕"团结抗日"的谈判，正在如火如荼地进行之中。

双方首先定下了谈判的基调，要团结，不要分裂。萧劲光提出，还必须定一个团结的原则，"人不犯我，我不犯人；人若犯我，我必犯人。"

看着这16个字，阎锡山有一个怪怪的感觉。提出修改意见，建议后面的8个字改为"人若犯我，我必自卫。"萧劲光立即将阎锡山的意见向毛泽东汇报，毛泽东给出明确指示："一个字也不能改。"这就等于告诉阎锡山，"你要再进攻我们共产党，就别怪我共产党军队对你不客气。"

此局，共产党胜出，达到"团结抗日"的目标。

阎锡山原计划一个月内完全"解决"新军，现在这一计划完全泡汤，而且还给蒋介石创造机会，使中央军趁机渡过黄河，抢占晋西、晋东南的大块地盘。再看看晋西北，那里已变成共产党巩固的抗日根据地。

痛心疾首之中，突然两个消息接连传来。第一个消息，牺盟会正在召开山西全省第二次代表大会。第二个消息，会议做出一个决议，山西新军在八路军的领导下进行全面整顿，整顿后的新军，正式加入八路军作战序列。

阎锡山的心，痛啊。山西有一半的土地面积阎锡山说了不算；晋绥军控制的地区，只占山西不到一半的面积。新军多达33个团的兵力，再也不受阎锡山控制，已经弃他而去，加入八路军。

"阎王定下杀马计，跑了马儿又折兵"，续范亭将军曾经用这句话来点评此时的阎锡山，而阎锡山的损失绝不止于此。破坏抗日民族统一战线，倒行逆施，阎锡山在全国的影响力一落千丈。许多进步人士、爱国青年，当初慕名而来，现在这些人不只是口头上谴责阎锡山，而且行动上纷纷弃他而去。在阎锡山的团队高层，恐怖的局面时隐时现，集团军司令陈长捷等一批高级军官，从这里出走，转身投入蒋介石的怀抱。晋绥军整体陷入不稳定状态。众叛亲离的局面出现。

景象如此悲惨，前途在哪里？

对着自己的心腹赵戴文，愤怒中的阎锡山说出一句话，"我给了他们（牺盟会、新军）地位，给了他们政权，给了他们兵和枪，他们却背叛了我。"赵戴文开导他，"三十年前，清政府不也是给了你兵和枪吗？今昔事虽各异，理有相似"。可惜阎锡山的身边还是缺少牛人、神人，此时如果有人提醒他认真地研究一下当前形势与清政府那时的情形为什么如此相似，或许阎锡山能够猛醒，能够认清自己如清政府一般，成了阻碍历史前进的力量，属下造反就已属正义、革命的行动了。如果阎锡山能够静下心来认真地研究这其中的道理，或许接下来就不会走到"特务政治""铁血军队""法西斯政权"的疯狂道路上去。

第十四章

超级梦想与三大铁腕手法

克难坡

现在我们近距离接触阎锡山的住处，看看在全国战火纷飞的年代，他的小日子过得如何。

为了躲避日军飞机轰炸，阎锡山躲到了一个山村里。这个地方的名字叫克难坡，位于吉县西北30公里。阎锡山住在这里的时间还真不短，从1940年开始，就一直住在这个原名叫南村，后来叫克难坡的山村里。

整体看上去，四周的山梁围成一个葫芦的形状。葫芦内部，东西长约一公里，南北宽约半公里；三面沟河相围，一面通向高原。地势险要，易守难攻。

为什么这个叫南村的村庄，后来改名叫克难坡？阎锡山非常重视改名字的工作，倒不是为了军事保密。

南村的谐音是什么？你绝不会达到阎锡山的思想高度，"南村的谐音就是难存。""这岂不是与我们在日军进攻面前'坚守阵地、克服困难'的高大形象相对立？"阎锡山相信超自然的力量、神力，相信相生相克论。"既然难存，那我就在前边加一个克字"，"克难"应声而生。当地人称"克难坡"，而外面来的人称"克难城"。

自从阎锡山住进来之后，经过两年多的修建，这块弹丸之地已是窑洞迭立，成为容纳两万多人的小山城。是不是有点战时"袖珍重庆"的感觉？

现在我们看看住在窑洞里的阎锡山，看看他的口袋里有多少钱。无论是打仗，还是日常生活，抑或是买枪、买子弹，都少了不一样东西——钱。只是现在的阎锡山是个大穷人，口袋里实在没有什么钱。原因是，他如今控制的地盘，也即能收取税收的地方，只有晋西南七个贫瘠小县（黄土高原区），在晋南、吕梁区，还有十多个富有的县，然而这些县有的被日军控制，有的被国民党中央军控制，还有的被共产党控制。

住在克难坡的阎锡山，经济相当困难。用他自己的话讲，"我们四面受压迫，吃饭穿衣成问题，交通出行受限制；我们一日不得一饱，衣服不能更换。穷啊"。

经济条件恶劣，生活艰苦，然而，阎锡山的官架子却比周边的高山还高。

到底有多高？下面我去掉任何文学的手法，仅仅用白描的方式来叙述一下阎锡山出门办事时的盛况。

每当出门办事，随行人员中一定有副官、秘书、参谋、参事，这还只是打头阵的，跟着的有成群结队的高级干部。在这些人群中，你一定会看到下面这些人的身影：架斗篷的、拿坐垫的、提暖壶的。当阎锡山坐下来时，跟着就有捶腰的、捶腿的。每当天冷时，有持手炉的。这些林林总总的陪同人员，成为一支奇形怪状的前不见头后不见尾的队伍。

当然了，阎锡山出门不可能是走路而是坐车。他坐的专车不是汽车，是从西安专门买进的一辆人力车。这是为什么？因为克难坡是山区，道路坎坷，能开汽车的公路一时还没有修好。后来，公路修好了，二战区长官部专门为他购进

1944年，克难坡公告栏

一辆小汽车（那时没有国产汽车，必须从外国花高价进口）。这时，随行人员只好全部改骑马了，因为人的腿跑不过汽车的轮子。此后，阎锡山出行时，就一定沿途摆上卫队（马队），当地出动驻军执行警戒任务，警卫长、宪兵司令等人骑着高头大马沿途跟随，执行巡逻任务。

这阵势在战时的整个中国，除了蒋介石，还真的没有几个人能跟他比。

你要问："现在是战时，干吗还要摆这样的架子呢？不摆架子不行吗？"

克难坡的卫兵。当时的卫兵有三道线，外线警卫、内线警卫及贴身警卫

阎锡山给出的答案是"不行"。原因在人的内心。

内心？

是的！

摆架子实际上是为自己造势。给下属设计出各种职位、头衔，继而让一大群拥有不同职位、不同头衔的人跟在自己的后面，在自己的对手面前，就一定显得自己有势力。这样的人吐口唾沫落到地上都成钉子，而没有势力的人，吐出唾沫掉地上就成了口水，除了弄湿地面之外，毫无作用力。

有势力的人说话，一出口就有成百上千的推手群起响应，几千人当啦啦队，数万人当粉丝，这样的人谁也惹不起。而没有势力的人，说话除了自己听之外，少有别人为你帮腔。

人心的这个作用力实在是可怕，然而在一些人手中，却真正成了大棒。阎锡山摆大架子，大摆架子，利用的正是人的内心这个奇特的作用力。

现在我们终于进到阎锡山居住的两孔窑洞中。在中间的墙壁上，映入眼帘的是一个土地爷的神龛，在里面放置了一个神位"天地三界十方万灵真宰之神位"。今天的人看到这个做法，会感觉怪怪的，甚至惊奇。阎锡山为什么还那样迷信？这个问题的答案是，在那个人人信神的时代，不信神的人一定会让周围的

抗战期间，赵戴文与阎锡山等人在克难坡合影

人觉得是个奇葩。

与一般人家土地爷的神龛不同的是，阎锡山家的神龛两边贴着一副红对联："天天要进步，地地要划分。"后面的一句，指的是一项重要主张，实现阎氏耕者有其田的思想。

阎锡山把这样的一副对联贴在土地神的两边，也是用心良苦。这里经常有中外记者来采访，这样一来，不只是通过媒体的力量，来宣传阎锡山的土地思想，更是要在众人面前，着力请神仙来保佑阎锡山土地革命思想取得成功，让阎氏土改经济政策披上神圣的外衣，取得神力相助。可以看出，阎锡山是一个有思想同时有手段的人。只是他的这个思想对不对，他的这个手段能不能行得通，是个大课题，等待学者们研究。

阎锡山认定现在必须要做一项重大的工作：在外表上，摆出一副继续抗战、努力抗战的姿态。用这样的姿态来吸引中国人的眼球；用这样的姿态来扳回一局。

阎锡山的手中，有红黑两把算盘。用那把红色算盘算外面的账，用黑色算盘算里面的账。现在阎锡山正在努力地拨动一颗颗黑色的算盘珠子。

正如算盘分上盘、下盘两部分一样，上盘是一个用平生的经验总结出来的信条。"只要有力量，任何合理的事情都可以做成功。"下盘是具体的实施方案：1. 迅速扩军。2. 想出办法加强对军队的控制，绝不能让自己辛辛苦苦养的鸡去别人家下蛋。3. 想出先进的办法来，加紧、强化对部属的控制，形成与自己心贴心的核心团队，形成令行禁止的铁血团队。

数字虽然枯燥，但是能描绘出阎锡山精心扩军的重大战果。这一次的疯狂式扩军，晋绥军队居然达到四个集团军。毕竟只是山西那么一点小小的地方，能拿出这个"四"字，绝不是容易的事。八个军三个炮兵团，六个游击纵队，两个工兵团，一个政卫师，号称17万人，实际数字，也高达12万人。在战火纷飞的年代，在中国东部的战争难民大西迁的年代，在经济如此艰难的情况下，将军队扩充到如此规模，要养活这么多人，绝不是一件容易的事。

成立铁军

此时阎锡山非常苦恼。他一手安插在新军的爱将续范亭带着新军投奔了共产党，一手扶持的爱将陈长捷带着人马投奔了蒋介石——为什么辛辛苦苦寻找人才、培养人才、扶持人才，到头来会是这样的结果？为什么在最需要人手、最需要支持力量时，自己一手提拔、一手扶起来的人，居然反叛自己，离自己而去呢？"为什么阎锡山牌吸铁石吸不住他们，而共产党、蒋介石那两块吸铁石的吸引力比阎锡山的力量更强劲？"

"这半辈子，从军阀混战到眼前的抗日战争，那些从我身边离开的人，历历在目"。这些人在阎锡山的脑子里，印象实在太深刻。"最早离开我的把兄弟黄国梁，那是太原起义时的生死搭档；立下汗马功劳的孔庚；讨奉战争中坚守涿州、抗日战中血战忻口的傅作义，甚至危急时曾救过我性命的徐永昌，这些人不都是我亲近的人吗？个个都是战场上的牛人，为什么他们会朝秦暮楚、频频倒戈？一些人或许会说，那是我努力地排挤他们，但为什么我要排挤他们呢？还不是因为他们首先不忠于我吗？还不是因为他们的异端行为首先被我发觉了吗？如何才能防微杜渐？我到底要如何做才有可能将爱将叛乱的危险消灭在萌芽状态，甚至消灭在根部呢？"

想来想去，阎锡山最终想到一个路径：我这辈子或许策划不出世界上最先进的办法，但我难道不可以用"拿来主义"的手法，直接将当前世界最具战斗力的手段，移花接木过来为我所用？正如我们造不出先进武器，难道我们就不能用银

阎锡山铁军组织七周年成立大会在太原洪炉台合影

两把先进的武器买过来杀敌吗？

沿着这个思路，一个阎锡山认为世界上最具战斗力团队的打造手段进入视线——法西斯手段。

此时，欧洲的德国、意大利打败老牌的英国、法国，正称霸欧洲，东边的日本拿下小半个亚洲，而无论德国、意大利还是日本，都清一色地采用了法西斯手段。

法西斯主义，无论理论上还是实践中，此时正表现出强劲的生命力、战斗力，当时的现实证明，法西斯手段是世界上其他任何手段都无法匹敌的。

"如此先进无比的手段不去运用，还用什么手段？"换用当代时髦说法，与世界最先进的社会管理理念、最具战斗力的团队建设技术接轨。购买欧洲最为先进的战争武器，必定遭遇列强制定的武器禁运的霸王条款，而不花钱引进世界上"最先进团队"的管理理念，完全没有禁运之类的难以逾越的鸿沟。

阎锡山做出决定，"运用此时世界最具战斗力、实践证明最实用的法西斯手段，打造一个绝对忠于我的军队，类似于德国纳粹党卫军完全忠于希特勒。"

"在名称上，不能完全照搬法西斯、纳粹这些中国人完全听不懂且难以理解的洋名，那就必须起一个中国化的如雷贯耳的名称，那一个什么样的名称才让人耳目一新呢？"

一番脑细胞激烈运动之后，一个摔在地上也能当当作响的名称横空出世：铁军。什么是铁军？"打人，人受不住；人打来必定吃亏；攻击人，一定可以攻下；防御时，别人一定攻不上来"，就是要打造一支内部经砸经摔、外部油盐不进的军队。具体运作的手法，分为内部组织、政治教育两大手段。

阎锡山下定决心打造铁军，真正的想法就是放手一搏。他用三个具体的数字把这个想法做了表述，"这样的铁军，有10万人就可拿下山西全境；20万人即可把控整个二战区；30万人就可将华北踩在脚板底下。"

仰望那个无比美好的愿景，阎锡山立即行动起来。

第一步，将铁军打造成阎锡山的御用工具。用强力手段将铁军打造成阎家军，而不是什么山西政府甚至中国政府的某个组织、某个党派。具体办法：1. 铁军成立的地点选择在阎锡山的家里。既不像黑社会组织那样在寺庙里搞成立大会，也不像为政府服务的党派团体那样选择在政府礼堂或酒馆会所。2. 铁军成员发展仪式，即新成员加入铁军的仪式，同样选择在阎锡山的家里。强力地打上阎家军的标记。任何人想要进铁军，首先要来阎锡山的家里拜码头，认阎锡山为大哥。

1939年11月，铁军在阎锡山的家里正式成立。

第二步，让铁军成员获取特殊荣誉感。

阎锡山想出来的路线图，可以归结为三个词：秘密、机密、神秘。让别人只有通过秘密的人脉渠道才有可能进入铁军这个圈了，一旦进入铁军圈子，就必须保守铁军的各项机密。这样就让铁军变得无比神秘。

从铁军的名称开始，阎锡山开始动作，花大力气打造铁军的神秘感。

反复思考之后，铁军的具体名称定为"山山铁血团"。前一个山字，指山西，后一个山字，即阎锡山，意即"山西是阎锡山的"。名字取好，宣布出去之后，阎锡山又突然有了一个不好的感觉，这个名称太过于霸道，太过于露骨。想来想去，又想出了一个办法，改名为"三三铁血团"，对外宣称是"一人最多只准介绍三人，层层发展"。

过了一段时间，阎锡山又突然产生一个感觉，这个名称还是有瑕疵，太过于平淡，缺少个性。一番研究之后，决定再一次更名为"山三铁血团"。看上去很特别，一般人真的是很难搞清"山三"的真正含义，其实，说白了极其简单，就是"山山铁血团"与"三三铁血团"各取一个字，如此而已。

就是这样简单到底的事，在山三铁血团中，却被阎锡山变成一道最高机密。任何人不得泄露，否则就会以背叛组织的罪名将其处死。这个山三铁血团里，高级机密一定多得不可胜数，最终，这个团体变成一个外人无法侦知的高度神秘的团体。能够进入山三铁血团的人，必定在内心深处产生一种特殊荣誉感、神圣感。

第三步，诡秘的入会仪程。

在人们的思想中，谁的力量最强大？答案是神。神力无比强大，人力无法企及。

有一种有着特殊力量的人，既是人，又超越人，这样的人，称神人——介于神与人之间的人，神人的力量强大无边。皇帝被世世代代的人奉为真龙天子，就是罩上神的光环的人。

"如何把自己推向'神人'的宝座，让自己罩上神的光环？"

"将参加铁军的手续弄得极其严格，故意设置四道关卡。"第一道关，要有介绍人，由介绍人来说明被介绍人的情况。第二道关，审查。过了审查关的人，才有资格进入下一道关——第三关，培训。"培训的时间不能太长，培训的过程，用阎氏思想、观点、理论进行洗脑。"第四关，必须经过阎锡山、王靖国等首脑人物的四次传见。之后，这样的人才有机会参加正式加入铁军的仪式。

阎锡山像章正面

阎锡山像章反面

"故意将程序弄繁杂，让组织外的人、组织内的人，产生两个感觉：1. 铁军是一个神一般的组织，比教会、比党派都神秘，没有特别能力的人根本就进不了；2. 阎锡山是一个神一般的领袖人物，是神人，一般的人他的铁军不待见。"

把入会仪程做得十分诡秘。

时间选择在深更半夜。"为什么选择这么个怪怪的时间段？""这个时间段是牛鬼蛇神出没的时间。"

在阎家窑洞里，中间悬挂阎锡山的大幅画像，桌上点起两支粗大的蜡烛，燃着一炉香。在桌子的中央摆着两样东西，一是二十八位发起人用血指写的守约，一是几根针。

桌子旁边阎锡山威严地站着，接受新人的鞠躬礼。介绍人作新人情况介绍后，新人跪在阎锡山画像前，背诵誓词、铁军纪律。接着，在誓词背面按下血手印，当面聆听阎锡山的简短训话。然后是新人表达决心。

仪式完成，大家互相祝贺。

摆香炉、点蜡烛、跪拜、按血手印，中国人都是用来敬神的。阎锡山把自己推到了神的位置，罩上了神的光辉。加入铁军组织的过程，让会员心中产生了神圣感。

阎锡山采用"三三法"发展人员。制定十二层发展计划。以28人为基数，一人发展三人，发展到12层时，就达到近五百万人。

管理幅度

如此庞大复杂、如此迅速发展起来的组织如何管理？在这个极大的挑战面前，阎锡山策划出一套阎氏纵向控制法，分为两部分。

第一部分：化名制。所有进铁军的人，全部使用化名，不得用真名。这是为什么？这是为方案的第二部分服务。阎锡山的化名为"齐继川"，意即"一齐继承阎伯川"。

第二部分：实行纵向管理。依二十八宿为首，分为二十八系。铁军成员之间，只发生纵的关系，不允许发生横的关系。

下面算一笔管理账。依据当代管理学的理论，一个人横向管理的幅度，即一个领导的直线下属，一般情况下，最多只能为8个人。阎锡山设计的一人发展三位直线下属，也即一人管理三人的做法是极其明智的。管理幅度收窄，就能大大地强化管理的力度。而阎锡山本人管理的直线下属达28人，超越了最高管理幅度的3倍，真正说明阎锡山是一位精力极其旺盛的人。

运用化名法与纵向管理体制，这样铁军之中人与人之间，除了直接上级与直线下属外，整个铁军内部完全处于相互隔离的状态，起到了高度保密的作用。整个铁军类似于一个高度保密的堡垒——即使在堡垒内部。

这样管理的结果，使整个铁军完全掌控在阎锡山的手中，外人极难知道内部的情况。即使某一个人或某几个人出现问题，波及的面也非常小。在这样四面是对手的特殊战争环境下，有了铁军，阎锡山就大大地减少了某些重要军事领导人物带领大军全体叛投他军的可能性。

"基干""同先"

成功地策划铁军、打造铁军，达到强力控制军队的目的，阎锡山找到了很好的感觉。现在，他的眼光扫到另一个同样重要的地方，山西县市的各级地方政府。

"军队在我的掌控之中，而山西各地的行政机关呢？如何让山西庞大的行政管理中枢也在我的牢牢掌控之中？"

沿着这个思路，一个早已成立、正常运作的组织机构进入阎锡山的视线："民族革命同志会。"

该机构早在1938年成立，当时的目的是"建立强有力的统一的民族革命领导机构。"从这个现成的机构出发，阎锡山立即想出了办法。

在这个组织内部，再成立两个组织："同志先锋队"（简称"同先"）、"同志会基本干部"（简称"基干"）。

这是三个圈子，阎锡山的做法就是圈子中划圈子，最后一级的圈子，就只是一小部分人。这样一来，这个组织的权力都集中到了阎锡山的亲信手中，最后掌控到阎锡山的手中。

如何玩转这三道圈子？阎锡山策划出来的手法跟玩转铁军的手法类似，比如，加入这些组织都必须履行严格的手续，不仅要阎锡山亲自批准，还要直接在阎锡山面前面对面地宣誓。不仅纪律森严，而且处罚犯错误的人也是手段无情。

有一个师长，口无遮拦地说了几句话，"什么'同志会'，不就是一根捆仙绳嘛？把我们捆住""从中央打过来的钱，会长扣了还说是担心我们下面的人贪污。"

有人秘密地把这句话报告给阎锡山。阎锡山一边把这人调回来，一边叫王靖国等几个高干商量处置办法。内部小型会议很快就有了结果，命令那人吞鸦片烟浆水自裁。

面对行刑的刽子手，这个人不停地打自己的嘴巴，不停地说自己"是酒后胡话，请谅解，求原谅。"但是任他如何说都没有用。最后不得不一边哭一边喝，却无论如何也咽不下去。几个行刑的人早就准备了第二套方案，将他手脚捆住，用一张绵纸盖在他的脸上，喷上冷水，将他活活憋死。

这事传开后，高级军政要员个个不寒而栗。

铁军在军队中拓展，同志会在区县政府、学校工厂等机构中层层建立分会。阎锡山有一个十分明确的意图，用同志会代替政府行政组织，用同志会的名义向全社会发号施令。

一套铁军人马，一套同志会人马，一手抓军队，一手抓政府机关，两手都在抓，两手都极硬。同时，让二者互相制约，权力平衡，以达到保障自己最高权力的目的。阎锡山的算盘打得精而又精。

再精明的算计，有时也会出现漏洞。当阎锡山用眼睛来巡视自己的山头时，突然发现一个巨大的漏洞。

王靖国，掌握铁军的实权，一天天变得高傲起来。其实这也很正常，有权的人常常都这样，不把一切放在眼里。如果连阎锡山也不放在眼里，王靖国就真的错了。

一次，蒋介石在西安开军事会议，阎锡山派王靖国参加。会议期间，蒋介石私下找王靖国聊了四个小时。这件大事，回到山西得赶紧向阎锡山汇报。

回克难坡后，王靖国实在太忙，没有时间向阎锡山汇报。或许是觉得自己在蒋介石眼中的分量重了，就把阎锡山忽略了。总之，王靖国忙于工作，认真地把蒋介石谈话的精神、会议内容编成一份接一份的材料，印发各部队。

这样看来，王靖国真的是吃了熊心豹子胆。

得到密报，阎锡山立即召见王靖国，阴沉着一张脸，当面丢给他一句话，"把你印发的那些材料全都追回来。"当着其他高干的面，接着又给出另一句话，"掌军队的，掌组织的，不要在我面前耍花枪。我可不是汉献帝。"

王靖国已经汗流满面，弯下腰，连连请罪。

阎锡山突然有一个直觉，对身边再亲密的部下，也必须做防范、监视。"给了他们权力，就一定生出祸根。"

一个办法很快想出来，权力牵制，也叫权力平衡，用这样的办法不让一权独大。阎锡山立即动手，扶持梁化之。此人是王靖国的死对头。把梁化之扶起来，使梁的权力与王靖国不相上下，达成权力平衡。在这两根权力平衡木上，阎锡山独享安全的权力顶峰之美。

烘炉训练

照理说，阎锡山现在可以拍拍身上的灰尘，好好地睡个觉了。然而这位精力旺盛、百般算计的领导，又将狐疑的眼光瞄上阎氏特殊难题的另一个层面：领导团队的精神层面，"如何从精神上拴住各级干部，甚至包括基层干部，让他们自己掐断向蒋介石、向共产党叛逃的心理动机？"

知己知彼，方可百战不殆。沿着这条思路，阎锡山把眼光盯上对手蒋介石、共产党，盯上这两大团体在精神领域、思想领域的做法。

深入地研究蒋介石一整套做法之后，阎锡山得出结论，"蒋介石的做法虽然不少，但是那些做法拙劣、老套。"

深度地研究共产党的一整套做法之后，阎锡山忍不住为共产党拍案叫绝。感到这一次终于是弄清新军全都倒向共产党的原因，终于解开共产党在山西发展如此迅速的秘密，原来这一切得益于共产党发明的一整套思想宣传、精神宣传的"机器设备"。"共产党的做法，既有理论层面，又有务实层面，总之，办法多，点子强，有活力，时髦新潮，能强力地吸引民众的眼球。"

阎锡山虽然有这样的结论，仍然是隔岸观火。如果当时亲自到延安去考察，看一看延安的抗日军政大学、鲁艺学院，看一看共产党"斗地主"演出火热的场面，一定更加震惊，有可能阎锡山思想会进入另一个层面。可惜历史不能假设。

有了一系列的研究成果，阎锡山很快就推出阎氏方案，并起了一个他认为响当当的名字："烘炉训练。"

"烘炉训练"整体思路的出发点是："干部决定一切。""烘炉训练"的目标是把一般干部培养成万能干部，使干部成为"是甚是甚，做甚务甚，不容人不，能使人能"的超人，使干部队伍达成"人人志会长之志，言会长之言，行会长之行，成为会长化身"，把干部培训成阎锡山思想的复制品。

如果山西的地面上，有两万多阎锡山的复制品在行走，还有谁敢在阎锡山的城墙根下挖墙脚？还有谁能撼得动山西的那片天？

烘炉训练的整个实践过程，再一次有力地证明，阎锡山的精力超级旺盛。每天早晨，他早早起床，陪着每一批学员一起做操、唱歌，亲自给学员上第一堂课，围绕人格、气节、抗战、复兴这些话题展开。学员们结业时，阎锡山一对一单独接见，对每一位学员的成绩点赞，给予言语的鼓励。

阎锡山从铁军着手，在同志会、"烘炉训练"中不停地出招，真正是吃的人饭，出的牛力，做得比别人多，想得比别人深，睡的时间比别人少。阎锡山如此努力，结出了怎样的果实？

有必要来算一次小账。

首先说成绩。在晋西，也叫一隅之地吧，阎锡山的领导地位得到强力巩固，在人们的心目中，他已经由人变成神，无论是统治基础还是高层组织，阎锡山都是绝对的权威，没有人能够撼动得了。显然这一块的地盘彻底是阎家的，没有别人能取代阎锡山的位置。此局，阎锡山完胜。

在当时的中国，除了阎锡山领导下的晋西，还有两大力量中心，蒋介石、共产党。当然，还有一个力量中心，日本在中国的占领区。现在来看看阎锡山与共产党、蒋介石之间的关系。

阎锡山与共产党的关系，即与八路军、新军之间的关系，用一句话就能讲清：隔阂难以消除。往深处说就是，他与八路军和新军的关系越来越糟糕。阎锡山在政治上排挤共产党的力量，军事上进攻共产党，如果共产党到了这个时候还不提高警惕的话，也是不可能的。虽然共产党与阎锡山之间达成和解，双方握手言和，然而心与心之间的距离拉开了，破镜暂时用"抗日牌玻璃胶"粘合在了一起，然而要真正重圆，绝不是一件容易的事。

此局，阎锡山得负分。

在重庆，有人不断在蒋介石耳边放风，说阎锡山在玩新的把戏，这个把戏的名字历史上有个专业名词"执两用中"，今天叫平衡法。说是阎锡山与国民政府合作的同时，也跟共产党搞联合共建，目的是用共产党的力量来平衡蒋介石领导的国民党的力量。

这些人之所以要这样奋力地抹黑阎锡山，实在是他们有着自己特殊的利益，有特殊的政治目的，这批人正是一批身份特殊的人：他们从阎锡山的阵营脱离后倒向了蒋介石，现在，他们正在拼命地"洗白"自己，因而努力地与阎锡山划清界限，想办法来抹黑他。

他们真正的目的是促动蒋介石向阎锡山发起军事进攻，他们好从中捞上"先锋官"之类的职位，发挥对阎锡山知根知底的特长，让自己在阎锡山身边长期工作的经历、从阎锡山那里掌握的信息，在蒋介石这里能卖上个好价钱。落井下石，把阎锡山往死里整，使得他永远不能成为威胁他们的力量。

这些人不停地说："阎锡山控制下的山西已经被共产党多方位渗入，从地方到军队，从政治到文化"；"共产党已经将阎锡山的看家本钱弄得接近土崩瓦解，现在正是进攻阎锡山的最好时机。""过了这个村，就没了这家店，赶紧向阎锡山进攻吧，赶紧把重要的山西从阎锡山、从共产党的手中夺回来，现在进军还来得及。"

这些人绝不是说说就算了。他们从阎锡山身边来，对阎锡山知根知底，因而在重庆上层，差不多形成了一致的观点，他们用无限怀疑的眼光，死死地盯着阎锡山的一举一动。

阎锡山虽然对重庆那边用上了种种亲热的手段，然而与蒋介石之间的利害冲突就摆在那里，消弭不了。

该怎么办？与共产党的裂痕摆在了那里，随时有破裂的可能；国民党高层对阎锡山的怀疑摆在了那里，他再怎么烘热脸也焐不暖蒋介石的冷屁股。

"在这个残酷的、现实的、高烈度竞争的世界上，谁的朋友多，谁才有可能笑到最后；单单凭我阎锡山的力量单打独斗，一定独木难支，一定会被对手或迟或早，或快或慢地吃掉，那么，下面的路该走向何方？"

　　就在举目四望时，阎锡山望到了一条路，一条似乎是路又似乎不是路的地段。就如人们在漆黑的夜晚在山腰独行，望到了山脚下一条白亮的平滑如绸的地域，以为是通向山外的大路，于是拼命地朝着那个方向奔过去。殊不知，那个白亮的所在，可能是一条吞人性命的大河。

第十五章

由借刀杀人到曲线 "剿共" 的曲折道路

一箭双雕

面对矗立在山西的"三座大山"——共产党、蒋介石、日军，面对晋军的实力越来越弱、在山西的生存空间越来越小的现实，阎锡山反复思考一个问题，"谁才是真正的朋友，谁才是真正的敌人。"

这个思考终于有了一个结果，"没有真正的朋友，也没有真正的敌人。谁威胁到我在山西的生存，谁就是我的敌人，无论它是共产党、蒋介石、日军。"

与共产党联手抗日，与蒋介石联手抗日，结果如何呢？"从我的地盘到我的人手，共产党每天不停地侵占。""蒋介石从我的背后插刀子，毫不留情。"如果继续与共产党或者与蒋介石联手，阎锡山认定，"自己的山西那就一定变成那两位朋友的。"

那么，如果与日军联手呢？

"那将一定有力地阻止共产党力量在山西拓展，对蒋介石也一定是个重量级的平衡砝码，可以以此来要挟蒋介石，阻止蒋介石在山西拓展的步伐。"

什么叫一箭双雕？阎锡山最终认定，"与日军联手，就是解决自己遇到两大头痛难题的方案。"

然而另一个问题一下子就蹦到阎锡山的眼前，由抗日转为媚日，转为联合日本甚至变相降日，都只会招致一个结果：遭到全中国人民的唾弃。无论政治上还是民众基础，将全部输光。

这该怎么办？

活人难道一定要被尿憋死？一道解决方案很快就爬到阎锡山精于算计的大

占据太原的日军

脑里。

方案分两部分。

第一部分：解决内部人员的思想问题。

如果内部，特别是自己领导团队的高层，不能在转变思想上达成一致的认识，不能由抗日转为联日、媚日或曲线降日的话，这件大事一定做不成。

如何转变团队观念？

反复思考之后，阎锡山将两个要素进行了结合。第一个要素，做思想工作。第二个要素，充足的时间，不能急于求成。转变人的思想需要一个过程，这需要的无非就是时间。

阎锡山开始做第一步工作。1941年7月，也就是在"烘炉训练"中，宣讲一个实用主义哲学观："存在就是真理，需要就是合法。"

在高级干部培训会上，阎锡山说道："无论世局如何变化，我们都要紧紧地扣住一条，要以生存为目的。只要能存在，采取任何手段都在所不惜。"

完成第一步，阎锡山立即着手做第二步工作，打造"高、大、上"理论，推出"亚洲同盟"方案。

阎锡山理论基点是世界的发展趋势必然是"洲同盟"。

亚洲当前的现实必然是"亚洲同盟"。

阎锡山的结论顺势推出：中国如何才能不受英美等西方列强的欺侮？中国如

何才能有效地防止苏俄的"赤化"呢？中国的路线图是在日本的主导下，中日两国共同建立"亚洲同盟"。

为什么一定要日本主导，而不是中国主导或印度主导？阎锡山在这里有意丢下一个话题。

关于日本的话题，除了阎锡山，整个团队里还真的没有人敢讲。没办法，谁也不知道这个怪风的风向眼下往哪个方向吹，谁也吃不准关乎日本这个话题的行情。

阎锡山认定，关于日本的话题，绝不能是自己一个人唱独角戏。

阎锡山找来心腹贾景德，两人一番沟通之后，借贾景德之手，用贾景德之名，一篇名为《亚盟宣言》的文章呼啸而出。

"亚洲之国，日本为先进，中、印为大国。以日本之强，辅以中、印之大，在亚洲唯马首是瞻。"翻译成大白话，一个巴掌拍不响，三个巴掌响当当。在亚洲，单单靠中国不行，靠印度或日本都不行，只要三家联手，亚洲就是咱们三家说了算。

似乎好有道理，因为此时整个"地球村"，一直以来都是美国、英国、苏联三家说了算的（"地球三剑客"），用"亚洲三剑客"代替"地球三剑客"，即使不能主宰世界，主宰亚洲理论上完全足够了。

那么在亚洲顶层俱乐部里，中国该是怎样的地位？

"外交一致，内政自理；有无相通，长短互助；庶几可以自荣达到共荣，以共荣促进自荣。"美好不？美景无限啊。"以天下为公，成世界大同，岂徒亚洲之幸，亦世界之福也。"

放眼世界，"亚盟"理论，简直就是弱中国通向强大中国的高速公路。

借着"亚盟梦"的助推力，阎锡山决定做四件事。

1. 把往日那些慷慨激昂的抗战文章、口号、标语一一收起来，大会小会，大报小报，让它们统统不见踪影。

2. 将赤裸裸的投降言论放出去。"目前只有借日本人的力量，才能发展咱们自己。这是一个万不得已的办法，也是咱们最后的、唯一的出路。"

3. 对于那些公开投敌（日军）的部下，允许新闻媒体做"客观的"报道，但不允许发出任何声讨的声音。

4．派出代表，跟日军进行"和平谈判"。

代表谁？代表的不是阎锡山，而是王靖国等人。这个重大的问题上，阎锡山隐身幕后。

谈些什么呢？借师助剿。借日军的力量，"剿灭"山西的抗日武装八路军、决死队。

阎锡山把美妙的前景描绘好了——借力打力，不用自己出力，就把自己地面上的对手——消灭干净。现在的问题是，日军愿意这么干吗？

答案是，日军很愿意。

日军并不天生就是来中国打共产党的，虽然中国共产党非常坚定、极其坚决地打日军。日军之所以愿意与阎锡山合作，实在是看中阎锡山这个人，认定阎锡山正是他们要寻找的重要对象。"利用阎锡山的手，对付中国的抗日武装力量；利用阎锡山的影响力，动摇国民政府抗战的信心；利用阎锡山的影响力，动摇国民政府的抗日基础，加快国民政府中亲日派投降的节奏。"

两轮谈判

经过一个夏天的理论吹风、舆论准备，阎锡山有一个感觉，可以实施方案。

1940年11月，在这样一个天气有时十分寒冷，有时不算太冷，有时还很温暖、很舒适的日子里，阎锡山派赵承绶与日军代表秘密谈判。

如何才能做到秘密呢？不能到克难坡来谈，日本人来这里太显眼。到孝义县去谈，那里隔个小河隔个小山就是日军的防区，来往就方便多了。神不知鬼不觉双方就能沟通起来。派赵承绶去孝义县，事先弄个"到前方视察"的由头，"这就能避人耳目，白天大明大放走到日军的营前，晚上可以偷偷摸摸进到日军营垒里去"。

谈什么？或者说谈判的底线如何定？阎锡山想来想去，想出了三大原则。

1．亚洲同盟。有了这顶"大帽子"，后面什么事都好谈。

2．共同"防共"。这才是真实的意图。用日本人的武力把共产党的力量（从武装力量到思想文化力量）强力赶出山西。

3．外交一致，内政自理。

能说会讲的赵承绶十分努力，为阎锡山取得了预想的成果。日本方面完全答应赵承绶提出的要求，同意为阎锡山装备30个团，从武器、弹药到粮饷，连服装都为阎锡山配好了。阎锡山这下感觉真是发大财了。日方提出一个非常简约的条件，"只要阎阁下诚意合作就一切都好说，都好办"。

日方要的有且只有一条——诚意。日方最担心的是阎锡山那个人，从阎锡山过去的所作所为里，日方已看透他玩转天下的手法。

虽然这些成果目前只是落实到了纸上，形成了文字，但是这一次的谈判双方都找到一个很好的感觉。

寒冷的冬天很快就来了，双方暗中的交流不停地升温。一些合作的细节慢慢地敲定。1941年3月，在春寒料峭的日子里，双方各派高级代表团进行第二轮会谈。阎锡山仍然派赵承绶带队，日本方面派出驻汾阳旅团的高级参谋。双方都非常重视这一次高级别的谈判。

正是得力于冬天的准备工作，这一次，赵承绶又为阎锡山取得了丰硕的成果。双方不只是彼此宣示友好，而且确定"进剿"共产党军队的行动路线图，离石到军渡公路以北地区的共产党军队，由日军负责"进剿"；公路以南地区的共产党军队，由阎锡山负责"剿灭"；在必要时，阎日联合，"会剿"共产党军队。

围绕"进剿"共产党军队的细节，从春末到夏初，双方专业军事策划人员进行了一系列秘密的沟通，终于在7月底达成共识，形成文字《汾阳协定》。8月11日，在驻汾阳城的日军司令部，双方举行签字仪式，宣告阎日结盟、合作"反共"正式形成。

纸面上，这一次阎锡山收获大红包，日本同意送重机枪500挺、轻机枪5000挺、步枪5万支，等等。当然日方的要求也是坚挺的，由阎锡山领衔组建"华北国"。

阎锡山一眼就看出日本政府的用意，"这岂不是把我推到与汪精卫同样的位置上去么？在中国人的眼中，我岂不成了与你日本国同流合污的走狗？"

"在这美丽无比的大餐面前，我是完全堕落到污泥的底部，还是浮在泥上面，下半身掉在泥里去呢？"

"现在协定是签订了，就看我执行不执行，就看我如何执行。"

看着这份协定，阎锡山反复盘算，想出了行动路线图，"你日本先把银两、枪炮送来，我就有后续的动作。"运作"骑墙"敷衍的办法，将可能的实利搞到手再说。

阎锡山手握协议，采取拖延、不主动实施行动的策略。

时间过去了，阎日双方都没有实质性的进展。不就是枪炮吗？为什么日本不主动送、立即送呢？日本方面的具体原因，各种猜测一大堆，目前还没有找到有真凭实据的资料。

结果那些纸质协定就被阎锡山锁在保险箱中，他与日本联手的嘴脸在国人面前严严实实地密封了起来。

问罪的来了

没有不透风的墙。

中共早就盯着阎锡山的一举一动，阎锡山与日本之间偷偷摸摸的行动没有逃过中共的眼睛。得到消息，中共毫不迟疑，立即采取行动。

中共派出代表王世英，跟阎锡山当面锣对面鼓讲明一句话："谁投降就打谁。"中共的意思很清楚，"你阎锡山的脑袋比谁都聪明，我们也不用跟你讲一大箩筐的道理，就叫你知道与日本勾结的严重后果。"

不久，蒋介石侦察到阎锡山与日军交往的消息。

三重担心立即爬上蒋介石心头：1．"二战区一旦脱离重庆控制，制约日本的军事实力就要削去一小部分。就如一辆超载汽车有一个轮子爆胎，整个车辆就失衡，会非常危险。"

2．"如果阎锡山投奔日本而去，就一定会大大地分散、削弱国民党的力量，甚至有可能陷国民党政府于全国人民的口水之中，陷国民党于政局被动之中。"

3．"现在'反共'的方针、政策、方案已定，如果阎锡山投日，对于'反共'事业，对于眼前的'反共'布局是有利还是有害？"

特别是第三点非常难以确定，毕竟阎锡山投奔日本的目的之一也在于"反共"。

想来想去，蒋介石想出一个办法。

他派出两个人，从重庆来到克难坡，共同面见阎锡山。这两个人虽然投在蒋介石的幕下，但曾经是阎锡山的老部下——徐永昌和贾景德。这样的两个人才适时地传出一句机密无比的话："对日可以求和，但是，务必要从缓，并且你不要单独进行。"

什么意思？翻译成大白话就是："我蒋介石知道你阎锡山投奔日本的做法不是反对我而是要'剿共'，这个我支持你，但是现在时机还不成熟，阎兄不要急啊。"

在中共派王世英来克难坡时，阎锡山就算定，自己与日本联手的消息迟早会传到蒋介石的耳朵里，蒋介石有可能兴师问罪。

为了这件可能外泄的秘密，阎锡山一直在想解决方案。看到自己曾经的老部下徐永昌和贾景德的身影时，一个方案立即形成。

"你蒋介石居然派我的老部下来克难坡，岂不是给了我一块垫脚石？如果派来的是外人，我还不好说有降日的想法，现在中间人是自己人，那我就可以明着跟你蒋介石摆一谱。"

"二战区环境的恶劣，补给的困难，两位比我知晓得还要深。两位之所以弃阎投蒋，还不是因为我这里没吃没穿，没枪没子弹？现在日军压境，共军抢人夺地，你们说我该咋办？总不能就这样困死、饿死吧？是人都要想办法啊。现在抗战到了这样艰难的年斗，在经济上政府还不大大给了接济的话，我们如果不败在共产党的手里，也一定败在日军的经济封锁和军事进攻的枪口之下。"

"请蒋介石看着办吧，是让我死还是让我活下去？"

看着阎锡山打出来的"补给"招，蒋介石嘴里骂着"滑头""奸商"，脑子里实在没有想出什么像样的办法，只得答应增加一定数量的军费、给予困难补助。

此局，阎锡山胜。

安平会谈

虽然经济上从蒋介石那里实打实收获了银两，但是政治上阎锡山感受到了蒋介石方面的压力，同时还有来自中共的压力。双重压力之下，他决定调整手法。

将高悬的"亚洲同盟"的大旗低调地收起来，压在箱子底；低调地调回派驻太原的代表赵承绶。对外界做出低声的解释，说是与日军之间你来我往只是战术策略，并不是政治上投降。

阎锡山采取韬光养晦的手法，在投日的道路上往后收缩，静观时局的变化，寻找有利于自己的时机。

就在这时，一个机会扑面而来。

1941年12月7日，日军偷袭珍珠港引爆太平洋战争。日军急着稳定华北，以便抽调兵力去更为重要的地方布局。

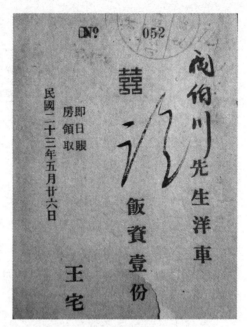

阎锡山的洋车票饭票

如何稳定华北局面？日军军部想到了阎锡山。

1942年1月，日方提出只要阎锡山来孝义会谈，就当面送出3万支步枪和1200万联银券。

看着这份厚重的礼单，阎锡山几个晚上睡不着觉。"队伍迫切需要枪支弹药，迫切需要粮饷。"就像一条饥饿难耐的鱼儿，围着水中钓鱼钩上的蚯蚓打圈圈，闻着那刺鼻的香味，心中急着一口吞下去。

然而，两个人的身影不停地在阎锡山的眼前晃动，一个是蒋介石，一个是中共代表王世英。一个声音不停地在耳边响起，"谁投降就打谁。""只要我出现在日军的营垒，只要我的人马驮回枪炮粮饷，那我必定成为全中国人唾骂的对象。"

想到这一层，阎锡山拿起笔亲自给日军领导复信，"此间有不得已之苦衷……"

接到阎锡山回信，日军立即使出第二招：来硬的。

3月，日军高调摆出"对晋绥作战计划"，调动媒体对外界高频率宣传。接

305

着就按计划开列的项目，对晋绥军阵地进行炮击，并依计划中的地点，对晋绥军发起进攻。

这就告诉你阎锡山，"如果不接受我的胡萝卜，就要对你挥动大棒。这一次，只不过是开头的第一棒，接下来还有更厉害的第二棒、第三棒，好好看看我们公布的军事进攻计划，你阎锡山完全可以对号入座。"

找准阎锡山防区的几处薄弱点，集中早就准备好的优势兵力，向阎军驻地发起猛烈进攻，日军连连得手。

看着日军规划出来的山西进攻蓝图，眼看着自己的营区在日军进攻下接连丧师失地，除了依照日军的要求，跟日军高层会见一次，还能有什么办法？"单单手下这点人马，这点枪支，绝不是日军的对手。"

阎锡山给了日军一个答复："5月5日，在安平村亲自会见日军高层首脑人物。"

会场上，就具体条款双方争论不休。从望远镜里，警戒人员突然发现，有日军的骡马驮队朝安平村方向赶来。

"万一是日军炮兵？"警戒人员当即向阎锡山报告。

阎锡山大吃一惊，"日军这是要用炮击的方式断掉我的后撤路线，从而现场劫持我。"

阎锡山提出会间休息的请求。利用休息作掩护，赶紧逃跑，留下赵承绶、王靖国继续与日方谈判。

再次开会时，日方发现阎锡山不见了，当即中止会谈。会谈破裂。

日军骡马驮的是啥？答案是：日军运来送给阎锡山的枪支。

一个误会造成的偶然事件，有时也会改变历史。

回到家里，阎锡山立即打听蒋介石方面有没有与日本勾结的信息。

很快传来消息，说是蒋介石正在做一个秘密的工作：投降日军，路线图是与汪精卫再次合流，携手组建亲日政府。

山西"剿共"

阎锡山有些吃惊，"如果这道消息是真实的话，那么在投向日本政府的道路上，我落在了蒋介石、汪精卫的后面，在日本政府那里，一定由身价过亿瞬间变得一文不值。"

突然一个直觉爬了出来，"蒋介石，难道他敢公开投降日军？""如果他公开投降，一定输光所有的政治资本，全国人民一定抛弃他。那么他会如何降日呢？那必定是秘密地进行。"

"你能秘密，难道我就蠢笨到公开？"

秘密与日军携手发展、共同攻击"共军"、抢占华北地盘，三车道合一车道的路线图被阎锡山迅速策划出来。

表面上，阎锡山树一面坚持抗战的大旗，制定"晋西大保卫战"作战计划，利用媒体高调宣传，树立坚决抗日的形象。

暗地里，在日军占领的太原、汾阳、临汾设置办事处，让这里的人员积极活动。这些办事处的活动很有成果，日军停止了对阎锡山的进攻，收起了先前挥舞的大棒，经济上放开了先前扎紧的口子，放松了对阎锡山地盘的封锁。

阎锡山开始第三步动作，把部分兵力转移到日军占领区，在那里当伪军。

在不同时间段，阎军某一位重要领导带领手下军队，"私自"开到日军指定地点；日军用事先策划好的"战斗"方式，迫使阎军"投降"；投降后的阎军接受日军改编，加入日军"剿共"队伍系列。

双方就如此按照约定好的剧本"演戏"。1942年6月，"山西剿共军"在太原宣告成立。在山西，日、伪、阎三"友军"和谐共处、共同"剿共"的局面形成。

阎锡山能想出军事上曲线降日、曲线"剿共"的怪招，难道日本政府就不能就此推而广之，就此推出经济降日、政治降日？1943年春，占领太原的日军高层向阎锡山提出一个新方案：1."政治合作"，由阎锡山派人到日占区就任县长、区长、镇长等职务。2."经济合作"，由阎锡山派人来管理太原及附近

阎锡山与家人

各厂矿，双方共建董事会。

看着摆在桌面上的日本方案，阎锡山笑了。"给这两件大事策划一顶美丽的帽子，太有必要。"

大帽子迅速敲定，"开展政权，重光山西。"这样一来，与日方的政治合作、经济合作就不再现出丑陋的面容，就能拿得上桌面。阎锡山当即签下这份《秘密协定》。至此，阎日合作全面展开。

山西渐渐地变天，变成阎伪政权的天下。

为保住山西，为保住这块赖以生存的土地，为到达权力的巅峰，阎锡山与汉奸的距离也只是半步之差。

第十六章

进攻上党，大兴特务

四件大事

1945年8月15日，日本天皇发布《停战诏书》，接受《波茨坦公告》，宣布无条件投降。

得到消息的第一时间，阎锡山迅速做了四件大事。

第一件事，抢。调动手下一切资源，以最快的速度抢占太原，抢占山西省日军控制下的所有地盘。

第二件事，改。对伪军、日军实行改编。将他们改编成省防军。

第三件事，留。将山西的日本派遣军尽可能多地留下来。

阎锡山拿出二战区"总顾问""副总顾问"等头衔来聘请他们。聘请日军旅团长板井少将担任"太原警备司令"，用他的影响力来留住日军官兵。

为什么阎锡山要如此花大力气、花大价钱来留住日军官兵？答案在第四件事。

第四件事，打。打共产党军队。阎锡山认定，现在跟他抢山西天下的不是蒋介石，而是共产党。对蒋介石可以用欺蒙哄骗的办法，"山西已经受降完毕，你那里就不用麻烦再派官员更不用派军队来山西了。"而对共产党，那就只有一个办法——打。只有打得共产党在山西抬不起头来，才能保住山西是阎锡山的。

前三件事成果丰硕。以"日中双方志同道合共谋大事"为宗旨的"合谋社"成立，留下日军官兵及技术人员达6000多名。这些人一律享受官升三级、兵发双饷的待遇。留下来的人组成"亚盟会"（"亚洲民族革命同志会"），做日本其他俘虏的思想工作，让他们安心在中国打仗，为阎锡山的事业流汗出力。

在做第四件事上，如何打才能给山西的共产党军队最为彻底的一击？反复研究后，阎锡山选定了进攻的重要地点——上党。

瓮中捉鳖

上党，从军事角度看，是山西重要的地区，自古以来为兵家必争之地。一个明证是秦始皇的做法，分封全国为36郡，上党郡为其中之一。

这里是八路军总部的长驻地。显然拿下上党，将从政治到军事方面，给山西境内的共产党、八路军造成最为沉重甚至致命的打击。

意义还不止于此。晋军如果拿下上党，向东向南，向华北向中原，都是居高临下之势。意义如此重大，必须迅速动手。

在作战研讨会上有人提出反对意见。"上党是什么地方？既然是八路军的中枢，那就一定是共军实力最强劲的地区。那样的地区，用孤军深入的办法强攻硬打，必定犯了兵家大忌。"

阎锡山智囊团中的确有牛人。现在，就看阎锡山如何决策。

阎锡山认为，拿下上党，17000人就完全够了。

1945年8月17日，任命第八集团军副总司令兼十九军军长史泽波为总指挥，带领军队直扑上党。注意时间，这是在日本天皇宣布日本投降的第三天。真是决策神速。

为什么动作要这么快？为什么明知要冒大的风险也要进军？为什么不派10万大军，只是1.7万人？阎锡山在这个时间点上做出进攻共产党军队心脏的大动作，目的到底是什么？

与军事目的比，阎锡山的政治目的更加重大。用1.7万人牵制共产党，把共产党的力量，把共产党的目光引向上党，这样就有更多的时间，腾出更多的人手，更加轻松地抢占日军控制的地区。

阎锡山的想法是美好的。

进攻的初始阶段，史泽波频频得手，六座县城顺利拿下。

接下来才是真正的较量。

接到史泽波从前线传回的捷报，阎锡山没有立即考虑下一波可能遭受的风

抗战胜利后，阎锡山在山西侵华日军司令部大楼前留影

险，却较早地举行庆祝会。最高层领导对接下来真正的风险没有提前预判，反而认为能轻取上党，真正是被胜利冲昏了头脑。问题接着像洪峰一样冲过来。

阎锡山调动近两万人的部队进攻共产党的心脏地带，共产党军队岂是睡着的？只不过初始时按兵不动，静观其变，拉长对手的战线而已。

9月初，中共最高层做出决定，将来犯的阎匪军歼灭在上党。

如何才能达到目标？中共高层派出两员重要将领，司令员刘伯承、政委邓小平。

共产党军队的战术，很多是游击战、运动战，较少运用包围战、歼灭战。这一次，刘伯承、邓小平详细研究敌我双方的情况之后，决定运用包围战加歼灭战的战术。晋军是长途奔袭进攻共产党军队的心脏地带，军事上已陷入共产党军队力量控制范围之内，而且晋军1.7万人分散住进了已夺得的6座县城，晋军战线拉长，力量自我削弱，为共产党军队采用围歼战术提供了条件。

刘伯承迅速制定三步制敌作战方案：第一步，将敌军分散包围在各个县城之中，切断他们之间的联系，使他们成为一个个军事孤岛。第二步，在第一步的基地上迅速展开肃清外围的工作。第三步，集中兵力对驻守在县城的敌军进行各个击破。

被围在孤城之中的史泽波连连向阎锡山发出紧急求援电报。

看着突然而至的求救电报，看着晋军被分割包围的消息，阎锡山开始惊慌起来。难道这1.7万人全部要丢给共产党军队？有没有办法将这些人救回来？

想来想去，阎锡山认定这是一个成本账问题，即动用多少人能救出那1.7万人？反复计算之后，得出结论：再派2万人过去，就完全可以救出那些深陷共产党军队包围的史泽波部。

算定这笔账，阎锡山立即动手做两大工作：一是复电史泽波，告知，"援军必到"，并军队鼓舞士气。二是立即组织两万军队开拔上党，执行救援任务。

用2万人救1.7万人理论上是可行的，实力上，近四万人的部队与上党地区的共产党军队之间人数不相上下。

人的思维是有漏洞的，阎锡山这一次军事思维的漏洞是天气。秋天，在南方是秋高气爽，在北方，冷空气一来立即变得阴雨连绵，平时干爽的道路变得泥泞，行军非常困难。有时雨下得大，还可能引发山洪，直接阻隔军队行进。

这一次，连日阴雨，山洪漫流，严重影响救援官军前进速度。这次行军与往日有些不同，最为显眼的是炮兵，除了炮车，还有炮弹，都是重家伙。不仅如此，为了给守军支持弹药，军士们带了加倍的弹药量。平时行军扛一箱的，这一次就必须挑两箱。这给雨天长途行军带来极大的麻烦。

结果部队行进速度非常缓慢，一天只能走20里。

自从围住晋军的第一天起，刘伯承就同时在做围点打援。他算定，只要围住的城池一天不攻破，阎锡山就必定派兵来救援。接下来，如何吃住救援的阎军才是真正的较量。

围城不是真正的重点。将敌军围在城中，围而不攻。集中兵力，打败敌军援军，这些被围在城池的敌军完全绝望，就有可能不攻自破。现在，如果共产党军队死攻城池，有救援希望的敌军必定死守，攻城军队一定伤亡重大。

"打败敌军援军，是取胜的关键。"

为此刘伯承发出三大招：1. 口袋阵。在敌援军必经的路线上，利用有利的地形地势，提前布置战场。有的是大口袋，有的是小口袋，只要是有利的地形，都给你一一布置口袋。预先埋伏军队，沿途阻击，狠狠地打击阎锡山援军的信心，打得援军对共产党军队畏敌如虎，对后面的路程视如畏途。2. 袭扰。集中民兵和游击队，在敌军行进的沿途，在敌

阎锡山在太原东花园的戎装照

抗战胜利后回到太原的阎锡山

军吃饭、睡觉、休息的时候，袭击敌军，扰乱敌军，让敌军饭吃不成，觉睡不好。这支军队轻装简骑，反复袭击敌军，达到困敌、阻敌、延滞敌军行进速度的目的。3．尾追加拦截。一旦敌军后撤，游击袭扰部队就立刻变为拦截部队，预先埋伏的部队变成尾追部队，绝不让敌军轻松逃回去，将敌军回逃的路途变成他们的坟场。

秋雨绵绵，道路泥泞，晋军救援部队官兵肩上的担子又沉又重；吃不上饭、睡不好觉，每到吃饭、睡觉时就枪声大作。只要过山过河，就必定挨打。对方暗中设伏，自己在明处，共产党军队在暗处，一遇上对方的伏击，部队就必定丢下几百具尸体。

阎军越往前走，士气越低落，从上到下，逐渐对这次援救行动失去了信心，变得怨声载道。每到必经的山梁面前，部队就难以挪动。每过一道山梁，部队一定损失惨重，大家都在骂老天下雨，骂共产党军队毫无章法的痞子式打法。

一方打惯了游击战、袭扰战，一方习惯了阻击战、阵地战，这样的两支部队交手，共产党军队利用雨天、山地、河流，占尽优势，打得阎军又困又饿，胆战心惊，疲惫不堪。

接到前方一再传来增援无望的消息，阎锡山反复盘算，最终做出决定，"那1.7万人丢了也就丢了，把这2万援军从危险的路途撤回来再说。"

部队撤退分两种方式，有序撤退、无序撤退。有序撤退中，一部分军队殿后，一部分军队后撤；后撤的军队，在撤退过程中，寻找并迅速占据有利地形，保护主力后撤。如此反复，军队才有可能安全撤出。最怕的是无序撤退，因为所有的人都想着往后跑，就容易造成自相踩踏事故。

部队要做到有序撤退，最为关键的是制定撤退预案，并且平时做好撤退的演练工作，这样一来，在撤退中从官到兵就各有安排，能严格执行纪律。

眼下的阎军，接到撤退命令，立即争先恐后往后跑，谁也不顾谁。

阎军命令的传递也大成问题。有的部队较早地得到命令，立即往后面跑；

后面的一些部队还没有接到指令，仍在往前边赶。这种逆向而行，在狭窄的山路上，迅速暴发大面积自相踩踏的恶性事故。

共产党军队时刻都紧盯着敌援军的动静，发现阎军后撤迹象，第一时间启动事先制定的尾追加拦截方案。

接下来就是走程序。阎军除逃回2000人外，其他全军覆没，如援军司令彭毓斌就死于乱军之中。

"20000人只回来了2000人"，得到消息，阎锡山感觉自己挨了重重的一棒，心中茫然。

另一个难题仍然摆在那儿，被困在孤城中的史泽波还在努力地坚守。守城一向是阎军的长项，史泽波的意见是将城池守到底，等到下一批援军到达的那一天。

"再也不会有援军了。"看着桌面上的求援电报，阎锡山自言自语道。

"那就从城中撤出吧，能跑多远跑多远。"

接到从困守的长治撤退临汾的电令，史泽波只好部署军队趁着夜色的掩护弃城西逃。

自从打败阎锡山援军的那一天起，刘伯承就算定史泽波必定弃城逃跑，已经在逃跑的路上设下埋伏。在沁河河畔，深夜逃出城池的阎军被驻地而守的共产党军队四面包围并歼灭，仅有1千多人侥幸逃脱。

这一次，阎锡山损失三万五千多人，为其总兵力的三分之一。不要小看了这个三分之一，那可是晋军部队中真正能打仗、会打仗的部分，俗称"精锐"。

该接受教训，不要再跟刘伯承较劲了。

阎锡山遭受的打击实在是太重，一连几天倒在床上，连62岁的生日都不过。阎锡山躺在床上拼命地想，终于得出一个结论——对共产党恨之入骨，决心与其斗争到底。

没有看清中国发展的大趋势，与社会大势背道而驰，阎锡山越是发力，前途越渺茫、越可怕。眼下，他从床上坐了起来，因为突然想到一个快速提升自己军事作战能力的进修路径。

"打不过刘伯承，那也只不过是能力不行，找到提升自己能力的办法不就行了？"阎锡山想出来的办法是到"省训团"去进修，那里有一批日本教官，他们都是战争高人。"在这里学习，跟去日本留学是一样的，机会真正难得。"

到了62岁的年龄、混到地方一霸的地位，还孜孜不倦、用功学习、到处拜访高手为师、挑灯苦学，精神确实感人。活到老学到老，阎锡山真正做到了。唉，只可惜大方向搞颠倒了。

大行特务之道

阎锡山一边在日本老师那里进修，一边同时在做另一个课题研究："共产党为什么那么牛？到底有什么绝招？"

深入的研究很快有了结论性成果。"共产党是世界上最富国际精神、奋斗精神、群众精神的卓越政党"，而人类社会"露有一个私有的大空隙"，正是这个大空隙，让共产党人"至少可以发动世界百分之七十以上的穷人，向百分之三十以下的富人进攻"。

阎锡山属于哪一群人呢？当然是富人人群，原因简单，阎锡山为首的阎氏家族私家财产（黄金、白银、土地、产业）此时要以"亿"为单位计算，仅五台山河边村一带，阎家土地即达20万亩，是名副其实的山西最大地主。

阎锡山看出来了，共产党发动穷苦人，组织穷苦人，而穷苦人爆发出来的仇恨、怒火和军事战斗力是极其可怕的。"中国的江山一旦是共产党的，共产党领导人绝不会让我坐当山西的土皇帝。""那就只有一条路可走，与共产党一条路决战到底。"

这么多年来一直跟共产党打交道，阎锡山亲眼看到，在与日军战斗的过程中，共产党的队伍越打越大，民众基础越打越厚实，阎锡山心中清楚，要消灭如此有神力的共产党绝不是一件容易的事，原因摆在那里，"共产党能笼络人心"。

"眼前，如何保住山西？"反复琢磨、慎重思考之后，阎锡山认定，"我的手中还有一套方法。"这个方法叫特务组织。这套方法经过希特勒反复试验，实践证明，是一群人有效控制另一群人的有效办法，是从思想控制到行动控制的方法，可操作性极强。

方法有了，执行方案随即制定出来。阎锡山迅速启动方案实施程序，着手组成三大特务系统：特警处、政卫处、参训队。

"特警处"，即"特种警宪指挥处"，权力强大，生杀予夺，为所欲为。可以任意审讯、毒打、处死对阎锡山不满的人。从军政人员到底层民众，从机关到学校，从商号到旅店，"特警处"的眼睛无处不在。只要发现有人言语中对阎锡山不满，就抓捕、审讯、禁闭，以至杀死。

"政卫处"主要工作是搜集共产党、牺盟会、决死队情报。

"参训队"主要工作是专业训练军事谍报人员。

特务系统建立起来了，阎锡山准备弹弹身上的灰尘好好地休息一段时间，突然又发现一个大问题，"普通民众的思想如何控制？"虽然从语言上、组织上控制了他们，然而他们的思想深处一定需要某个机制来拴住，这该是一个什么样的机制呢？

阎锡山策划出一套简易方案，打造"铁村"，大搞"三自传训"运动。"三自"即"自清、自卫、自治"。自清，老百姓自己动手肃清"伪装分子"。女共产党员刘胡兰，就是在这场运动中被阎军杀害的。

不作死，就不会死。他大行特务之道，其实就是"作死"的节奏。

第十七章

一败再败，聚巨款逃离太原

晋中防线被撕破

看着山西的三大特务系统高速度运转，看着基层队伍通过"三自传训"运动，迅速建立了一大批"铁村"，阎锡山心中非常高兴，一个想法产生了。1947年元旦，阎锡山连着发表三篇文章，聚焦在一个中心点上，"这一年，将一定是山西的复兴年；这一年，要与正在全面进攻解放区的中央军配合，在山西打一个翻身仗；这一年一定要收复晋西。"

败军之将还猖狂？真不知阎锡山怎么想的。理论上讲，在失败的情形之下，赶紧低调做事、韬光养晦。如此高调张扬，真是想不给晋军惹来麻烦都不行。

人民解放军打了胜仗，"吃下"阎锡山三万五千多人，就一直盯着阎锡山的一举一动。发现阎锡山又在蠢蠢欲动，人民解放军最高层迅速做出决定，要用得胜之军，乘着得胜的东风，在太原周围，即阎锡山的晋中防线上，狠狠地撕开一个缺口。

人民解放军的方案很快制定出来：1. 集中兵力，达到"铁拳砸柿子"的效果。2. 柿子选软的捏，首先选定晋绥军兵力薄弱的孝义。

战争有些类似于球赛，失败的一方，遭遇累累打败自己的对手时，无论如何都有一种挥之不去的心理阴影。这种心理阴影如果没有得到有效的消除、治疗，在严重的情况下失败者就容易变成惊弓之鸟。

红军、共产党军队、八路军、中国人民解放军（后文简称：解放军），虽然在阎锡山的晋军面前，称号一次次地换，然而，晋军吃过的败仗已经比较多了，抗日战争后期晋军进攻八路军时就屡次遭受失败。在这些败仗面前，晋军胜利的信心就如骨头边的肉一样，已经被一点点地剔去。阎锡山一直忙于做特务建设工

1947年，阎锡山的四子阎志敏与裴彬结婚时的家族照

作、"铁村"建设工作，独独忘记做最重要的工作：恢复晋军打胜中国人民解放军的信心的工作。心理工作没有做，在人民解放军发起新的攻击战面前，晋军差不多成了惊弓之鸟。

孝义的晋军防守力量本身就很薄弱，而解放军又是集中优势兵力，这一仗双方就不在一个级别上较量。解放军（太岳军区、吕梁军区）迅速攻克孝义，胜利的部队马不停蹄，一举攻到汾阳城下，把汾阳城团团包围起来。

接到孝义失败、汾阳被围的战报，阎锡山感到非常意外。我的年度作战方案还没有最终敲定，对手就已经展开厮杀？而且一上来就攻城略地，解放军到底是怎样的一个打法？

反复思考之后，阎锡山做出决定：1. 我亲自赶赴平遥，在这里坐镇督战。2. 调集大量援兵，达到收回孝义，同时解汾阳之围的目的。这就要把解放军撕开的缺口赶紧堵住，把眼看就要溃决的晋中防线赶紧稳住。

阎锡山的想法是好的，行动是迅速的，资金是充足的，措施是得力的，然而忘记了一件事：这一次遭遇的对手战斗力之强，已经大大超出他的想象力。解放军由大批的农民组成，而这些最贫穷的农民，共产党让他们得到了最渴望的东西——土地，现在，他们迸发出来的战斗激情就如一场冲天的火龙龙卷风，是任何水都浇不灭的，而且风助火势，火借风威，这场大火愈烧愈烈，任何反对的势力都挡不住这场火龙龙卷风猛烈地燃烧。

解放军发起汾孝战役，只用11天的时间就消灭了阎锡山主力部队11万人，以平均一天一万人的速度消灭晋军。这在军事史上，也是罕见的。

1947年3月开始，解放军太岳、晋绥军团接连发动晋南、乡宁、正太、运城等战役，解放晋南重镇运城，使临汾变成一座军事上的孤城。

解放军的胜利进攻把阎锡山打傻了眼。"这岂是对手之间的较量？简直就是秋风扫落叶。"看着山西战局每况愈下，阎锡山目瞪口呆。调动脑细胞，拼命地思考对策，整整一年的时间，最终还是没有想出什么像样的应对策略来。

临汾战役

1948年很快就来了，2月，解放军挥动得胜之师，发起临汾战役。

山西南边的临汾是省城太原南边的屏障（北边的屏障是大同）。"临汾无论如何不能丢，否则，南边的大门就被解放军撞开。"

对于保住临汾城，阎锡山很有信心。这是一座城墙又高又厚的城市，多年来，阎锡山在这座城里投下了巨量的人力、物力，四周建起坚固的防御工事，目的就是准备这一天的到来。

虽然如此，直觉告诉他，还必须做几样紧要的工作。应该是哪几样工作呢？细细一想，阎锡山立即动于做三件事。

第一件事，给蒋介石发电报，请求从空中支援。"地面火力与空中火力配

阎锡山五子阎志惠、赵秀金夫妇和女儿树枋、子树柟

合，形成立体交差火力网，解放军除非是铁人，否则无论如何攻不下临汾。"

蒋介石很豪放，高调"决心保卫临汾"，答应亲自出面请美国陈纳德飞行队派出飞机空中助战。

第二件事，给驻防军司令梁培璜发电报，强调临汾保卫战的重要性、战略意义，他说："保临汾就是保太原！"

梁培璜相当够意思。在回电中，他不仅公布"八杀"令，而且说，已经在自己的床下堆起柴草，备好汽油，这就要率领军队与临汾"共存亡"。

既然梁司令看好杀人狠招（"八杀"令）能保住临汾，而且定下不成功便成仁的决心，那就祝你成功吧。

阎锡山放心地睡觉了，此时解放军轰塌临汾城墙的大炮打响了。

阎锡山一觉醒来，看到摆在桌面上的电报，"临汾城破，梁培璜当了俘虏"。

太原的门户被解放军一脚端开。

"解放军为什么这么牛？"反复琢磨之后，阎锡山终于发现解放军制胜的秘密——这个秘密不在解放军身上，而在自己的身上，"有飞机，有大炮，沾了这飞机大炮的光，学下个守；受了飞机大炮的害，没有学下个跑。"

接下来，理论上阎锡山应该接受教训，练习"跑路"。

保住太原

此时的解放军，已进入赢家通吃的最佳状态。

取得临汾之战的胜利，解放军士气更加高昂。略作休整之后，立即启动"晋中决战"计划，要在晋中地区消灭阎锡山的支柱力量，为太原之战作有力的铺垫。

如何消灭阎锡山的支柱力量？解放军最高层发出两大招。第一招，派出兵力6万。解放军一次拿出6万人的兵力，就不只是单单打攻城战的架势，而是要对敌军展开围歼战。第二招，派出战场擅长打歼灭战的狠将徐向前担任前线总指挥。这是要把阎军就地歼灭，而不是追着敌人的屁股打。

得到解放军晋中集结的消息，阎锡山越来越意识到问题严重。如果晋中被对

太原市平民的孩子正背着食物，送往晋绥军阵地途中

方拿下，太原就成裸奔的状态。"晋中，虽然只是一些县级城市，然而那里是太原市的防火墙、防撞杠，绝不能被解放军夺取。"咬咬牙，阎锡山把最为精锐的十万大军，包括王牌军"亲训师"、晋绥军主力赵承绶指挥的野战军，一齐投放到这里。

"十万对付你六万，接近二比一，而且有城墙的优势，理论上应该确保无虞。"

1948年6月18日，晋中战役打响。

解放军连战连捷，一个多月的时间，晋中战役即告结束，阎锡山10万大军"人间蒸发"，晋中14座县城进入解放军的账本，阎锡山丢掉31名高级将领，其中很多人是他的亲信。更为严重的是，太原已裸露在解放军的炮火之中。经过这次战役，阎锡山赖以生存的主力，彻底被打没了。

太原还能守住吗？

战争中投下血本的人，十分类似赌场的赌徒。输光100万之后，哪怕手上还有10万，也要搏最后一把。

手中只剩下太原和大同两张牌，对于保住太原，阎锡山仍然抱有相当大的信心。

1. 太原地形险要，易守难攻。东边是地形复杂的罕山，城西有汾河这道上天赐予的屏障。军事上如此有利的地形，死守的有利条件都摆在眼前。

2. 晋军的最长优势是打守城战，这一点阎锡山心中非常清楚。

3. 从统治山西的那一天起，阎锡山就在做一项工作，大修碉堡。太原当地出产钢铁、水泥等建筑材料，对于修碉堡来说，这些建材相当充裕；太原有强大的兵工厂，对于储存武器来说更是绰绰有余。

望着太原城四周5600个碉堡组成的碉堡群，阎锡山的心中忍不住产生一种感觉，就如看着几百盘放在自家客厅的珍珠，个个都是自己投下血本买来的。

阎锡山展示500毒丸，誓与山西共存亡

看着这满盆宝贝，阎锡山突然想到两个问题：1. 晋军在前几场与解放军的战役中大败，面对老对手解放军，太原城守军的信心一定大成问题。那么如何增强守军的信心呢？如何让一支惊弓之鸟的军队短时间内变成一支信心满满的守军呢？2. 自己的主力在前边几场大战中丧失殆尽，如何解决守城的人手难题？

沿着这两条思路，阎锡山迅速策划出了两个方案。

第一个方案，类似于今天"成功学"的套路。阎锡山找来第一次世界大战中"凡尔登战役"的成功案例，高调宣称，这一场太原保卫战用当年凡尔登战役的

1948年，阎锡山与美国飞虎队队长陈纳德（右三）

套路来打，一定轻松取胜。完全用不着"杀身成仁""玉碎瓦全"之类的字眼。

第二个方案，向蒋介石求援。如何求援？求援电报该如何撰写？"太原是我的，更是你的"，只要表明这一点意思就完全够了。"要不要太原，你就看着办。这一次守太原，我是拎着脑袋帮你在守。"

电报发出，阎锡山一下子就接连收到四个大礼包。第一个礼包，1948年8月中旬，蒋介石亲自飞到太原，与阎锡山当面敲定太原防务大计。在蒋介石眼中，太原不但关系山西安危，而且关系华北大局。第二个大礼包，蒋介石当着阎锡山的面，决定将黄樵松的第30师从西安空运到太原。这就叫抢时间争速度。第三个大礼包，蒋介石答应将榆林的83旅调到太原。第四个大礼包，调派美国空军陈纳德飞行队，从空中支援太原。

在蒋介石的大力援助下，阎锡山在太原的布防渐渐到位。同时，在太原城的四周，解放军进攻太原的口袋正步步收紧。

搜刮财富，转移财产

外围战斗已经打响。解放军一上来就"吃"掉阎军两个师，拿下武宿飞机场。太原的外围防线被突破。

在坚固的堡垒面前，在富有守城经验的晋军面前，双方第一波接触战之后，进入对峙中的坚守阶段。现在就看谁能扛得住接下来真正的较量。

燥热的夏天过去，宜人的秋天来临，1948年10月，解放军发起秋季攻势作战。晋军守得非常顽强，依靠安全、坚固的碉堡，防守有方。

解放军的进攻近似疯狂，晋军不得不丢掉太原东山的四大要塞。

宜人的秋天缓缓过去，寒冷的冬天一步步来临，一个接一个惊天消息传到阎锡山的案头。

1. 辽沈战役，蒋介石大败，解放军全胜。解放军不仅在军事上控制东北全境，而且主力大军正源源不断地开进关内。

2. 解放军正在向华北方向集结，做攻占平津的准备动作。

山西的冬天不像南方来得缓慢，这里说冷就冷了下来。在刺骨的寒风里，阎锡山判断解放军不可能在冬季发动太原作战，应该在做冬季休整的工作。

后面的一些部队还没有接到指令，仍在往前边赶。这种逆向而行，在狭窄的山路上，迅速暴发大面积自相踩踏的恶性事故。

共产党军队时刻都紧盯着敌援军的动静，发现阎军后撤迹象，第一时间启动事先制定的尾追加拦截方案。

接下来就是走程序。阎军除逃回2000人外，其他全军覆没，如援军司令彭毓斌就死于乱军之中。

"20000人只回来了2000人"，得到消息，阎锡山感觉自己挨了重重的一棒，心中茫然。

另一个难题仍然摆在那儿，被困在孤城中的史泽波还在努力地坚守。守城一向是阎军的长项，史泽波的意见是将城池守到底，等到下一批援军到达的那一天。

"再也不会有援军了。"看着桌面上的求援电报，阎锡山自言自语道。

"那就从城中撤出吧，能跑多远跑多远。"

接到从困守的长治撤退临汾的电令，史泽波只好部署军队趁着夜色的掩护弃城西逃。

自从打败阎锡山援军的那一天起，刘伯承就算定史泽波必定弃城逃跑，已经在逃跑的路上设下埋伏。在沁河河畔，深夜逃出城池的阎军被驻地而守的共产党军队四面包围并歼灭，仅有1千多人侥幸逃脱。

这一次，阎锡山损失三万五千多人，为其总兵力的三分之一。不要小看了这个三分之一，那可是晋军部队中真正能打仗、会打仗的部分，俗称"精锐"。

该接受教训，不要再跟刘伯承较劲了。

阎锡山遭受的打击实在是太重，一连几天倒在床上，连62岁的生日都不过。阎锡山躺在床上拼命地想，终于得出一个结论——对共产党恨之入骨，决心与其斗争到底。

没有看清中国发展的大趋势，与社会大势背道而驰，阎锡山越是发力，前途越渺茫、越可怕。眼下，他从床上坐了起来，因为突然想到一个快速提升自己军事作战能力的进修路径。

"打不过刘伯承，那也只不过是能力不行，找到提升自己能力的办法不就行了？"阎锡山想出来的办法是到"省训团"去进修，那里有一批日本教官，他们都是战争高人。"在这里学习，跟去日本留学是一样的，机会真正难得。"

到了62岁的年龄、混到地方一霸的地位，还孜孜不倦、用功学习、到处拜访高手为师、挑灯苦学，精神确实感人。活到老学到老，阎锡山真正做到了。唉，只可惜大方向搞颠倒了。

大行特务之道

阎锡山一边在日本老师那里进修，一边同时在做另一个课题研究："共产党为什么那么牛？到底有什么绝招？"

深入的研究很快有了结论性成果。"共产党是世界上最富国际精神、奋斗精神、群众精神的卓越政党"，而人类社会"露有一个私有的大空隙"，正是这个大空隙，让共产党人"至少可以发动世界百分之七十以上的穷人，向百分之三十以下的富人进攻"。

阎锡山属于哪一群人呢？当然是富人人群，原因简单，阎锡山为首的阎氏家族私家财产（黄金、白银、土地、产业）此时要以"亿"为单位计算。仅五台山河边村一带，阎家土地即达20万亩，是名副其实的山西最大地主。

阎锡山看出来了，共产党发动穷苦人，组织穷苦人，而穷苦人爆发出来的仇恨、怒火和军事战斗力是极其可怕的。"中国的江山一旦是共产党的，共产党领导人绝不会让我坐当山西的土皇帝。""那就只有一条路可走，与共产党一条路决战到底。"

这么多年来一直跟共产党打交道，阎锡山亲眼看到，在与日军战斗的过程中，共产党的队伍越打越大，民众基础越打越厚实，阎锡山心中清楚，要消灭如此有神力的共产党绝不是一件容易的事，原因摆在那里，"共产党能笼络人心"。

"眼前，如何保住山西？"反复琢磨、慎重思考之后，阎锡山认定，"我的手中还有一套方法。"这个方法叫特务组织。这套方法经过希特勒反复试验，实践证明，是一群人有效控制另一群人的有效办法，是从思想控制到行动控制的方法，可操作性极强。

方法有了，执行方案随即制定出来。阎锡山迅速启动方案实施程序，着手组

　　阎锡山的预测完全正确。然而另一个他最不愿看到的事，正在眼皮底下接连不断地发生。

　　部队在战斗中，大家的思想都变得单纯，没有时间去想什么别的事情。而一旦静下来，各种各样的想法全都赶着趟儿往外冒。

　　其实，人都是一样的聪明，谁也不比谁笨。战争打到这个地步，晋军输到只剩下太原城及周边这么一点狭小的地方，还能维持多久？不用任何人明说，差不多所有人心里都清楚。最多只能挨过冬季，到了明年春天天气变暖和，适宜人们户外运动时，解放军的春季攻势一定会像夏季的暴风雨一样来临。到了明年春天太原一定陷落。

　　如果现在投降解放军，那就有可能躲过挨枪子的份儿。否则，明年春季战争一开打，自己的这条命能不能保住就是一个大大的未知数。

　　看透了这个形势，晋军中的官兵开始向解放军投诚。先是个别官兵单独行动，慢慢地发展到整班、整排、整营。

　　冬天快过完了的时候，阎锡山收到一个准确的统计报表，投向解放军的人数达12000人，相当于一个整编师。

1948年11月，正在用餐的晋绥军士兵

1948年11月，解放军迫近太原市区，太原近郊的晋绥军外围防御阵地

　　底层的官兵是明眼人，精明无比的阎锡山此时头脑岂能不清醒？阎锡山已经着手搜刮财富，同时转移财产，做逃亡前的准备工作。

　　这个时候去搜刮财富，绝不是一件容易的事。太原城中富户人家是藏有黄金白银，然而这样的时节，是阎锡山说要上交他们就乖乖地拿出来吗？

　　当商业头脑与政治手腕两个不同的车道融合为一个车道时，奇迹往往就会发生。阎锡山的眼睛盯上这里富人家中的黄金白银，迅速策划出了一个方案。

　　阎锡山制定一项大力支持中央政府发行"金圆券"新措施，全力执行中央的金融政策，用黄金兑换金圆券。要求山西各营业单位，必须提出一万两黄金。黄金收齐，立即用飞机运往南京。这些黄金最后落入了谁的腰包？阎锡山最终携带这些黄白货逃到台湾，一部分偷运到海外。

　　随着时间的延长，太原城里越来越人心惶惶。快过年了，太原城被解放军包围着，什么物资都运不进来，吃的喝的用的越来越紧缺。

　　阎锡山在想一个大问题，太原城里这些官办工商企业，他们的仓库里还存有大量的货物，账户上还存有资金，这些钱绝不能留给别人，一定要自己带走。

太原被解放军围城期间，晋绥军军营内景

这是什么？这就是自己在另一个地方再度崛起的真正资本——如果能再度崛起的话。这是什么？这是自己这辈子赚到手的利润，岂能不赶紧打包带走？

1948年年底，阎锡山发出命令，所有官办工商业结束业务，将货物折款，全部转移上海，另谋经营。资料记载，这一次，阎锡山再次到手黄金四万五千两。

其实，早在这之前，阎锡山就开始捞钱大动作。以吃空额为例。晋绥军实际人数不到10万，在向南京政府申报粮饷时，按20万人的编制申报、领取。空额每月得到粮折款黄金五千两，十个月即五万两。其他如军服、布匹、棉花，阎锡山都这样——"吃下"。生财有术且心刁手黑，大发国难财。蒋介石手下埋藏了大量如此这般的"人才"，国民党的天空，能不越变越黑吗？

逃离太原

就在大发国难财时，阎锡山发现天下形势再一次急剧变化。

1949年1月31日，傅作义（华北"剿总"总司令）率部接受解放军和平改编，北平成了解放军的天下。阎锡山还没有缓过神来，又发现，蒋介石宣布下野，国民党中央政权落入桂系李宗仁手中。

接下来会发生什么？不用计算，阎锡山心中清楚，山西的解放军一定会在这春光明媚、暖和舒适的日子里攻取太原，那时，李宗仁必定不会来救援。现在自己再怎么努力防守太原也一定保不住。

那就赶紧念起跑字诀，再不跑就一定来不及。既然自己的江山没了，那就求得安全第一。

太原这么一大家子，不是说跑就能跑的，得找个正当的理由。否则，丢下一座大城市偷偷地逃走，不仅太原这边不好交代，而且一定会给南京国民政府高层留下一个"不负责任"的负面形象。

赶紧给南京的亲信发电报，赶紧给南京的老关系徐永昌等人捎话，当然必须给自己扯一面大旗，"为了拯救晋民，名位高下，在所不计，虽副席亦可也"。

3月28日，期待中的电报来了。李宗仁电："百川兄：和平使节定于月底飞平，党国大事，待我公前来商决，敬请迅速命驾，如需飞机，请即电示，以便迎迓。"（和平使节：国共北平和谈使节）

1949年1月25日，第三次下野的蒋介石与蒋经国回到溪口老家

3月29日下午，阎锡山召开山西高级军政官员紧急会议。会上，让秘书长宣读李宗仁的电报，接着宣布，"这次到南京大概会多住几天，等北平和谈一有结果就回来。太原一旦吃紧，一定在二十四小时之内回来。"接着又宣布了一项决定，"阎锡山离开期间，太原守卫工作由梁化之等五人负责。"

汾河西畔的临时机场，阎锡山带着八个随从，由梁化之和五姑娘相送，离开经营38年的山西，急匆匆、灰溜溜向安全的南京飞去。

太原没了阎锡山，是什么样子呢？用四个字描述此时的情景比较贴切：分崩离析。

北平和谈没有成功，太原紧张形势没有缓解，太原机场已经在解放军的炮火之下，阎锡山这辈子再也没有回到花下血本精心经营的太原。

尾声

1949年春，解放军在太原的攻势相当凌厉，山西军政高官王靖国等13500人成了俘虏，太原解放。解放军趁着胜利之风，于4月29日一举解放了大同。阎锡山经营38年的山西，从此一去不复返。

阎锡山原本想待在安全的南京，哪知解放军南下速度惊人，南京比太原还早一天解放。没办法，只好急匆匆奔向广州。

军队没有了，蒋介石再也不会忌恨我了。现在要做的，无非就是讨好他，如此而已。政治上讨好蒋介石的办法非常的简单，就是努力地表现出坚定地"反共"态度，只此一招就完全足够。

阎锡山眼前手头上的工作，与政治工作同样重要的是经济工作，把那些吃空饷领到手的粮食、金圆券，兑换成黄金和白银，把西北实业公司在太原的资金、把先前存放在上海、天津等地的物资全部变成黄金，运往海外，分别在台北、日本、美国购下房产土地，为自己和家人营造美丽的寓所。将来自己一定衣食无忧。

此时的国民党军队已进入土崩瓦解之中。1949年6月，阎锡山受命担任国民党政府行政院长兼国防部长，阎院长兼阎部长日夜努力工作，写出长达100万字的官方文件《扭转时局总案》，然而这个文件对整个国民党军队在解放军面前一败再败的形势毫无作用力。

1950年2月8日，阎锡山坐飞机从成都到了台湾。

3月，在野的蒋介石在台湾又坐上"总统"的大位。

突然，一群人在蒋介石面前站出来，恶意攻击阎锡山在山西时的种种政策、措施。阎锡

晚年阎锡山

1949年4月太原解放前夕，阎锡山与蒋介石在奉化溪口

山政治上最困难的时期到来了。

阎锡山心中清楚，现在是蒋介石嫡系的天下，自己属于外人还是忍气吞声赶紧走人为宜。阎锡山立即向蒋介石提出辞呈，并得到立即批准，他的职务由陈诚继任。其政治生命就此完结。

之后，阎锡山在台北市阳明山菁山草庐隐居，挂职"总统府资政""国民党中央评议委员"。

隐居中的阎锡山，生活极其低调，不像以前在山西生活那样讲求排场。茅草代瓦、竹泥为墙、石子铺路，没有电灯、电话、自来水。今天称这样的生活方式为返璞归真。

这样的地方，的确适宜于阎锡山专心致志于著述。

后来，蒋介石夫妇来访，给防务部门发了一条整修道路、架设电话的命令。再后来，民航空运公司陈纳德及夫人陈香梅来访，这对夫归给阎锡山赠送了一架小型发电机。

阎锡山住到如此僻静的地方，口袋里装满黄金，不去美国、欧洲旅游，不像别的政坛上失意的人那样信佛，而专心于做学术研究。阎锡山到底研究了哪些理论？从他与客人交流的三大主旨中，能看出他最为骄傲、最有心得的研究成果。

1. 为人应当怎样？比如人在宇宙中的地位，人的责任。

2. 如何建立永久安和的大同世界？如人类该如何避免核弹毁灭的危机，世界应该取各种主义之长、舍各种主义之短，不应该是用A主义来毁灭B主义。

3. 台湾应该如何建设，才能富强文明、长治久安。

阎锡山为什么要把日子故意过得这么寒碜？其实，阎锡山可以深居台湾闹市之中，享受人间繁华美景。

不过阎锡山与蒋介石在过去几十年间结下的恩恩怨怨，阎锡山心中最为清楚。可以看出，他这样做实在是有着自知之明，不去自讨没趣。

政治上，阎锡山被冷冻，他也在自我冷冻。这样的冷冻，延至他的生活方式，不吸烟、不饮酒、不赌博、不看电影、不看戏、不参加剪彩之类的群体活

在台湾隐居后的阎锡山谒见蒋介石

动，认认真真做起了学问。

"为什么自己把事业做得那么大，却最终败在了共产党的手里？"为解开这道谜题，阎锡山将很大一部分精力投入"反共"学说研究中，最终的研究成果是有的，但是却无法用社会实践去验证，换句话说，他从做学问中得到了解脱。

阎锡山花了大量的精力去研究儒家文化。部分历史学者点评，阎锡山从研究里得到了心理的慰藉、心理的平衡。

可以用著作等身来描述他的研究作品，这些作品埋进了他的理想王国，更有

1954年，阎锡山72岁寿辰时与亲友合影

他"超过一般平凡的思虑",他追求自己的成就感。他出版了20多部著作,如:《世界和平与世界大战》《孔子学说》《世界大同》《大同之路》《三百年的中国》等。

1960年5月23日,阎锡山在台湾病逝,享年78岁。

对于自己的一生,阎锡山有一个自我点评,"有大需要时来,终能成大事业;无大把握而去,终难得大机缘。"(阎锡山为自己作的挽联)。由此可以看出,阎锡山认为自己是一个有大的事业心也成就了一番大事业,但最终没有得到上帝赠予大机缘的人。

后●记

如果我是一位漫画家，该给阎锡山画一幅怎样的漫画像呢？抚卷沉思，我突然想到了这样一个有趣的问题。

当然我不是舞画笔的，是敲电脑键盘的，就用写论文的手法，找出一些主题词，来刻画他在我的脑子里那些深深的印记。

发展经济，增强实力

在那个时代，阎锡山有相当超前的发展经济的头脑，这样的军阀少之又少，连蒋介石都做不到。

为什么在这方面他与众不同？因为他是商人出身，他爹是做生意起家的。

在这里，我们看到了家教、家传在他身上的影响力。这个影响力让他在山西霸占了38年"土皇帝"的宝座。

这多少给我们当代人一些启示，每一个家庭，都要重视家教、家风的建设。

不倒翁

民国元年至十七年国民革命军进军北平，短短十七年间，北方更迭十二位元首，三十二届内阁。这个时期地方官朝不保夕，而阎锡山职权不变，任期最久，成为地方高官中的不倒翁。

我看出三个方面的原因。

1. 山西这块土地，一边是黄河，一边是太行山，易守难攻。外部势力要进去，几乎不可能。而关起门来就自成王国。

山西位近京畿，南北大路就在它的脚下，不费太大的力量就可以掐断南北大动脉。而且，向中央政府要钱、要物都很方便。

民国政坛上，台上的人物往往忙于争地争利，对于贫瘠落后的山西几乎无视，此乃天时。

而阎锡山这个商人出身的人是极会拉关系的。从少年时当伙计起，天天练就的就是人脉功，拎着钱袋子，四处钻营，上上下下极力打点。拉拢关系的功力十分深厚。

地利、天时、人和，三足鼎立，不倒翁赢得自己的天下。

人心向背

以意识形态为抓手，从文化建设着笔，运作种种机构组织，运用钱袋子、权位子，达到笼络人心，进而控制人心的目的。

阎锡山的统治达到了人心所向的目标。从身边的核心圈，扩散到整个山西，运用文化教育、意识形态、机构组织、钱权结合等手法，从道德层面到精神层面再到组织机构层面，阎锡山几乎让自己成为民国时期山西人心中的保护神。

每一项重大工作，阎锡山有理论，有纲领，有计划，有组织，有实施。

山西的道路到底是走资本主义还是共产主义？他的答案是两条路都不走，他要在这两条路之外探寻另外的中国式阎氏道路。在探寻中，他找到了"中的哲学""物劳学说"。后来到了台湾，他还在继续研究设计自己心目中的"建设中国""世界大同"的理想王国。他关门著书，洋洋洒洒达百万言。

算计

也许是商人家培养出来的本能，也许势力弱小，也许身处闭塞的山区省份，阎锡山精于算计、善于算计，经济上算计，政治上算计，军事上算计，步步算计。算计蒋介石，算计共产党。从上司到下属，从盟友到敌军，无不在他的算计之中。

算计成就了他。他几乎做到了不做赔本买卖，失大于得的事情从来不干。算计也毁了他，正是凡事以保本为原则，做事小心谨慎，以致他遭遇挫折，极易退缩，以致他为保全自己的利益，背信弃义，反复无常。

在用人上，他的地方山头思想十分强烈。与共产党联合抗日，建立牺盟会，所用的共产党人必须是山西籍的。成立决死队，同意采用共产党军队的政委制，有且只有一个条件，"政委必须是山西人"。这种算计的结果，使他无意之中走到坐井观天那条道上去了。

有些事的确需要精打细算。山西经济落后，财政紧张，靠着"算盘珠子下有钱"的能耐，以最低的成本，修成山西同蒲铁路，给山西带来巨大的经济效益。

有些事情过于算小账，就可能吃大亏。中原大战时，派往东北游说张学良的代表，手头拮据，无法买通张学良身边的人。而蒋介石派出的代表出手阔绰。在关键时刻，张学良拥蒋反阎，阎锡山败局收官。

"主义"

"军官能力强的军队，抵不住政治能力狠的军队；政治能力狠的军队，抵不住'主义'能力强的军队。"

"共产主义学说是世界上最具备'一以贯之'中心思想的思想体系"，"共产党是世界上最富国际精神、奋斗精神、群众精神的著名政党"。人类社会"露有一个私有的大空隙"，因而共产主义"至少可以发动世界上十分之七以上的人民，向十分之三以下的人民进攻"。

无论创立自己的"主义"，还是进一步设计、优化自己的主义，阎锡山都锲而不舍。从各种会议到"理论研究会"，几十年来，他坚持不断，孜孜以求。他虚心向专家学者请教，花下本钱，邀请包括研究马克思主义的学者在内的许多文化名人到山西讲学。他自己不辞辛劳，频繁出席各种理论讨论会。

红军长征到达陕北后，为了思想"防共"，阎锡山说，"他有主义，我们也有主义，我们的主义是'公道主义'"，为此，亲手制定编写"主张公道歌"。主题词：主张公道（扶助好官，打倒坏官），热心（公务员不得对社会冷漠），公平（断案公平，才能服人），认真（认真才能成功），牺牲（牺牲才能成大仁）。

"现社会的制度是不合理的社会制度"，"传贤的政治制度是中国文化的精髓"。

阎锡山一方面下大力气进行理论研究，构筑理论体系；另一方面，他用实用主义的手法处理眼前的一切。比如，他花很大的精力创造"物劳学说"，在大会小会上标榜"在共产主义和资本主义之外另树一面旗帜"，"在两条道路之间另辟一条道路"；会后，他对亲信们私下说，"政治是一门艺术啊，咱的物产证券就是口吹大洋"。

　　他没有把理论当作指导行动的旗帜，没有把主义作为奋斗方向的指针，而只是当成一种可利用的手段。悲剧就此产生。正因如此，我要在他的"主义"上打个引号。